Das Transparenzregister im Licht der gesellschaftsrechtlichen Praxis mit Fokus auf die GmbH

Zivilrechtliche Schriften
Beiträge zum Wirtschafts-, Bank- und Arbeitsrecht

Herausgegeben von Arnd Arnold, Dorothee Einsele,
Jan Lieder und Hartmut Oetker

Begründet von Peter Kreutz und Dieter Reuter

Band 87

Ria-Sophie Röbbing

Das Transparenzregister im Licht der gesellschaftsrechtlichen Praxis mit Fokus auf die GmbH

PETER LANG
Berlin - Lausanne - Bruxelles - Chennai - New York - Oxford

Bibliografische Information der Deutschen Nationalbibliothek
Die Deutsche Nationalbibliothek verzeichnet diese Publikation in der Deutschen Nationalbibliografie; detaillierte bibliografische Daten sind im Internet über http://dnb.d-nb.de abrufbar.

Zugl.: Freiburg (Breisgau), Univ., Diss., 2024

D 25
ISSN 0941-147X
ISBN 978-3-631-91082-5 (Print)
E-ISBN 978-3-631-91085-6 (E-PDF)
E-ISBN 978-3-631-91086-3 (EPUB)
DOI 10.3726/b21331

Verlegt durch Peter Lang GmbH, Berlin, Deutschland

info@peterlang.com http://www.peterlang.com/

Diese Publikation wurde einem Peer-Review unterzogen.

Inhaltsverzeichnis

Einleitung

Gegenstand dieser Arbeit ist das Transparenzregister. Das Transparenzregister wurde durch eine neue Fassung des Gesetzes über das Aufspüren von Gewinnen aus schweren Straftaten, das Geldwäschegesetz (GwG), determiniert, welche am 26. Juni 2017 in Kraft getreten ist.[1]

Der Anlass hierfür war die Umsetzung der Richtlinie (EU) 2015/849 des Europäischen Parlamentes und des Rates vom 20. Mai 2015 zur Verhinderung der Nutzung des Finanzsystems zum Zwecke der Geldwäsche und der Terrorismusfinanzierung, zur Änderung der Verordnung (EU) Nr. 684/2012 des Europäischen Parlamentes und des Rates und zur Aufhebung der Richtlinie 2005/60/EG des Europäischen Parlamentes und des Rates und der Richtlinie 2006/70/EG der Kommission (im Folgenden als Vierte EU-Geldwäscherichtlinie bezeichnet) sowie die Ausführung der Verordnung (EU) 2015/847 des Europäischen Parlamentes und des Rates vom 20. Mai 2015 über die Übermittlung von Angaben bei Geldtransfer und Aufhebung der Verordnung (EU) Nr. 1781/2006, die sogenannte EU-Geldtransferverordnung.[2] Die Vierte EU-Geldwäscherichtlinie verfolgt das Ziel, Geldwäsche und die Finanzierung von Terrorismus zu bekämpfen.[3] Dabei sollen nicht nur die Verfolgung und die Aufklärung dieser

---

1 Art. 1 Gesetz zur Umsetzung der Vierten EU-Geldwäscherichtlinie, zur Ausführung der EU-Geldtransferverordnung und zur Neuorganisation der Zentralstelle für Finanztransaktionsuntersuchungen vom 23.06.2017, BGBl. 2017, I Nr. 39; *Bochmann*, DB 2017, 1310 (1310); *Friese/Brehm*, GWR 2017, 271 (271); *Kotzenberg/Lorenz*, NJW 2017, 2433 (2433); *Krais*, CCZ 2017, 266 (226); *Longrée/Pesch*, NZG 2017, 1081 (1081); *Schiffer/Schürmann*, BB 2017, 2626 (2626); *Weiske/Mocker*, GWR 2017, 445 (445); Herzog/*Herzog/Achtelik*, GwG, Einleitung Rn. 95; BeckOK GwG/*Frey/Pelz*, GwG, Einführung zum Geldwäschegesetz Rn. 25.

2 BT-Drucks. 18/11555, S. 88; *Assmann/Hütten, AG 2017, 449* (449); *Bochmann*, DB 2017, 1310 (1310); *Fisch*, NZG 2017, 408 (408); *Frese*, ZEV 2017, 695 (695); *Friese/Brehm*, GWR 2017, 271 (271); *Kotzenberg/Lorenz*, NJW 2017, 2433 (2433); *Krais*, CCZ 2017, 98 (98); *Schaub*, DStR 2017, 1438 (1438); *Schiffer/Schürmann*, BB 2017, 2626 (2626); *Weiske/Mocker*, GWR 2017, 445 (445); Herzog/*Herzog/Achtelik*, GwG, Einleitung Rn. 95; BeckOK GwG/Frey/Pelz, GwG, Einführung zum Geldwäschegesetz Rn. 25.

3 Vgl. Erwägungsgrund (1) Richtlinie 2015/849/EU; *Fisch*, NZG 2017, 408 (408); *Frese*, ZEV 2017, 695 (695); *Fuchs/Lakenberg*, NJW-Spezial 2017, 463 (463); *Kotzenberg/Lorenz*, NJW 2017, 2433 (2433); *Schaub*, DStR 2017, 1438 (1438); *Rubner/Pospiech*, NJW-Spezial 2021, 463 (463).

Straftaten erleichtert, sondern auch deren Begehung präventiv verhindert werden.[4] Für das Erreichen dieser Ziele wird vor allem auf die Transparenz unternehmerischer Strukturen und die Offenlegung der Kontrolle von Unternehmen durch natürliche Personen gesetzt.[5] Gerade intransparente Gesellschaftsstrukturen begünstigen die Verschleierung bemakelter Gelder und deren anschließende Einspeisung in den Finanzkreislauf.[6] Bei Geldwäscheprozessen mit handelsbasiertem Ansatz werden illegale Vermögenswerte im Rahmen von Handelstransaktionen verschleiert.[7] Möglich ist dies durch das Ausstellen von zu niedrigen oder zu hohen Rechnungen für Güter oder Dienstleistungen, das mehrfache Abrechnen von Gütern oder Dienstleistungen oder die Falschbeschreibung von Gütern.[8] Weitere Möglichkeiten bestehen sogar in der Inszenierung eines Firmengeschehens, wobei Personalkontingent und Größe der Niederlassung in ihrem Umfang in keinem Verhältnis zu dem Umsatz und der Transaktionsmenge stehen, oder in der Schaffung von Briefkastenfirmen, bei denen nur die Adresse tatsächlich existiert.[9] In diesen Fällen werden Verträge zwischen Unternehmen, deren wirtschaftlich berechtigte Personen identisch sind, abgeschlossen.[10]

Durch das Transparenzregister sollen gemäß § 18 Abs. 1 GwG der wirtschaftlich Berechtigte kenntlich und dessen Angaben gesammelt zugänglich gemacht werden.[11] Die bereits 1993 in Umsetzung von Art. 3 Abs. 5 Erste

---

4 *Fisch*, NZG 2017, 408 (408); ausführlich hierzu Herzog/*Herzog/Achtelik*, GwG, Einleitung Rn. 12 ff., 38 ff.

5 Vgl. Erwägungsgrund (5) Richtlinie 2015/849/EU; BT-Drucks. 18/11555, S. 89; *Fisch*, NZG 2017, 408 (408); *Frese*, ZEV 2017, 695 (695); *Krais*, CCZ 2017, 266 (226); *Schaub*, DStR 2017, 1438 (1438); Herzog/*Herzog/Achtelik*, GwG, Einleitung Rn. 95; BeckOK GwG/*Korte*, GwG, § 18 Rn. 1.

6 BT-Drucks. 18/11555, S. 125 mit Verweis auf „FATF Guidance – Transparency and Beneficial Ownership"; vgl. Erwägungsgrund (2) Richtlinie 2015/849/EU; Herzog/*Figura*, GwG, § 18 Rn. 1.

7 Vgl. Erwägungsgrund (2) Richtlinie 2015/849/EU; *Ehlscheid/Pfeiffer*, Handbuch Geldwäscheprävention, S. 47; Herzog/*Achtelik*, GwG, Einleitung, Rn. 16.

8 *Ehlscheid/Pfeiffer*, Handbuch Geldwäscheprävention, S. 49 f.; Herzog/*Achtelik*, GwG, Einleitung, Rn. 14, 17.

9 *Demuth*, CCZ 2016, 139 (139); *Ehlscheid/Pfeiffer*, Handbuch Geldwäscheprävention, S. 73; Herzog/*Achtelik*, GwG, Einleitung, Rn. 12 f.

10 *Ehlscheid/Pfeiffer*, Handbuch Geldwäscheprävention, S. 74; Herzog/*Achtelik*, GwG, Einleitung, Rn. 14; Kapitel 1 dieses Vorhabens beschäftigt sich ausführlich mit der Begriffsbestimmung des wirtschaftlich Berechtigten.

11 BT-Drucks. 18/11555, S. 89; Herzog/*Figura*, GwG, § 18 Rn. 1; BeckOK GwG/*Frey*, GwG, § 3 Rn. 2.

EU-Geldwäscherichtlinie[12] eingeführte Rechtsfigur des wirtschaftlich Berechtigten, in der europäischen Richtliniengebung als „wirtschaftlicher Eigentümer" bezeichnet, erfasste zunächst gemäß § 8 GwG in der Fassung vom 25. Oktober 1993 (im Folgenden GwG 1993 benannt) denjenigen, der bei Finanztransaktionen im Sinne des § 2 Abs. 1 GwG 1993, bei Vermögensverwaltungsgeschäften im Sinne des § 3 Abs. 1 GwG 1993 oder bei Lebensversicherungsgeschäften im Sinne des § 4 Abs. 1 GwG 1993 nicht auf eigene Rechnung handelte. Eine Novellierung der Definition des wirtschaftlich Berechtigten erfolgte nach Art. 3 Abs. 6 Dritte EU-Geldwäscherichtlinie[13] und dessen Umsetzung durch § 1 Abs. 6 GwG in der Fassung vom 13. August 2008 (nachstehend als GwG 2008 bezeichnet).[14] Die dortige Begriffsbestimmung verdeutlichte das Bestreben mit der Rechtsfigur des wirtschaftlich Berechtigten diejenige natürliche Person mit einem bestimmten Maß an tatsächlicher und/oder rechtlicher Einflussnahme zu begreifen, die fähig wäre derartige missbräuchliche Praktiken zum Zwecke der Geldwäsche zu veranlassen.[15] Trotz der weiteren Konkretisierung der Legaldefinition durch Art. 3 Abs. 6 Vierte EU-Geldwäscherichtlinie und deren Umsetzung in § 3 GwG in der Fassung vom 26. Juni 2017[16], bereitet die rechtssichere Bestimmung des wirtschaftlich Berechtigten im Sinne des §§ 19 Abs. 2, 3 Abs. 1, Abs. 2 GwG aufgrund der mannigfaltigen Erscheinungsformen dieser Rechtsfigur und der Auslegung des geldwäscherechtlichen Kontrollbegriffes in der gesellschaftsrechtlichen Praxis Schwierigkeiten. Dieser Problematik ist das erste Kapitel gewidmet. Im ersten Kapitel werden zunächst der geldwäscherechtliche Kontrollbegriff und die wirtschaftliche Berechtigung definiert. Es folgt eine genaue Betrachtung der Regelbeispiele des § 3 Abs. 2 GwG und der Rechtsfigur des fiktiven wirtschaftlich Berechtigten.

Den Ausführungen des ersten Kapitels wird an dieser Stelle der Hinweis vorangeschickt, dass das GwG zwischen zwei Variationen der Rechtsfigur des wirtschaftlich Berechtigten differenziert: Der wirtschaftlich Berechtigte im Sinne des Transparenzregisters gemäß § 19 Abs. 2 GwG steht nicht in Verbindung mit einer konkreten Geschäftsbeziehung oder Transaktion, anders als der

12 Richtlinie des Rates vom 10. Juni 1991 zur Verhinderung der Nutzung des Finanzsystems zum Zwecke der Geldwäsche (91/308/EWG), Abl. Nr. L 166/77.

13 Richtlinie 2005/60/EG des Europäischen Rates und des Parlamentes vom 26. Oktober 2005 zur Verhinderung der Nutzung des Finanzsystems zum Zwecke der Geldwäsche und der Terrorismusfinanzierung, Abl. Nr. L 309/15.

14 Erwägungsgrund (12) Richtlinie 2005/60/EG; BT-Drucks. 16/9038, S. 30.

15 Erwägungsgrund (12) Richtlinie 2005/60/EG; BT-Drucks. 16/9038, S. 30.

16 BT-Drucks. 18/11555, S. 109.

wirtschaftlich Berechtigte im „weiten" Sinne des § 3 GwG.[17] Daher verweist der § 19 Abs. 2 GwG auf § 3 Abs. 1, Abs. 2 GwG nur mit der Maßgabe der entsprechenden Anwendung.[18] Im Fokus dieser Betrachtung steht der wirtschaftlich Berechtigte im Sinne des Transparenzregisters nach § 19 Abs. 2 GwG.

Für das deutsche Wirtschaftsrecht ist die registermäßige Erfassung unternehmensbezogener Informationen zur Herstellung von Transparenz, unter anderem in Form von unternehmensbezogener, handelsrechtlicher Registerpublizität gemäß § 15 HGB[19], beteiligungsbezogener Publizität von Unternehmen, wie beim Aktienregister im Sinne des § 67 AktG[20] und der Gesellschafterliste nach § 40 GmbHG[21], kein unbekanntes Instrumentarium. Diese Regelungen für Kapitalgesellschaften bezweckten neben dem Verkehrsschutz[22], dass eine Kontrolle der Unternehmen nicht nur durch die Gesellschafter, die Organe und die jeweiligen Abschlussprüfer, sondern auch durch die Judikative und durch die Öffentlichkeit ausgeübt wird.[23] Den aktuellen und potentiellen Gläubigern, Arbeitnehmern und Investoren ermöglicht der Zugang zu den unternehmensbezogenen Informationen einen kontrollierenden Einblick in das verpflichtete Unternehmen.[24] Zudem steigert die obligatorische registerrechtliche Transparenz den unternehmerischen Wert von Selbstkontrolle und einer seriösen Unternehmensführung.[25]

Während der Zusammenhang von unternehmensrechtlicher Transparenz und der Terrorismusfinanzierung durch das Einspeisen illegaler Vermögenswerte in den rechtmäßigen Vermögenskreislauf unter Ausnutzung

---

17 BT-Drucks. 18/11555, S. 126; *Krais*, CCZ 2017, 98 (99); Herzog/*Figura*, GwG, § 19 Rn. 3; BeckOK GwG/*Korte*, GwG, § 19 Rn. 19 ff.

18 BT-Drucks. 18/11555, S. 126; Herzog/*Figura*, GwG, § 19 Rn. 3; BeckOK GwG/*Korte*, GwG, § 19 Rn. 19 ff.

19 Vgl. *Bröhmer*, Transparenz als Verfassungsprinzip, S. 378; Koller/Kindler/Roth/Drüen/*Roth*, HGB, § 15 Rn. 1; MüKoHGB/*Krebs*, HGB, § 15 Rn. 1; Hopt/*Merkt*, HGB, § 15 Rn. 1.

20 MüKoAktG/*Bayer*, AktG, § 67 Rn. 1; Koch/*Koch*, AktG, § 67 Rn. 1.

21 BT-Drucks. 13/8444, S. 79; MüKoGmbHG/*Heidinger*, GmbHG, § 40 Rn. 5 f.; *Wicke*, GmbHG, § 40 Rn. 1; *Altmeppen*, GmbHG, § 40 Rn. 1 ff.; BeckOK GmbHG/*Heilmeier*, GmbHG, § 40 Rn. 7 f.

22 Vgl. BT-Drucks. 13/8444, S. 79 zu § 40 GmbHG; EBJS/*Schaub*, HGB, § 8 Rn. 7 f.; MüKoHGB/*Krebs*, HGB, § 15 Rn. 1; Hopt/*Merkt*, HGB, § 8 Rn. 1, 2a.

23 *Bröhmer*, Transparenz als Verfassungsprinzip, S. 30.

24 *Bröhmer*, Transparenz als Verfassungsprinzip, S. 30; vgl. auch *Wicke*, GmbHG, § 40 Rn. 1; MüKoHGB/*Krebs*, HGB, § 15 Rn. 9.

25 Vgl. *Bröhmer*, Transparenz als Verfassungsprinzip, S. 30.

unübersichtlich vernetzter Unternehmensstrukturen denklogisch und folgerichtig ist, wirft das Transparenzregister für die gesellschaftsrechtliche Praxis viele Fragen auf:

Zu dem Zweck der Informationsbeschaffung für das Transparenzregister normiert der vierte Abschnitt des Geldwäschegesetzes neue Transparenzpflichten für bestimmte Vereinigungen, Rechtsgestaltungen, wirtschaftlich Berechtigte, Anteilseigner und Mitglieder.[26] Welche neuen, originär geldwäscherechtlichen Pflichten treffen die Gesellschaft mit beschränkter Haftung (im Folgenden als „GmbH" abgekürzt) und andere gemäß § 20 GwG verpflichteten Vereinigungen? Welche Anforderungen sind an die Erfüllung dieser neuen Transparenzpflichten zu stellen? Was für Folgen drohen bei einer Pflichtverletzung? Wirken sich die transparenzrechtlichen Neuheiten auf das gesellschaftsrechtliche Innenverhältnis aus? Der Beantwortung dieser Fragen ist das Kapitel 2 gewidmet.

Das dritte Kapitel beginnt mit der Einordnung des Transparenzregisters in das nationale Registerrecht. Die Schaffung des Transparenzregisters gemäß §§ 18 ff. GwG war allem voran durch europäische Reformbestrebungen bedingt, denn der Missbrauch vernetzter Unternehmensstrukturen wurde bereits von Beginn der Problemerfassung an als ein internationales Phänomen erkannt.[27] Vor dem Hintergrund des national bereits umfangreich normierten Registerrechts war dem Transparenzregister ursprünglich eine Portalfunktion zugeschrieben.[28] Über die Normierung einer Mitteilungsfiktion sollte der bürokratische Mehraufwand für die nach § 20 Abs. 1 GwG verpflichteten Vereinigungen auf einen verhältnismäßigen Umfang beschränkt und Mehrfachmeldungen zu diversen Registern vermieden werden.[29] Um die Mitteilungsfiktion auch für die Rechtsform der GmbH nutzbar zu machen, erfolgte im Zuge der Umsetzung der Vierten EU-Geldwäscherichtlinie zugleich die Anpassung der Gesellschafterliste gemäß Art. 14, 15 des Gesetzes zur Umsetzung der Vierten EU-Geldwäscherichtlinie, zur Ausführung der EU-Geldtransferverordnung und zur Neuorganisation der Zentralstelle für Finanztransaktionsuntersuchungen

---

26 BT-Drucks. 18/11555, S. 125; Vgl. BeckOK GwG/*Korte*, GwG, § 18 Rn. 1 f.

27 Richtlinie 91/308/EWG, Nr. L 166/78; BT-Drucks. 18/11555, S. 125.

28 Vgl. BT-Drucks. 18/11555, S. 131.

29 BT-Drucks. 18/11555, S. 128; *Assmann/Hütten*, AG 2017, 449 (459); *Fisch*, NZG 2017, 408 (410); *Krais*, CCZ 2017, 98 (101); *Rieg*, BB 2017, 2310 (2312); *Seibert/Bochmann/Cziupka*, GmbHR 2017, 1128 (1128); Herzog/*Figura*, GwG, § 20 Rn. 10; BeckOK GwG/*Korte*, 1. Ed. 01.08.2019, GwG, § 20 Rn. 31; Zentes/Glaab/*v. Schweinitz/Pichler*, GwG, § 20 Rn. 71.

vom 23. Juni 2017 (im Folgenden verkürzt als „Gesetz zur Umsetzung der Vierten EU-Geldwäscherichtlinie“ bezeichnet).[30] § 40 GmbHG enthält nun umfassende Regelungen zu prozentualen Beteiligungsquoten und Gesellschafter-Gesellschaften in der GmbHG-Gesellschafterliste sowie eine Verordnungsermächtigung für nähere Bestimmungen über die Ausgestaltung der Gesellschafterliste.[31] Es bedarf der Untersuchung, ob in der Folge der geldwäscherechtlichen Novellierung gesellschaftsrechtlicher Vorschriften der GmbH-Gesellschafterliste eine erweiterte, geldwäscherechtliche Transparenzfunktion zuzusprechen ist und ob diese bei bestimmten gesellschaftsrechtlichen Auslegungsfragen zukünftig zu berücksichtigen ist. In Anbetracht der rechtlichen Komplexität der Figur des wirtschaftlich Berechtigten (Kapitel 1) und der neuen Transparenzpflichten und Haftungsrisiken (Kapitel 2) ist die Bedeutung der transparenzregisterrechtlichen Einflüsse bei gesellschaftsrechtlichen Auslegungsfragen (Kapitel 3) nicht zu unterschätzen.

Diese Betrachtung will die praxisrelevanten Schwierigkeiten und Unklarheiten, welche sich aus der Neufassung des Geldwäschegesetzes und der Einrichtung eines Transparenzregisters ergeben, aufzeigen und analysieren, sowie Handlungsempfehlungen und Auslegungsmöglichkeiten darlegen und eine an der gesellschaftsrechtlichen Praxis orientierte Herangehensweise aufzeigen. Das vorliegende Vorhaben legt dabei den Schwerpunkt auf das Zusammenspiel von „Transparenzregisterrecht“ und dem Recht der GmbH.

---

30 BT-Drucks. 18/11555, S. 172 f.; *Wachter*, GmbHR 2017, 1177 (1179 f.); Heckschen/Heidinger/*Blath/Heidinger*, Kapitel 2 Rn. 216; *Fell*, jM 2019, 46 (46); MüKoGmbHG/*Heidinger*, GmbHG, § 40 Rn. 5; *Wicke*, GmbHG, § 40 Rn. 2; Noack/Servatius/Haas/*Servatius*, GmbHG, § 40 Rn. 2.

31 BT-Drucks. 18/11555, S. 172 f.; *Böhringer*, BWNotZ 2017, 61 (62); *Wachter*, GmbHR 2017, 1177 (1186 ff.); *Frank/Schaub*, DStR 2018, 1822 (1822); Heckschen/Heidinger/*Blath/Heidinger*, Kapitel 2 Rn. 216; MüKoGmbHG/*Heidinger*, GmbHG, § 40 Rn. 13; Noack/Servatius/Haas/*Servatius*, GmbHG, § 40 Rn. 13a.

Kapitel 1: Der wirtschaftlich Berechtigte im Sinne des §§ 19 Abs. 2, 3 Abs. 1, Abs. 2 GwG

Die Rechtsfigur des wirtschaftlich Berechtigten ist in § 3 GwG normiert. § 3 Abs. 1 S. 1 GwG unterscheidet drei grundsätzliche Varianten von wirtschaftlich Berechtigten: Gemäß § 3 Abs. 1 S. 1 Nr. 1 Var. 1 GwG ist wirtschaftlich Berechtigter im Sinne des Geldwäschegesetzes die natürliche Person, in deren Eigentum eine juristische Person, sonstige Gesellschaft oder eine Rechtsgestaltung im Sinne des § 3 Abs. 3 GwG[32] steht. Daneben ist gemäß § 3 Abs. 1 S. 1 Nr. 1 Var. 2 GwG ebenfalls wirtschaftlich Berechtigter, wer eine juristische Person, sonstige Gesellschaft oder eine Rechtsgestaltung kontrolliert. Die Person, auf deren Veranlassung die Transaktion letztlich durchgeführt oder eine Geschäftsbeziehung letztlich begründet wird, ist gemäß § 3 Abs. 1 S. 1 Nr. 2 GwG wirtschaftlich Berechtigter. Die Absätze zwei bis vier des § 3 GwG konkretisieren den Begriff des wirtschaftlich Berechtigten in Bezug auf juristische Personen und sonstige Gesellschaften im Sinne des § 3 Abs. 2 S. 1 GwG, Rechtsgestaltungen sowie bei Handeln auf Veranlassung, § 3 Abs. 1 S. 2 GwG. § 3 Abs. 2 bis Abs. 4 GwG zählen beispielhaft die erfassten Konstellationen auf.[33] Diese sind nicht abschließend.[34] In jedem Fall kann wirtschaftlich Berechtigter nur eine natürliche Person sein, § 3 Abs. 1, Abs. 2 GwG.[35] Es ist möglich, dass mehrere natürliche Personen wirtschaftlich Berechtigte einer juristischen Person sind.[36] Dies verdeutlicht zum einen die Verwendung des Plurals in der Gesetzesbegründung[37] und in der Vierten EU-Geldwäscherichtlinie[38] und die Verwendung des Pronomens „jede" im Wortlaut des § 3 Abs. 2 S. 1 GwG. Zum

---

32 Im Rahmen dieser Arbeit werden unter Rechtsgestaltungen nur solche im Sinne des § 3 Abs. 3 GwG gemeint, sofern keine gegenteiligen Hinweise gegeben werden. Rechtsgestaltungen gemäß § 3 Abs. 3 GwG sind rechtsfähige Stiftungen und Rechtsgestaltungen, mit denen treuhänderisch Vermögen verwaltet, verteilt oder die Verwaltung oder Verteilung durch Dritte beauftragt wird, oder vergleichbare Rechtsformen.

33 Herzog/*Figura*, GwG, § 3 Rn. 2.

34 Herzog/*Figura*, GwG, § 3 Rn. 10; BeckOK GwG/*Frey*, GwG, § 3 Rn. 7.

35 Erwägungsgrund (12) Richtlinie 2015/849/EU; BT-Drucks. 18/11555, S. 108.

36 Herzog/*Figura*, GwG, § 3 Rn. 9.

37 BT-Drucks. 18/11555, S. 108.

38 Art. 3 Ziffer 6 Richtlinie 2015/849/EU.

anderen spricht auch die Höhe der Schwellenwerte des § 3 Abs. 2 S. 1 Nr. 1 und Nr. 2 GwG von 25 % für eine erdenkliche Mehrzahl wirtschaftlich Berechtigter.[39] Auf die Staatsangehörigkeit oder den Wohnsitz des wirtschaftlich Berechtigten kommt es nicht an.[40] Die Regelung des § 3 Abs. 1 S. 1 GwG wurde in Umsetzung des Art. 3 Nr. 6 Vierte EU-Geldwäscherichtlinie geschaffen[41] und entspricht dabei im Wesentlichen der Regelung des § 1 Abs. 6 GwG a. F.[42] Mittels dieser Regelung sollte sichtbar gemacht werden, in wessen wirtschaftlichem oder rechtlichem Interesse eine Transaktion erfolgt.[43]

§ 3 Abs. 2 GwG befasst sich mit den Konstellationen des wirtschaftlich Berechtigten bei juristischen Personen, die nicht an einem organisierten Markt im Sinne des § 2 Abs. 11 WpHG notiert sind und keinem dem Gemeinschaftsrecht entsprechenden Transparenzanforderungen im Hinblick auf Stimmrechtsanteile oder gleichwertigen internationalen Standards unterliegen.[44] Für die GmbH ist folglich § 3 Abs. 2 GwG maßgebend.[45] Wirtschaftlich Berechtigter einer solchen Gesellschaft ist jede natürliche Person, die mittelbar oder unmittelbar mehr als 25 % der Kapitalanteile hält, § 3 Abs. 2 S. 1 Nr. 1 GwG, mehr als 25 % der Stimmrechte kontrolliert, § 3 Abs. 2 S. 1 Nr. 1 GwG oder auf vergleichbare Weise Kontrolle ausübt, § 3 Abs. 2 S. 1 Nr. 3 GwG. Im Rahmen der Umsetzung der Vierten EU-Geldwäscherichtlinie hat der Gesetzgeber vor allem eine Klarstellung hinsichtlich der Ausübung mittelbarer Kontrolle einer natürlichen Person über Vereinigungen nach § 20 Abs. 1 GwG unternommen.[46] Nach der Begründung des deutschen Gesetzgebers zur Umsetzung der Dritten

---

39 *Assmann/Hütten*, AG 2017, 449 (455).

40 *Assmann/Hütten*, AG 2017, 449 (453).

41 BT-Drucks. 18/11555, S. 108.

42 BT-Drucks. 16/9038, S. 30; BT-Drucks. 18/11555, S. 108.

43 BT-Drucks. 16/9038, S. 30.

44 In der Folge des gewählten Betrachtungsschwerpunktes werden im Rahmen dieser Arbeit, sofern keine gegenteiligen Hinweise gegeben werden, unter juristischen Personen nur solche im Sinne des § 3 Abs. 2 S. 1 GwG gemeint, die nicht an einem organisierten Markt im Sinne des § 2 Abs. 11 WpHG notiert sind und keinem dem Gemeinschaftsrecht entsprechenden Transparenzanforderungen im Hinblick auf Stimmrechtsanteile oder gleichwertigen internationalen Standards unterliegen.

45 Herzog/*Figura*, GwG, § 3 Rn. 6; *Koehler*, ZIP 2020, 1399 (1399). Sofern keine gegenteiligen Angaben gemacht werden, sind Vereinigungen im Folgenden als Vereinigungen nach § 20 Abs. 1 GwG zu verstehen. Vereinigungen im Sinne des § 20 Abs. 1 S. 1 GwG sind juristische Personen des Privatrechts und eingetragene Personengesellschaften.

46 BT-Drucks. 18/11555, S. 108 f.; Zentes/Glaab/*Kaetzler*, GwG, § 3 Rn. 6.

EU-Geldwäscherichtlinie war wirtschaftlich Berechtigter derjenige Kapitalgeber einer Rechtsperson oder Rechtsvereinbarung, der eine wesentliche Kontrolle über die Verwendung des Vermögens ausübt.[47]

Aus dem Vorstehenden wird bereits erkenntlich, dass „Kontrolle“ ein maßgebendes Kriterium für die Annahme einer wirtschaftlichen Berechtigung ist.[48] Aus diesem Grund wird der geldwäscherechtliche Kontrollbegriff im Folgenden ausführlich betrachtet.

A. Der geldwäscherechtliche Kontrollbegriff

Der Kontrollbegriff ist bei der Bestimmung des wirtschaftlich Berechtigten von wesentlicher Bedeutung.[49] § 3 GwG kennt die unmittelbare und mittelbare Kontrolle einer juristischen Person, sonstigen Gesellschaft oder einer Rechtsgestaltung gemäß § 3 Abs. 1 S. 1 Nr. 1 Var. 2 GwG, die unmittelbare und mittelbare Kontrolle der Stimmrechte nach § 3 Abs. 2 S. 1 Nr. 2 GwG, sowie die Kontrolle auf vergleichbare Weise gemäß § 3 Abs. 2 S. 1 Nr. 3 GwG und die Kontrolle kapitalhaltender Vereinigungen im Sinne des § 3 Abs. 2 S. 3 GwG als maßgebliche Kriterien für die Qualifikation einer natürlichen Person als wirtschaftlich Berechtigter. Während im Schrifttum durchaus Diskussionen über die möglichen Rechtsgrundlagen[50] und Arten der Kontrollausübung[51] geführt werden, fehlt es bisher an einer grundlegen Definition des geldwäscherechtlichen Kontrollbegriffs.

I. Definition des Kontrollbegriffs

Eine Legaldefinition des Begriffs „Kontrolle“ findet sich im GwG nicht. Nach dem Wortlaut des § 3 Abs. 2 S. 3 GwG erfolgt lediglich eine teilweise

47 BT-Drucks. 16/9038, S. 30.

48 Zentes/Glaab/*Kaetzler*, GwG, § 3 Rn. 28.

49 Zentes/Glaab/*Kaetzler*, GwG, § 3 Rn. 28.

50 So *Kotzenberg/Lorenz*, NJW 2017, 2433 (2435); *Schaub*, DStR 2017, 1438 (1439): *Pelka/Hettler/Weinhausen*, DStR 2018, 1303 (1304) mit dem Fokus auf Treuhandverhältnisse; *Blaurock/Pordzik*, NGZ 2019, 413 (414 ff.); Herzog/*Figura*, GwG, § 3 Rn. 8: *Koehler*, ZIP 2020, 1399 (1401); *John*, NZG 2021, 323 (328); Hierzu ausführlich Kapitel 1 III.

51 So *Hütten/Assmann*, AG 2020, 849 (857); *Koehler*, ZIP 2020, 1399 (1401); *Rodatz/Judis/Bergschneider*, CCZ 2021 30, (32); *Rodatz/Judis/Bergschneider*, BB 2021, 1115 (1116); *Sonnenberg/Komma/Rempp*, CCZ 2021, 18 (19); Hierzu ausführlich Kapitel 1 II.

Konkretisierung des Kontrollbegriffs.[52] Demnach liegt Kontrolle im Sinne des § 3 Abs. 2 S. 3 GwG insbesondere dann vor, wenn die natürliche Person mittelbar oder unmittelbar einen beherrschenden Einfluss auf die Vereinigung ausüben kann.[53] Aus der Systematik und dem Wortlaut des § 3 Abs. 2 GwG geht nicht eindeutig hervor, auf welche Ausprägung der Kontrolle diese Teilkonkretisierung anzuwenden ist. Isoliert betrachtet, bezieht sich § 3 Abs. 2 S. 3 GwG zunächst einmal auf den Begriff „Kontrolle", mit der Einschränkung auf die Kontrolle von Vereinigungen. Der Anwendungsbereich des § 3 Abs. 2 S. 3 GwG könnte demnach die Kontrolle der juristischen Personen des Privatrechts oder eingetragenen Personengesellschaften im Sinne des § 3 Abs. 1 S. 1 Nr. 1 Var. 2 GwG ebenso erfassen, wie die Kontrolle der Vereinigung auf vergleichbare Weise gemäß § 3 Abs. 2 S. 1 Nr. 3 GwG. In der Systematik des § 3 Abs. 2 GwG folgt die Konkretisierung des Kontrollbegriffs in Satz 3 auf die Ausführungen zur mittelbaren Kontrolle in Satz 2. Nach dieser Lesart will die Konkretisierung des § 3 Abs. 2 S. 3 GwG nur die mittelbare Kontrolle im Sinne des § 3 Abs. 2 S. 2 GwG präzisieren. Die Formulierung des § 3 Abs. 2 S. 2 GwG, wonach mittelbare Kontrolle vorliegt, wenn die natürliche Person die Vereinigung, welche entsprechende Anteile hält, kontrolliert, erfordert gerade eine weitere Klarstellung des Kontrollbegriffs. Während § 1 Abs. 6 GwG a. F. bereits die Kontrolle als Qualifikationskriterium für die Bestimmung des wirtschaftlich Berechtigten heranzog, erfolgte die Konkretisierung des Kontrollbegriffs in § 3 Abs. 2 S. 3 GwG mit dem Verweis auf § 290 Abs. 2 bis Abs. 4 HGB erst mit der Aufnahme der Normierung mittelbarer Kontrollmöglichkeiten mehrstufiger Beteiligungsstrukturen.[54] Die Auffassung, dass die Konkretisierung des § 3 Abs. 2 S. 3 GwG ausschließlich für den Fall der mittelbaren Kontrolle im Sinne des § 3 Abs. 2 S. 2 GwG gilt, stützen die Anwendungs- und Auslegungshinweise zum Geldwäschegesetz gemäß § 51 Abs. 8 GwG der Bundesanstalt für Finanzdienstleistungsaufsicht (im Folgenden „BaFin" abgekürzt).[55] Hiernach

---

52 *Blaurock/Pordzik*, NGZ 2019, 413 (445); *Hütten/Assmann*, AG 2020, 849 (856); John, NZG 2021, 323 (324).

53 BT-Drucks. 18/11555, S. 109; *Blaurock/Pordzik*, NGZ 2019, 413 (4145); *Reger/Lang*, BB 2019, 1282 (1282); *Hütten/Assmann*, AG 2020, 849 (859).

54 BT-Drucks. 18/11555, S. 108 f.; Herzog/*Figura*, GwG, § 3 Rn. 7.

55 Anwendungs- und Auslegungshinweise gemäß § 51 Abs. 8 GwG, Stand Oktober 2021, Ziffer 5.2.2.1, S. 44 (in der jeweils aktuellen Fassung abgerufen unter https://www.bafin.de/DE/Aufsicht/Geldwaescheprae vention/Rechtsquellen/BaFin_Vorgaben/BaFin_Vorgaben_node.html).

beschreiben die Sätze 2 bis 4 des § 3 Abs. 2 GwG lediglich den Fall der Kontrolle ab der zweiten Beteiligungsebene.[56]

Dennoch folgt aus dem Wortlaut der Konkretisierung des § 3 Abs. 2 S. 3 GwG sowie aus dem allgemein sprachlichen Verständnis des Begriffs „Kontrolle“, dass Kontrolle grundsätzlich eine maßgebliche Einflussnahme voraussetzt.[57] Die Einflussnahme erfolgt auf der zweiten Beteiligungsebene insofern in gesteigertem Maße, nämlich „beherrschend“, § 3 Abs. 2 S. 3 GwG.

Aus der Systematik des § 3 Abs. 2 GwG lässt sich ein weiteres definierendes Merkmal des geldwäscherechtlichen Kontrollbegriffs gewinnen. Dieses ergibt sich aus der Auffangfunktion des geschäftsführenden Gesellschafters als fiktiver wirtschaftlich Berechtigter für den Fall, dass kein wirtschaftlich Berechtigter ermittelt werden konnte, § 3 Abs. 2 S. 5 GwG.[58] Denn die Kontrolle, welche die Geschäftsführung kraft ihrer Funktion ausübt, ist als solche nicht bereits ausreichend um eine Stellung als wirtschaftlich Berechtigter zu begründen.[59] Der fiktive wirtschaftlich Berechtigte ist gerade kein wirtschaftlich Berechtigter[60], da dieser keine „echte“ Verfügungsgewalt über das Vermögen innehält.[61] Er ist vielmehr rechenschaftspflichtig.[62] Aus dieser Systematik folgt, dass für die im Sinne des § 3 GwG kontrollbegründende Verfügungsgewalt gerade eine „echte“ Verfügungsgewalt vorliegen muss, für deren Art der Ausübung der Kontrollierende keine Rechenschaft ablegen muss. Aus dem Merkmal der Freiheit von jedweder Rechenschaftspflicht folgt nicht, dass ausschließlich eine Person die alleinige Kontrolle ausüben kann. Gestützt wird das Erfordernis der Rechenschaftsfreiheit auch durch einen vergleichenden Blick auf § 3 Abs. 1 S. 1 Nr. 1 Var. 1 GwG sowie § 3 Abs. 2 S. 1 Nr. 1 GwG. Der Eigentümer im Sinne des § 3 Abs. 1 S. 1 Nr. 1 Var. 1 GwG, ist grundsätzlich frei in der Ausübung seiner Eigentumsrechte[63], ebenso wie der Anteilsinhaber im Sinne des § 3 Abs. 2 S. 1 Nr. 1 GwG in der Ausübung seiner durch die Anteilsinhaberschaft vermittelten

56 Anwendungs- und Auslegungshinweise gemäß § 51 Abs. 8 GwG, Stand Oktober 2021, Ziffer 5.2.2.1, S. 44.

57 Vgl. https://www.duden.de/rechtschreibung/Kontrolle (zuletzt abgerufen am 09.05.2022).

58 BT-Drucks. 18/11555, S. 109.

59 Herzog/*Figura*, GwG, § 3 Rn. 10.

60 BT-Drucks. 19/13827, S. 73; BeckOK GwG/*Frey*, GwG, § 3 Rn. 56.

61 BeckOK GwG/*Frey*, GwG, § 3 Rn. 63.

62 BeckOK GwG/*Frey*, GwG, § 3 Rn. 63.

63 BGH, NJW 2000, 1719 (1720); detailliert zu den positiven und negativen Befugnissen des Sacheigentümers: BeckOK BGB/*Fritzsche*, BGB, § 903 Rn. 16 ff.

Vermögens- und Verwaltungsrechte.[64] Auch der Wortlaut von Art. 3 Ziffer 6 lit. a) i) Dritte EU-Geldwäscherichtlinie versteht das Halten und Kontrollieren von Aktien einer Rechtsperson als vergleichbare und in der dadurch vermittelten Verfügungsgewalt gleichwertige Alternativen.

Zwischen „Leitung" und „Kontrolle" wird in der Systematik des Geldwäscherechts konstant auf diese Weise differenziert: Art. 3 Ziffer 6 a) i) der Vierten EU-Geldwäscherichtlinie verweist hinsichtlich der Bestimmung anderer Formen der Kontrolle auf Art. 22 Abs. 1 bis Abs. 5 der Richtlinie 2013/34/EU des Europäischen Parlaments und des Rates vom 26. Juni 2013 über den Jahresabschluss, den konsolidierten Abschluss und damit verbundene Berichte von Unternehmen bestimmter Rechtsformen und zur Änderung der Richtlinie 2006/43/EG des Europäischen Parlaments und des Rates und zur Aufhebung der Richtlinien 78/660/EWG und 83/349/EWG des Rates, im Folgenden als Bilanzrichtlinie bezeichnet. Erwägungsgrund (31) der Bilanzrichtlinie differenziert korrespondierend mit den obigen Ausführungen zwischen Kontrolle und Leitung.[65] Demnach liegt es in der Kompetenz des einzelnen Mitgliedsstaates zu bestimmen, ob Unternehmen, die nicht der Kontrolle unterliegen, aber unter einheitlicher Leitung stehen oder ein gemeinsames Verwaltungs-, Leitungs- oder Aufsichtsorgan haben, in den konsolidierten Abschluss eingezogen werden.[66] Art. 22 Abs. 1 lit. b) Bilanzrichtlinie, entspricht der Regelung des § 290 Abs. 2 Nr. 2 HGB und regelt, dass das Recht eines Unternehmens die Mehrheit der Mitglieder des Verwaltungs-, Leitungs- oder Aufsichtsorgans eines anderen Unternehmens zu bestellen, allein noch nicht ausreicht, um einen beherrschenden Einfluss zu bejahen.[67] Vielmehr muss das Unternehmen gemäß Art. 22 Abs. 1 lit. b) Bilanzrichtlinie gleichzeitig Aktionär oder Gesellschafter des anderen Unternehmens sein.[68]

Der Vergleich geldwäscherechtlicher Kontrolle mit Eigentum und Anteilsinhaberschaft zeigt eine weitere Gemeinsamkeit von Eigentum und

---

64 Die Ausübungsfreiheit kann gegebenenfalls durch die mitgliedschaftliche Treuepflicht und den Gleichbehandlungsgrundsatz beschränkt sein, *Altmeppen*, GmbHG, § 45 Rn. 25; MüKoGmbHG/Liebscher, GmbHG, § 45 Rn. 135.

65 Erwägungsgrund (31) Richtlinie 2013/34/EU. MüKoGmbHG/*Liebscher*, GmbHG § 45 Rn. 135.

66 Erwägungsgrund (31) Richtlinie 2013/34/EU.

67 Koller/Kindler/Roth/Drüen/*Morck/Bach*, HGB, § 290 Rn. 3; EBJS/*Böcking/Gros/Schurbohm*, HGB, § 290 Rn. 26; BeckOK HGB/*Jakob*, HGB, § 290 Rn. 11.

68 Koller/Kindler/Roth/Drüen/*Morck/Bach*, HGB, § 290 Rn. 3; EBJS/*Böcking/Gros/Schurbohm*, HGB, § 290 Rn. 26; BeckOK HGB/*Jakob*, HGB, § 290 Rn. 11.

Anteilsinhaberschaft im Sinne des § 3 GwG: neben der Verfügungsgewalt werden auch Nutzungs- bzw. Vermögensrechte vermittelt.[69] Gemäß § 3 Abs. 3 Nr. 3 und Nr. 4 GwG werden zu den wirtschaftlich Berechtigten rechtsfähiger Stiftungen und treuhänderischer Rechtsgestaltungen auch die Begünstigten gezählt. Im Einklang mit dem Gesetzeszweck liegt der Schwerpunkt bei der Bestimmung des wirtschaftlich Berechtigten in diesen Konstellationen auf der Zuordnung der Vermögenswerte zu einer bestimmten Person.[70] Dem Begünstigten steht beispielsweise ein Recht am Trustvermögen[71] oder ein Anspruch auf das Stiftungsvermögen zu.[72] Gleichermaßen folgt aus dem Verweis des § 3 Abs. 2 S. 4 GwG auf § 290 Abs. 2 bis Abs. 4 HGB die Relevanz eines wirtschaftlichen Nutzens im Rahmen der Bestimmung des wirtschaftlich Berechtigten. Ein beherrschender Einfluss im Sinne des § 290 Abs. 2 bis Abs. 4 HGB eines Unternehmens besteht, wenn dieses Unternehmen die Möglichkeit hat, die Geld- und Finanzpolitik des anderen Unternehmens dauerhaft zu bestimmen, um daraus einen Nutzen zu ziehen.[73] Es wird deutlich, dass bei diesen verschiedenen Regelungskonstellationen im Rahmen der Bestimmung des wirtschaftlich Berechtigten nach § 3 GwG sämtlich der Aspekt eines wirtschaftlichen Vorteils von Bedeutung ist. Es bedarf daher der Klärung, ob ein derartiger wirtschaftlicher Vorteil oder Eigennutz auch bei der Annahme der normierten Kontrollkonstellationen zu fordern ist. Die Erlangung eines Vorteils oder die Nutzziehung ist allerdings das Ergebnis der Kontrollausübung zu eben diesem Zweck. Hiermit korrespondierend zeigt der Blick auf den Gesetzeszweck, dass die Möglichkeit der maßgeblichen Einflussnahme zielgerichtet auf Entscheidungen über die Verwendung des Vermögens sein muss.[74] Bei der Einführung der Rechtsfigur des wirtschaftlich Berechtigten im Zuge der Dritten EU-Geldwäscherichtlinie wurde bereits ausdrücklich auf die Ausübung „[…] wesentliche[r] Kontrolle über die Verwendung des Vermögens […]“ abgestellt.[75] Hier folgt bereits aus dem Wortlaut der Begründung, dass dies eine Zweckrichtung der Kontrolle ist und kein kontrollbegründendes Definitionsmerkmal.

---

69 Beispielsweise Gewinnbezugsrechte von Gesellschaftern nach § 29 GmbHG oder § 121 HGB, sowie die Nutzung und Verwertung nach § 903 BGB, BeckOK BGB/*Fritzsche*, BGB, § 903 Rn. 17 ff. m. w. N.

70 Vgl. BeckOK GwG/*Frey*, 10. Ed. 01.06.2022, GwG, § 3 Rn. 2.

71 Zentes/Glaab/*Kaetzler*, GwG, § 3 Rn. 80.

72 Zentes/Glaab/*Kaetzler*, GwG, § 3 Rn. 81.

73 BT-Drucks. 16/12407, S. 89; EBJS/*Böcking/Gros/Schurbohm*, HGB, § 290 Rn. 8.

74 Erwägungsgrund (12) Richtlinie 2005/60/EG; BT-Drucks. 16/9038, S. 30.

75 Erwägungsgrund (12) Richtlinie 2005/60/EG.

Eine weitere Voraussetzung für die Annahme geldwäscherechtlicher Kontrolle ist die Planmäßigkeit der Einflussnahme. Die systematische Differenzierung des § 3 Abs. 1 S. 1 GwG in Eigentum sowie Kontrolle einerseits und Veranlassung einer Transaktion oder Geschäftsbeziehung andererseits zeigt, dass sowohl diejenige natürliche Person erfasst werden soll, die längerfristig und planmäßig als auch einmalig auf die Kundenbeziehung einwirken kann. § 3 Abs. 1 S. 1 Nr. 1 GwG stellt Eigentum und Kontrolle in der Wirkungsweise der planmäßigen Einflussnahme gleich. Diese Voraussetzung wird weiter gestützt durch die Systematik des Verweises des § 3 Abs. 2 S. 4 GwG auf § 290 HGB. So reichen zufällige Präsenzmehrheiten in der Gesellschafter- oder Hauptversammlung gerade nicht aus, um einen beherrschenden Einfluss nach § 290 Abs. 2 Nr. 1 HGB zu vermitteln.[76]

Zusammenfassend ist geldwäscherechtliche Kontrolle dann anzunehmen, wenn eine rechenschaftsfreie, planmäßige Einflussnahme möglich ist.

II. Formen der geldwäscherechtlichen Kontrolle

Umstritten ist, ob sich die Form der Kontrolle, die eine wirtschaftliche Berechtigung begründen kann, in aktiven Gestaltungsmöglichkeiten erschöpft oder ob auch eine destruktive Kontrollmöglichkeit (zum Teil als „negative Kontrolle" bezeichnet)[77] eine wirtschaftliche Berechtigung begründen kann[78], sog. Verhinderungsbeherrschung.[79] Es stellt sich also die Frage nach dem erforderlichen Maß der Einflussnahme für die Annahme geldwäscherechtlicher Kontrolle, insbesondere mit Blick auf die Erheblichkeitsschwelle des beherrschenden Einflusses gemäß § 3 Abs. 2 S. 3 GwG.

Im Mittelpunkt dieser Überlegungen stehen vor allem Sperrminoritäten, Vetorechte, Widerspruchsrechte und Einstimmigkeitserfordernisse. Die Relevanz dieser Frage eröffnet sich, da im Personengesellschaftsrecht Beschlüsse grundsätzlich einstimmig zu fassen sind.[80] Kraft Gesetzes sind für die GmbH

---

76 Koller/Kindler/Roth/Drüen/*Morck/Bach*, HGB, § 290 Rn. 3; EBJS/*Böcking/Gros/Schurbohm*, HGB § 290 Rn. 17.

77 *Hütten/Assmann*, AG 2020, 849 (849); *Rodatz/Judis/Bergschneider*, BB 2021, 1115 (1116).

78 *Hütten/Assmann*, AG 2020, 849 (849); *Rodatz/Judis/Bergschneider*, CCZ 2021, 30 (30); *Sonnenberg/Komma/Rempp*, CCZ 2021, 18 (22).

79 BVA, FAQ, Stand 5. Mai 2023, Teil 1 B. III. 3., S. 20 (in der jeweils aktuellen Fassung abgerufen unter https://www.bva.bund.de/SharedDocs/Downloads/DE/Aufgaben/ZMV/Transparenzregister/Transparenzregister_FAQ.html).

80 Vgl. § 709 BGB, vgl. § 119 HGB; *Schäfer*, ZGR 2013, 237 (238); *Grever*, RNotZ 2019, 1 (4).

hingegen keine Einstimmigkeitserfordernisse vorgesehen, derartige können aber im Gesellschaftsvertrag vereinbart werden.[81] In der Regel setzt Einstimmigkeit „Ja-Stimmen" aller beschlussbeteiligter Gesellschafter, im Sinne eines Einvernehmens bei der Beschlussfassung, voraus.[82] Gesellschaftsvertraglich kann jedoch auch bestimmt werden, dass sämtliche Gesellschafter ihr Einverständnis erklären müssen.[83] Die Einstimmigkeit ist dann zugleich Beschlussfähigkeitskriterium.[84] Alternativ können nicht erschienene oder nicht vertretene Gesellschafter ihr Einverständnis bei einer entsprechenden Zustimmungsregelung auch außerhalb der Gesellschafterversammlung erklären.[85] Welche Art von Einstimmigkeitserfordernis vorliegt, ist im Zweifel durch Auslegung der gesellschaftsvertraglichen Regelung zu ermitteln.[86] Bei einem Einstimmigkeitserfordernis hat jeder Gesellschafter ein faktisches Vetorecht.[87]

Während Einstimmigkeit grundsätzlich in der Gesellschafterversammlung erreicht wird, erfolgt eine Zustimmung regelmäßig außerhalb der Gesellschafterversammlung.[88] Die Zustimmung bezieht sich nicht auf die Abgabe einer „Ja-Stimme" bei Beschlussfassung, sondern auf den Beschluss selbst und kann grundsätzlich formfrei erfolgen.[89] Der Gesellschafterbeschluss ist bis zu der Zustimmung schwebend unwirksam.[90] § 53 Abs. 3 GmbHG enthält beispielsweise ein derartiges Zustimmungserfordernis. Die Änderung des Unternehmenszwecks erfordert ebenso analog § 33 Abs. 1 S. 2 BGB die Zustimmung aller Gesellschafter.[91] Die Zustimmung einzelner Gesellschafter kann auch dann erforderlich sein, wenn geschützte persönliche Rechtspositionen von der Beschlussfassung betroffen sind.[92] Dies folgt aus dem Gleichbehandlungsgrundsatz analog § 53a AktG für den Fall, dass die Rechte einzelner

81 BGH, NJW 1990, 99 (99); *Wicke*, GmbHG, § 47 Rn. 4; Noack/Servatius/Haas/*Noack*, GmbHG, § 47 Rn. 24.
82 OLG Stuttgart, NJW 1974, 1566 (1567); *Blath*, RNotZ 2017, 218 (225) m. w. N.
83 OLG Stuttgart, NJW 1974, 1566 (1567); *Blath*, RNotZ 2017, 218 (225) m. w. N.
84 BGH, NJW 1967, 2159 (2160); *Blath*, RNotZ 2017, 218 (225).
85 OLG Hamm, Urteil vom 21.12.2015, Az. 8 U 67/15; *Blath*, RNotZ 2017, 218 (225).
86 OLG Stuttgart, NJW 1974, 1566 (1567).
87 MAH PersGesR/*Plückelmann*, § 8 Rn. 41.
88 *Blath*, RNotZ 2017, 218 (225 f.).
89 MHLS/*Römermann*, GmbHG, § 47 Rn. 612; *Blath*, RNotZ 2017, 218 (220).
90 MHLS/*Römermann*, GmbHG, § 47 Rn. 612; *Wicke*, GmbHG, § 53 Rn. 14.
91 *Wicke*, GmbHG, § 53 Rn. 15; Scholz/*Priester/Tebben*, GmbHG, § 53 Rn. 181; MüKoGmbHG/*Harbarth*, GmbHG, § 53 Rn. 191.
92 *Wicke*, GmbHG, § 53 Rn. 17; Lutter/Hommelhoff/*Bayer*, GmbHG, § 53 Rn. 26.

Gesellschafter durch einen Beschluss eingeschränkt werden oder der Beschluss lediglich andere Gesellschafter begünstigt.[93]

Vetorechte sind grundsätzlich bei Personengesellschaften zulässig.[94] Wird einem Gesellschafter ein Vetorecht eingeräumt, kann dieser den Beschluss unabhängig von der bei Beschlussfassung erreichten Mehrheit verhindern.[95] Bei Sperrminoritäten sind die Mehrheitsverhältnisse gesellschaftsvertraglich so ausgestaltet, dass ein einzelner Gesellschafter einen Beschluss durch seine Stimme verhindern kann.[96] Auch derartige Sperrminoritäten kommen faktisch Vetorechten gleich.[97]

Relevanz entfaltet die Frage nach kontrollbegründender destruktiver Einflussnahme auch im Rahmen der mittelbaren Kontrolle auf zweiter Beteiligungsebene.[98]

Nach früheren Ausführungen des Bundesverwaltungsamtes (im Folgenden „BVA" abgekürzt) im August 2020, sollte es für die Annahme einer, die Stellung als wirtschaftlich Berechtigten begründenden Kontrolle bereits ausreichend sein, dass Entscheidungen im Sinne einer destruktiven Einflussnahme verhindert werden können.[99] Jede Art von Widerspruchs- oder Vetorechten sollte zu der Annahme einer wirtschaftlichen Berechtigung nach § 3 Abs. 1 S. 1 Nr. 3 GwG führen, wenn die natürliche Person aufgrund des Veto- oder Widerspruchsrechts mittelbare oder unmittelbare Kontrolle über Entscheidungen der Mitglieder-, Haupt- oder Gesellschafterversammlung ausübt.[100] Im Grundsatz erhält die BVA diese Auffassung aufrecht, wobei nun auf die Umstände des Einzelfalls abzustellen sei.[101] Eine entsprechende mittelbare oder unmittelbare Kontrolle über Entscheidungen der Mitglieder-, Haupt- oder Gesellschafterversammlung soll im Einzelfall insbesondere dann vorliegen, wenn eine

---

93 *Wicke*, GmbHG, § 53 Rn. 17; Lutter/Hommelhoff/*Bayer*, GmbHG, § 53 Rn. 26.

94 MHLS/*Römermann*, GmbHG, § 47 Rn. 580; MAH PersGesR/*Plückelmann*, § 8 Rn. 41; MüKoGmbHG/*Drescher*, GmbHG, § 47 Rn. 50.

95 MAH PersGesR/*Plückelmann*, § 8 Rn. 41; Scholz/*Schmidt*, GmbHG, § 47 Rn. 12 m. w. N.

96 MAH PersGesR/*Plückelmann*, § 8 Rn. 42.

97 MAH PersGesR/*Plückelmann*, § 8 Rn. 42.

98 *Rieg*, BB 2017, 2310 (2315 f.); *Assmann/Hütten*, AG 2020, 849 (851); *Rodatz/Judis/Bergschneider*, BB 2021, 1115 (1116).

99 BVA, FAQ, Stand 19. August 2020, Teil 1 B. II. 4., S. 11; *Goette*, NZG 2020, 1206 (1207); *Rodatz/Judis/Bergschneider*, BB 2021, 1115 (1116).

100 BVA, FAQ, Stand 19. August 2020, Teil 1 B. II. 3., S. 11.

101 BVA, FAQ, Stand 5. Mai 2023, Teil 1 B. II. 3., S. 16.

natürliche Person über diese Rechte die Vereinigung faktisch kontrolliert oder deren Transaktionen veranlasst.[102] Dies erweckt den Eindruck eines Zirkelschlusses: geldwäscherechtliche Kontrolle über eine Vereinigung soll aufgrund von Veto- und Widerspruchsrechten dann vermittelt werden, wenn diese Veto- und Widerspruchsrechte Kontrolle über die Vereinigung vermitteln.

Das BVA ist nun allerdings davon abgerückt faktische Vetorechte aufgrund von Einstimmigkeitserfordernissen ausreichen zu lassen oder bereits die Nichtteilnahme an der Willensbildung als faktisches Vetorecht bei einer bestehenden Beschlussfähigkeitsgrenze für die Begründung einer wirtschaftlichen Berechtigung heranzuziehen.[103] Während diese Entwicklungsrichtung grundsätzlich zu begrüßen ist, führt sie doch kaum in Richtung einer rechtssicheren, weniger aufwendigen Handhabung für die gesellschaftsrechtliche Praxis.

Zwar ist der Auffassung grundsätzlich zuzustimmen, dass geldwäscherechtliche Kontrolle auch die Rechtsmacht umfassen kann, Entscheidungen zu verhindern.[104] Jedoch reicht ein bloßes Veto- oder Widerspruchsrecht im Sinne einer reinen Verhinderungsbeherrschung nach der hier vertretenen Auffassung nicht aus, um geldwäscherechtliche Kontrolle zu vermitteln.[105] Destruktive bzw. negative Kontrollrechte können nur dann eine Kontrolle im geldwäscherechtlichen Sinne vermitteln, wenn sie in Kombination mit weiteren kontrollvermittelnden Umständen eine andauernde grundlegende Beeinflussung der Geschäfts- und Finanzpolitik ermöglichen.

Der Wortlaut des § 3 GwG differenziert zunächst einmal nicht zwischen verschiedenen Wirkungsweisen der Kontrolle.

Bei der Einführung der Rechtsfigur des wirtschaftlichen Eigentümers mit der Dritten EU-Geldwäscherichtlinie wurde bereits verdeutlicht, dass die Kontrolle, welche das wirtschaftliche Eigentum begründet, wesentlich sein muss.[106] Es erscheint zumindest fraglich, ob diese Wesentlichkeitsschwelle bei derartigen bloßen „Verhinderungsrechten“ aufgrund eines Einstimmigkeitserfordernis

---

102 BVA, FAQ, Stand 5. Mai 2023, Teil 1 B. II. 3., S. 16.

103 Vgl. Wegfall von Teil 1 B. II. 4. in den BVA, FAQ, Stand 9. Februar 2021.

104 *Rieg*, BB 2017, 2310 (2317); *Koehler*, ZIP 2020, 1399 (1401).

105 So auch *Hütten/Assmann*, AG 2020, 849 (856); *John*, NZG 2021, 323 (326); *Rodatz/Judis/Bergschneider*, CCZ 2021, 30 (33); Sonnenberg/Komma/Rempp CCZ 2021, 18 (23): a. A. *Schaub*, DStR 2017, 1438 (1441); *Reger/Lang*, BB 2019, 1282 (1284); *Koehler*, ZIP 2020, 1399 (1401).

106 Erwägungsgrund (12) Richtlinie 2005/60/EG.

oder einer Sperrminorität bei wenigen bestimmten Entscheidungen erreicht wird.[107]

Der Wortlaut der Vierten EU-Geldwäscherichtlinie ließe die Einbeziehung destruktiver Kontrolle zu. Art. 3 Ziffer 6 Vierte EU-Geldwäscherichtlinie eröffnet die Möglichkeit den Personenkreis der wirtschaftlichen Eigentümer weiterzuziehen, da der Art. 3 Ziffer 6 Vierte EU-Geldwäscherichtlinie lediglich die Personengruppen benennt, die „zumindest" zu dem Personenkreis des wirtschaftlichen Eigentümers gehören.

Die Systematik des § 3 Abs. 1 GwG spricht dafür, dass eine rein destruktive Kontrolle nicht bereits ausreichend ist, um eine geldwäscherechtliche Kontrolle zu begründen. Sowohl das Eigentum an einer juristischen Person, sonstigen Gesellschaft oder einer Rechtsgestaltung als auch das Veranlassen einer Transaktion nach § 3 Abs. 1 S. 1 Nr. 2 Alt 1 GwG und das Veranlassen der Begründung einer Geschäftsbeziehung nach § 3 Abs. 1 S. 1 Nr. 2 Alt. 2 GwG umfassen eine aktive Einflussnahme, eine konstruktive Kontrolle. Aufgrund der systematischen Gleichstellung der vier Voraussetzungsvarianten des § 3 Abs. 1 S. 1 GwG ist davon auszugehen, dass auch die eine wirtschaftliche Berechtigung gemäß § 3 Abs. 1 S. 1 Nr. 1 Var. 2 GwG begründende Kontrolle eine aktive, gestalterische Einflussnahme erfordert.[108]

Auf dem systematischen Vergleich mit den Schwellenwerten des § 3 Abs. 2 S. 1 Nr. 1 und Nr. 2 GwG basiert die Idee der destruktiven Kontrolle. Aus Art. 3 Nr. 6 lit. a) Ziffer i der Dritten EU-Geldwäscherichtlinie folgt, dass die Schwellenwerte eine Kontrolle indizieren, die auch auf eine andere, nämlich vergleichbare Weise ausgeübt werden kann. Das Kriterium der Kontrolle gilt bei Erreichen des Schwellenwertes als erfüllt.[109] Vor diesem Hintergrund wird in der Literatur vereinzelt für das Ausreichenlassen rein destruktiver Einflussmöglichkeiten argumentiert, dass ein Gesellschafter mit mehr als 25 % Beteiligung oder Stimmrechten eben auch keine Entscheidung gestalterisch erzwingen kann.[110] Im Hinblick auf Kapitalgesellschaften fällt auf, dass der gewählte Schwellenwert (bei der GmbH und der AG) der gesetzlichen Sperrminorität für Satzungsänderungen und Strukturmaßnahmen entspricht.[111] Diese Schwellenwerte entsprechen faktisch einem Vetorecht in der

---

107 *Rodatz/Judis/Bergschneider*, CCZ 2021, 30 (32).
108 *Hütten/Assmann*, AG 2020, 849 (857).
109 Vgl. Art. 3 Ziffer 6 a) i) Richtlinie 2005/60/EG.
110 *Koehler*, ZIP 2020, 1399 (1401).
111 *Koehler*, ZIP 2020, 1399 (1400); *Assmann/Hütten*, AG 2020, 849 (850).

Gesellschafter- beziehungsweise Hauptversammlung.[112] Aus dieser Parallele wird abgeleitet, dass entsprechend auch andere Verhinderungsmöglichkeiten eine vergleichbare geldwäscherechtliche Kontrolle abbilden.[113] Weder bei der Einführung der Schwellenwerte durch die Dritte EU-Geldwäscherichtlinie auf europäischer Ebene, noch bei entsprechender Umsetzung durch den deutschen Gesetzgeber in § 1 Abs. 6 GwG a. F. 2008 erfolgte jedoch eine Begründung der Auswahl des maßgeblichen Schwellenwertes in Höhe von 25 %.[114]

Bereits die Heranziehung des Verweises des § 3 Abs. 2 S. 4 GwG auf § 290 Abs. 2 bis 4 HGB stützt das Begründungskriterium der destruktiven Kontrolle nicht mehr. Der Verweis auf § 290 Abs. 2 bis 4 HGB zeigt nach der verschriftlichten Auffassung des deutschen Gesetzgebers, dass bei mehrstufigen Beteiligungsverhältnissen das konzernrechtliche Verständnis des Kontrollbegriffs maßgebend sein soll.[115] Die Erfassung destruktiver Kontrolle wäre ein „Bruch" mit diesem konzernrechtlichen Kontrollverständnis.[116] Das konzernrechtliche Kontrollverständnis lässt negative oder destruktive Kontrolle gerade nicht ausreichen.[117] Im Aktienrecht werden im Rahmen des § 17 AktG die destruktive Kontrolle und mittelbare Einflussmöglichkeiten kraft mehrstufiger Beteiligungen ebenfalls diskutiert.[118] Dort wirkt eine Sperrminorität als solche nicht abhängigkeitsbegründend, denn erforderlich sei vielmehr die Möglichkeit die AG zu einem bestimmten Handeln veranlassen zu können.[119] Darüber hinaus entspricht es dem konzernrechtlichen Kontrollverständnis, dass Rechte von Minderheitsgesellschaftern der Möglichkeit einer Beherrschung nicht entgegenstehen, wenn sie lediglich dem Zweck dienen, die Vermögensinteressen des

---

112 *Koehler*, ZIP 2020, 1399 (1400); für die GmbH normierte Sperrminoritäten in § 53 Abs. 2 S. 1 GmbHG und § 60 Abs. 1 Nr. 2 GmbHG; für die AG in § 103 Abs. 1 AktG, § 179 Abs. 2 S. 1 AktG und § 182 Abs. 1 S. 1 AktG.

113 *Rieg*, BB 2017, 2310 (2315); *Koehler*, ZIP 2020, 1399 (1400).

114 In der Gesetzesbegründung findet sich lediglich der Hinweis auf die Umsetzung des Art. 3 Nr. 6 lit. a) und b) Richtlinie 2005/60/EG, BT-Drucks. 16/9038, S. 30; *Koehler*, ZIP 2020, 1399 (1400).

115 BT-Drucks. 18/11555, S. 109.

116 *Assmann/Hütten*, AG 2020, 849 (850).

117 *Assmann/Hütten*, AG 2020, 849 (859) m. w. N.; *Rodatz/Judis/Bergschneider*, CCZ 2021, 30 (32).

118 Koch/*Koch*, AktG, § 17 Rn. 10.

119 MüKoAktG/*Bayer*, AktG, § 17 Rn. 43; Koch/*Koch*, AktG, § 17 Rn. 10.

Minderheitsgesellschafters zu schützen und nicht verhindern, dass der Mehrheitsgesellschafter seinen beherrschenden Einfluss ausübt.[120]

Die vorliegend vertretene Betrachtungsweise, dass destruktive Kontrollrechte nur dann eine Kontrolle im geldwäscherechtlichen Sinne vermitteln können, wenn sie in Kombination mit weiteren kontrollvermittelnden Umständen eine andauernde grundlegende Beeinflussung der Geschäfts- und Finanzpolitik ermöglichen, korrespondiert zudem mit dem Rechtsgedanken des § 290 Abs. 2 Nr. 1 HGB: Stimmrechtsmehrheiten, die laut Gesellschaftsvertrag lediglich für bestimmte Rechtsgeschäfte bestehen, vermitteln nur dann einen beherrschenden Einfluss im Sinne der Norm, wenn die Geschäfts- und Finanzpolitik des Unternehmens durch diese Rechtsgeschäfte beeinflusst wird.[121]

Die Gesetzesbegründung zum GwG geht gleichfalls von einer aktiven Einflussnahme aus.[122] In Kongruenz mit der Erfassung faktischer Kontrolle, spräche der Gesetzeszweck im Hinblick auf die Erlangung größtmöglicher Transparenz zwar grundsätzlich ebenso für die Einbeziehung destruktiver Kontrolle. Mit diesem Argument lässt sich jedoch nicht jede Ausweitung rechtfertigen, denn andernfalls würde die Qualifikation der wirtschaftlichen Berechtigung jede Aussagekraft verlieren. So würde die Annahme, dass bereits ein gesellschaftsvertragliches Einstimmigkeitserfordernis geldwäscherechtliche Kontrolle begründe, dazu führen, dass jeder stimmberechtigte Anteilsinhaber als wirtschaftlich Berechtigter einzutragen wäre. Ein „wahrer" wirtschaftlich Berechtigter, der die wesentliche Kontrolle über die Verwendung des Vermögens hat, könnte sich dann in der Masse der wirtschaftlich Berechtigten verstecken.[123] Der Umstand, dass jede an einer Vereinigung beteiligte natürliche Person wirtschaftlich Berechtigter ist, schafft ebenso viel Transparenz wie keine einzige wirtschaftliche Berechtigung. In beiden Fällen ist nicht ersichtlich durch wen die Geschäfte der Vereinigung gesteuert werden und wer von diesen profitiert. Der Zweck des Transparenzregisters würde so gerade nicht erreicht.[124] Vielmehr könnte die Aufnahme eines satzungsmäßigen Einstimmigkeitserfordernisses

---

120 EBJS/*Böcking/Gros/Schurbohm*, HGB, § 290 Rn. 12; MüKoHGB/*Busse von Colbe/Fehrenbacher*, HGB, § 290 Rn. 17.

121 BT-Drucks. 16/12407, S. 89; Koller/Kindler/Roth/Drüen/*Morck/Bach*, HGB, § 290 Rn. 3.

122 BT-Drucks. 18/11555, S. 128; *Goette*, NZG 2020, 1206 (1209).

123 *Assmann/Hütten*, AG 2020, 849 (849); *Sonnenberg/Komma/Rempp*, CCZ 2021, 18 (23).

124 *Assmann/Hütten*, AG 2020, 849 (853); *Sonnenberg/Komma/Rempp*, CCZ 2021, 18 (22).

zum Umgehungsinstrumentarium gelangen. Es soll derjenige Identifiziert werden, der einen potentiell geldwäscherechtlichen Vorgang initiieren kann.[125] Dieser Grundgedanke wird in der Notwendigkeit der Regelung des § 3 Abs. 1 S. 1 Nr. 2 GwG reflektiert. Es soll schließlich diejenige Person erfasst werden, die aufgrund einer intentionalen Steuerungsmöglichkeit die Vereinigung zum Zwecke der Geldwäsche instrumentalisieren kann. Eine derartige zielführende Steuerungsmöglichkeit vermitteln die in Rede stehenden Verhinderungsrechte jedoch in der Regel nicht.[126]

Faktische Vetorechte aufgrund von Einstimmigkeitserfordernissen oder Sperrminoritäten in der Gesellschafter- oder Hauptversammlung erfüllen des Weiteren nicht die Voraussetzungen der oben erarbeiteten Definition des geldwäscherechtlichen Kontrollbegriffes. Sie vermitteln dem einzelnen Gesellschafter lediglich eine zufällige Einflussnahme im Einzelfall. Es fehlt an der erforderlichen Planmäßigkeit.[127]

III. Rechtsgrundlagen der geldwäscherechtlichen Kontrolle

Derartige Kontrolle kann auf verschiedene Weisen vermittelt werden, etwa durch gesellschaftsrechtliche Mitgliedschaft oder schuldrechtliche Vereinbarungen.[128] Auch faktische Kontrollmöglichkeiten ohne eine der genannten Rechtsgrundlagen können geldwäscherechtliche Kontrolle vermitteln[129], sofern die Definitionsmerkmale vorliegen.

Nach einer in der Literatur vertretenen Ansicht ließe sich aus der Gesetzessystematik der Transparenzpflichten das Erfordernis einer gesellschaftsrechtlich vermittelten Kontrolle ableiten.[130] Denn der in § 20 Abs. 3 GwG

---

125 Herzog/*Teichmann/Achsnich*, Geldwäschebekämpfung, § 32 Rn. 11.

126 *Assmann/Hütten*, AG 2020, 849 (849); *Sonnenberg/Komma/Rempp*, CCZ 2021, 18 (22).

127 *Koehler*, ZIP 2020, 1399 (1401) kommt zumindest bezüglich Ad-hoc-Absprachen zu der gleichen Schlussfolgerung.

128 Unter dem Aspekt der Treuhandkonstellationen erörtert von *Rieg*, BB 2017, 2310 (2319); mit Blick auf stille Beteiligungsstrukturen ausführlich diskutiert von *Blaurock/Pordzik*, NZG 2019, 413 (415); unter dem Aspekt der Kontrollausübung auf vergleichbare Weise gemäß § 3 Abs. 2 S. 1 Nr. 3 GwG betrachtet von *Koehler*, ZIP 2020, 1399 (1400).

129 *Blaurock/Pordzik*, NZG 2019, 413 (415); im Ergebnis ebenso *Assmann/Hütten*, AG 2020, 849 (858).

130 *Bochmann*, DB 2017, 1310 (1314); für mittelbare Kontrolle bei Treuhandkonstellationen vertreten von *Pelka/Hettler/Weinhausen*, DStR 2018, 1303 (1304); *Blaurock/Pordzik*, NZG 2019, 413 (414).

a. F. geregelte Auskunftsanspruch der verpflichteten Vereinigungen richtete sich ausdrücklich gegen die Anteilseigner. Eben diese sollten ausweislich der Gesetzesbegründung ausschließlich verpflichtet werden, Angaben über die eigene wirtschaftliche Berechtigung oder eine auf zweiter Ebene bestehende Beteiligung mitzuteilen.[131] Mit Umsetzung der Fünften EU-Geldwäscherichtlinie[132] läuft dieses Argument nun leer. Der durch das Gesetz zur Umsetzung der Änderungsrichtlinie zur Vierten EU-Geldwäscherichtlinie vom 12. Dezember 2019 neu eingeführte § 20 Abs. 3 S. 1 GwG normiert eine Angabepflicht der wirtschaftlich Berechtigten selbst. Die Angabepflicht der Anteilsinhaber bleibt in § 20 Abs. 3 S. 2 GwG bestehen. Diese Novellierung zeigt deutlich, dass die Kontrolle zwar mitgliedschaftlich vermittelt werden kann, dies jedoch nicht zwingend der Fall sein muss.

Auch schuldrechtliche Absprachen können geldwäscherechtliche Kontrolle vermitteln.[133] Nach dem Wortlaut des § 19 Abs. 3 Nr. 1 lit. b) Var. 3 GwG kann sich die Stellung eines wirtschaftlich Berechtigten aus schuldrechtlichen Absprachen ergeben. Insbesondere können nach der Fassung des § 19 Abs. 3 Nr. 1 lit. b) Var. 3 GwG schuldrechtliche Absprachen mit einem Dritten, der nicht Anteilseigner ist, geldwäscherechtliche Kontrolle begründen. Darüber hinaus führt Erwägungsgrund (13) der Vierten EU-Geldwäscherichtlinie ausdrücklich Vereinbarungen der Anteilseigner, die Ausübung eines beherrschenden Einflusses sowie die Befugnis zur Ernennung der Führungsebene als andere Formen der Kontrolle auf.[134] Art. 3 Ziffer 6 a) i) Vierte EU-Geldwäscherichtlinie verweist hinsichtlich der Bestimmung anderer Formen der Kontrolle auf Art. 22 Abs. 1 bis Abs. 5 Bilanzrichtlinie. Im Hinblick auf Art. 22 der Bilanzrichtlinie erläutert Erwägungsgrund (31), dass Kontrolle bei einer gehaltenen Mehrheit der Stimmrechte und bei entsprechenden Vereinbarungen zwischen Mitgesellschaftern oder Mitaktionären vorliegt.[135]

---

131 BT-Drucks. 18/11555, S. 129; vgl. *Blaurock/Pordzik*, NZG 2019, 413 (414).

132 Richtlinie (EU) 2018/843 des Europäischen Parlamentes und des Rates vom 30. Mai 2018 zur Änderung der Richtlinie (EU) 2015/849 zur Verhinderung der Nutzung des Finanzsystems zum Zwecke der Geldwäsche und der Terrorismusfinanzierung und zur Änderung der Richtlinien 2009/138/EG und 2013/36/EU, Abl. L. 156/43.

133 *Rieg*, BB 2017, 2310 (2319); *Blaurock/Pordzik*, NZG 2019, 413 (415); *Assmann/Hütten*, AG 2020, 849 (856); a. A. *Pelka/Hettler/Weinhausen*, DStR 2018, 1303 (1304); *Bochmann*, DB 2017, 1310 (1316); *Friese/Brehm*, GWR 2017, 271 (272).

134 Erwägungsgrund (13) Richtlinie 2015/849/EU.

135 Erwägungsgrund (31) Richtlinie 2013/34/EU.

Umstritten ist weiter die Frage, ob auch faktische Einflussmöglichkeiten ohne jegliche Rechtsgrundlage für die Qualifikation als geldwäscherechtliche Kontrolle ausreichen.[136]

Der Wortlaut des § 3 GwG unterscheidet nicht zwischen auf verschiedenen Rechtsumständen begründeten Kontrollmöglichkeiten. Teilweise wird der Wortlaut des § 19 Abs. 3 Nr. 1 lit. b) GwG, welcher als befürwortendes Argument für die Erfassung schuldrechtlich vermittelter Kontrolle herangezogen wird, im Umkehrschluss herangezogen, um gegen eine Erfassung faktischer Kontrolle zu argumentieren.[137] Die ausdrückliche Benennung kontrollbegründender Absprachen spräche für eine schuldrechtliche Betrachtungsweise.[138]

Weder die Dritte EU-Geldwäscherichtlinie, mit welcher die Rechtsfigur des wirtschaftlich Berechtigten eingeführt wurde[139], noch die Vierte EU-Geldwäscherichtlinie[140], oder die Gesetzesbegründung zu § 3 GwG[141] messen der Unterscheidung nach der Rechtsgrundlage der Einflussmöglichkeit Bedeutung bei.[142]

Der geldwäscherechtlichen Zweckerreichung wäre es am zuträglichsten, auf jede Art vermittelte Kontrolle zu erfassen.[143] In Erwägungsgrund (12) der Vierten EU-Geldwäscherichtlinie wird deutlich aufgezeigt, dass eine größtmögliche Bandbreite an juristischen Personen erfasst werden muss, um die angestrebte Transparenz zu erreichen.[144] Dem würde eine Begrenzung der relevanten Kontrollmöglichkeiten auf schuldrechtlich und mitgliedschaftlich vermittelte Kontrolle zuwiderlaufen.[145]

Auch die Systematik des Verweises in Art. 3 Ziffer 6 a) i) Vierte EU-Geldwäscherichtlinie auf Art. 22 Abs. 1 bis Abs. 5 Bilanzrichtlinie spricht

---

136 Verneint von: *Schaub*, DStR 2017, 1438 (1439); *Kotzenberg/Lorenz*, NJW 2017, 2433 (2435); bejaht von: *Assmann/Hütten*, AG 2020, 849 (856); *Blaurock/Pordzik*, NZG 2019, 413 (415); ohne auf die Rechtsnatur der kontrollvermittelnden Umstände einzugehen, kommt auch *Fisch*, NZG 2017, 408 (408) zu der Schlussfolgerung „möglichst jede Art von kontrollierendem Einfluss zu erfassen".

137 *Schaub*, DStR 2017, 1438 (1439); *Blaurock/Pordzik*, NZG 2019, 413 (415).

138 *Schaub*, DStR 2017, 1438 (1439); *Blaurock/Pordzik*, NZG 2019, 413 (415).

139 Erwägungsgrund (12) Richtlinie 2005/60/EG.

140 Art. 3 Ziffer 6 Richtlinie 2015/849/EU.

141 BT-Drucks. 18/11555, S. 108.

142 *Blaurock/Pordzik*, NZG 2019, 413 (414).

143 *Blaurock/Pordzik*, NZG 2019, 413 (414).

144 Erwägungsgrund (12) Richtlinie 2015/849/EU; *Blaurock/Pordzik*, NZG 2019, 413 (415).

145 *Blaurock/Pordzik*, NZG 2019, 413 (415).

für eine Einbeziehung faktischer Kontrollmöglichkeiten. Erwägungsgrund (31) der Bilanzrichtlinie erläutert ausdrücklich, dass tatsächliche Kontrolle ohne eine Beteiligung ausgeübt werden kann.[146]

Teilweise wird argumentiert, die Einbeziehung faktischer Kontrolle würde im Hinblick auf die Bußgeldbewehrung für unterlassene Mitteilungspflichten gemäß § 56 Abs. 1 S. 1 Nr. 55 lit. d) GwG zu einer nicht hinnehmbaren Rechtsunsicherheit führen.[147] Dem Kontrollierenden und dem Kontrollierten wird die Kontrollausübung, gleich auf welche Art vermittelt, in der Regel zumindest bewusst sein[148], denn wie im Rahmen der obigen Ausführungen zu der Konkretisierung des Kontrollbegriffes dargelegt, bedarf es eines gewissen Grades an Einflussnahme. Die Erfüllung der Mitteilungspflichten des § 20 Abs. 3 S. 1, S. 2 GwG ist daher durchaus zumutbar. Der Vereinigung kann zur Erfüllung der eigenen Transparenzpflichten ebenso zugemutet werden, wirtschaftliche Berechtigungen bei ihren Anteilsinhabern und bei den ihr bekannten wirtschaftlich Berechtigten abzufragen.[149] § 20 Abs. 3a GwG beschränkt die Einholungspflicht der Vereinigung sogar auf einen angemessenen Umfang, wenn die nach § 20 Abs. 3 GwG verpflichteten wirtschaftlich Berechtigten und Anteilseigner der Vereinigung die erforderlichen Informationen nicht mittgeteilt haben.[150] Weiterhin bietet die Regelung des § 20 Abs. 3a S. 4 GwG quasi eine „Exkulpation durch Dokumentation".[151]

Die geldwäscherechtliche Kontrolle kann folglich mitgliedschaftlich, schuldrechtlich und faktisch vermittelt werden.

IV. Ausübung geldwäscherechtlicher Kontrolle

Mit den dargestellten Überlegungen zu einer einheitlichen Definition des Kontrollbegriffes ist auch die Frage eng verbunden, ob bereits die Möglichkeit einer derartigen Einflussnahme für die Annahme von Kontrolle im geldwäscherechtlichen Sinne ausreichend ist oder ob es im Hinblick auf den Zweck des Transparenzregisters auf die tatsächliche Ausübung der Kontrolle ankommt.

---

146 Erwägungsgrund (31) Richtlinie 2013/34/EU.

147 *Schaub*, DStR 2017, 1438 (1439).

148 *Schaub*, DStR 2017, 1438 (1439) verweist beispielsweise auf die Konstellation des Familienoberhauptes, welches faktische Kontrolle über die Familiengesellschaft ausüben kann.

149 Siehe Kapitel 2 A.

150 Detaillierte Ausführungen hierzu siehe Kapitel 2 A. I.

151 Detaillierte Ausführungen hierzu siehe Kapitel 2 A. III.

Es gilt zu klären, ob die in § 3 GwG normierten Voraussetzungen auch erfüllt werden, wenn die natürliche Person von der ihr zustehenden Kontrollmacht tatsächlich keinen Gebrauch macht.[152]

Der Wortlaut des § 3 GwG liefert konkrete Anhaltspunkte dafür, dass es auf die tatsächliche Ausübung der Kontrolle für die Begründung der Stellung als wirtschaftlich Berechtigter nicht ankommt. Am deutlichsten wird der § 3 Abs. 2 S. 3 GwG: hier heißt es ausdrücklich, Kontrolle liegt vor, wenn ein beherrschender Einfluss ausgeübt werden kann. Die Möglichkeit der Ausübung ist nach dem Wortlaut des § 3 Abs. 2 S. 3 GwG bereits ausreichend. Wenn sogar im Rahmen der mittelbaren Kontrolle auf höherer Beteiligungsebene schon die reine Möglichkeit der Einflussnahme ausreichend ist, dann erst Recht im Rahmen der unmittelbaren Kontrolle. Der Wortlaut des § 3 Abs. 1 S. 1 Nr. 1 Var. 2 GwG („unter Kontrolle stehen"), des § 3 Abs. 2 S. 1 Nr. 2 GwG und des § 3 Abs. 2 S. 2 GwG („kontrolliert") implizieren gleichermaßen eine beständig bestehende Kontrollmöglichkeit. Lediglich der Wortlaut des § 3 Abs. 2 S. 2 Nr. 3 GwG („Kontrolle ausübt") lege das Erfordernis einer konkreten aktiven Kontrollausübung nahe.

Der Verweis des § 3 Abs. 2 S. 3 GwG auf die konzernrechtlichen Grundsätze zur Ermittlung eines beherrschenden Einflusses stützt ebenfalls eine beständig bestehende Kontrollmöglichkeit. Die in § 290 Abs. 2 bis Abs. 4 HGB normierten Voraussetzungen für das Vorliegen eines beherrschenden Einflusses betreffen bestimmte Rechtsstellungen. Darauf, dass der Rechtsinhaber seine Rechte tatsächlich ausübt, kommt es nach dem ausdrücklichen Wortlaut des § 290 Abs. 1 S. 1 HGB nicht an.[153]

Das Ausreichenlassen einer Kontrollmöglichkeit steht zudem im Einklang mit der Wertung der Geschäftsführerfiktion des § 3 Abs. 2 S. 5 GwG. Erscheint es vertretbar, dass Personen ohne tatsächliche geldwäscherechtliche Kontrolle die Rechtsfolgen einer Einordnung als wirtschaftlich Berechtigte (wenn auch nur im Ausnahmefall) zu tragen haben, so ist immanent, dass diejenigen natürlichen Personen, die grundsätzlich über die geldwäscherechtlichen

---

152 Die Frage nach der tatsächlichen Ausübung der vorhandenen Kontrolle ist klar zu trennen von der Diskussion um die formelle oder die materielle Betrachtungsweise bei der Subsumtion unter den Kontrollbegriff und unter den Begriff der wirtschaftlichen Berechtigung. Letzteres wird ausführlicher in Kapitel 1. G. erörtert, in welchem auf der Grundlage einer materiellen Betrachtungsweise die Vorzüge einer Widerlegbarkeit der Regelbeispiele des § 3 Abs. 2 S. 1 GwG dargelegt werden.

153 EBJS/*Böcking/Gros/Schurbohm*, HGB, § 290 Rn. 8; MüKoHGB/*Busse von Colbe/Fehrenbacher*, HGB, § 290 Rn. 13; BeckOK HGB/*Jakob*, HGB, § 290 Rn. 5.

Kontrollmöglichkeiten verfügen, von diesen aufgrund ihres freien Willensentschlusses (und ggf. nur im Einzelfall) jedoch keinen Gebrauch machen, als wirtschaftlich Berechtigte einzuordnen sind.

Auch in der Gesetzesbegründung zum Geldwäschegesetz wird maßgeblich auf das Ausreichen einer bloßen geldwäscherechtlichen Kontrollmöglichkeit abgestellt. Der deutsche Gesetzgeber begründet den Zweck des § 3 GwG damit „die natürliche Person zu erfassen, die auf die Kundenbeziehung zum Verpflichteten maßgeblich Einfluss nehmen kann."[154]

Mithin reicht die Möglichkeit einer derartigen Einflussnahme für die Annahme von Kontrolle im geldwäscherechtlichen Sinne aus. Auf die tatsächliche Ausübung der Kontrolle kommt es nicht an.

B. Abstrakte Definition der wirtschaftlichen Berechtigung unter Zugrundelegung des geldwäscherechtlichen Kontrollbegriffs

Die Regelung des § 3 GwG ist nicht abschließend, sondern gibt lediglich einen Überblick über den relevanten Personenkreis.[155] In Anbetracht dieses Umstandes lohnt es sich die Wesenselemente einer wirtschaftlichen Berechtigung anhand der in § 3 GwG normierten Voraussetzungen zu abstrahieren.

Die in § 3 Abs. 1 S. 1 GwG normierten Grundvarianten der wirtschaftlichen Berechtigung enthalten sämtlich die zwei Grundmerkmale des herausgearbeiteten geldwäscherechtlichen Kontrollbegriffs. Dem Eigentumstatbestand des § 3 Abs. 1 S. 1 Nr. 1 Var. 1 GwG wohnt geldwäscherechtliche Kontrolle inne. Der Eigentümer kann grundsätzlich freien, planmäßigen Einfluss auf sein Eigentum nehmen ohne hierüber Rechenschaft ablegen zu müssen.[156] In Abgrenzung zu dem Eigentumstatbestand des § 3 Abs. 1 S. 1 Nr. 1 Var. 1 GwG und dem Kontrolltatbestand des § 3 Abs. 1 S. 1 Nr. 1 Var. 2 GwG fehlt es dem Veranlassungstatbestand des § 3 Abs. 1 S. 1 Nr. 2 GwG an der Planmäßigkeit. Zwar hat der veranlassende wirtschaftlich Berechtigte maßgeblichen Einfluss und handelt ohne das Bestehen einer Rechenschaftspflicht, die Veranlassung kann jedoch auch einmalig oder unter Ausnutzung eines Zufalls erfolgen.

Den Eigentumstatbestand des § 3 Abs. 1 S. 1 Nr. 1 Var. 1 GwG und den Veranlassungstatbestand des § 3 Abs. 1 S. 1 Nr. 2 GwG verbindet die Zweckrichtung

---

154 BT-Drucks. 18/11555, S. 108.

155 BeckOK GwG/*Frey*, GwG, § 3 Rn. 7; Herzog/*Figura*, GwG, § 3 Rn. 3.

156 BGH, NJW 2000, 1719 (1720); detailliert zu den positiven und negativen Befugnissen des Sacheigentümers: BeckOK BGB/*Fritzsche*, BGB, § 903 Rn. 16 ff.

der Einflussnahme. Diese ist auf die Verwendung des Vermögens beziehungsweise eine Veränderung der Vermögenslage gerichtet. Unter Berücksichtigung des Zwecks der Regelung des § 3 GwG muss dies auch für den Kontrolltatbestand des § 3 Abs. 1 S. 1 Nr. 2 Var. 2 GwG gelten. Die Zweckrichtung der Einflussnahme ist somit zwar kein kontrollbegründendes Definitionsmerkmal[157], jedoch ein Wesensmerkmal der wirtschaftlichen Berechtigung.

Ungeklärt ist, ob der wirtschaftlich Berechtigte auch ein eigenes wirtschaftliches oder rechtliches Interesse haben oder die Einflussnahme zu seinem eigenen Vorteil ausüben muss. Das Geldwäschegesetz zielt gerade darauf ab, die Fälle aufzudecken, in denen der wirtschaftliche Berechtigte seine Einflussnahme dazu missbraucht, illegal erlangte Vermögenswerte in den legalen Finanz- und Wirtschaftskreislauf einzuschleusen und sich hierdurch zu bereichern.[158] Im Hinblick auf den Gesetzeszweck des Geldwäschegesetzes erscheint die Annahme des Erfordernisses eines Vorteils plausibel: Die Bestimmung des wirtschaftlich Berechtigten soll die Zuordnung von Vermögenswerten zu einer bestimmten Person ermöglichen.[159] Geldwäscher nutzten gerade komplexe Beteiligungs-, Kontroll- oder Vertragsstrukturen um das eigene wirtschaftliche Interesse zu verschleiern.[160]

Bereits die Identifizierungspflicht des § 8 GwG 1993 hatte den Zweck Strohmanngeschäften entgegenzuwirken und denjenigen sichtbar zu machen, in dessen wirtschaftlichen oder rechtlichen Interesse eine Transaktion erfolgt.[161] In einem dem Geldwäschegesetz in der Fassung vom 25. Oktober 1993 vorausgehendem Entwurf eines Gewinnaufspürungsgesetzes vom 29. Mai 1992 regelte § 8 die „Feststellung des wirtschaftlich Berechtigen" als denjenigen, für dessen Rechnung der zu Identifizierende handelt.[162]

Im Rahmen der Definition des Kontrollbegriffs[163] wurde aufgezeigt, dass bei verschiedenen Regelungskonstellationen im Rahmen der Bestimmung des wirtschaftlich Berechtigten nach § 3 GwG der Aspekt eines wirtschaftlichen Vorteils eine Rolle spielt. Der Eigentümer im Sinne des § 3 Abs. 1 S. 1 Nr. 1 Var. 1 GwG trägt die wirtschaftlichen und rechtlichen Chancen und Risiken,

157 Siehe Kapitel 1 A. I. zur Definition des geldwäscherechtlichen Kontrollbegriffs.

158 BT-Drucks. 16/9038, S. 30; BT-Drucks. 18/11555, S. 108; Zentes/Glaab/*Kaetzler*, GwG, § 3 Rn. 2 f.

159 BT-Drucks. 16/9038, S. 30; BeckOK GwG/*Frey*, GwG, § 3 Rn. 2.

160 Zentes/Glaab/*Kaetzler*, GwG, § 3 Rn. 2.

161 BT-Drucks. 16/9038, S. 30.

162 BT-Drucks. 12/2704, S. 6.

163 Siehe die Ausführungen in Kapitel 1 A. I.

ebenso wie der Anteilsinhaber im Sinne des § 3 Abs. 2 S. 1 Nr. 1 GwG. Gleichermaßen folgt aus dem Verweis des § 3 Abs. 2 S. 4 GwG auf § 290 Abs. 2 bis Abs. 4 HGB die Relevanz eines wirtschaftlichen Nutzens im Rahmen der Bestimmung des wirtschaftlich Berechtigten aufgrund mittelbarer Kontrolle.[164]

Auch wenn die Kontrolltatbestände nach § 3 Abs. 1 S. 1 Nr. 1 Var. 2 GwG, § 3 Abs. 2 S. 1 Nr. 2 und Nr. 3 GwG gegebenenfalls keinen unmittelbaren wirtschaftlichen Nutzen immanieren, so vermitteln sie regelmäßig rechtliche Vorteile sowie die Möglichkeit mittelbar wirtschaftlichen Nutzen aus der Kontrollausübung zu ziehen. In diesem Zusammenhang wird im Schrifttum für die Konkretisierung des Kontrollbegriffs die Heranziehung der steuerrechtlichen Leitprinzipien der Mitunternehmerschaft erwogen.[165] Im Hinblick auf die Annahme einer Mitunternehmerschaft ist neben der sogenannten Mitunternehmerinitiative, der Möglichkeit der Einflussnahme auf das betriebliche Geschehen, auch das Tragen eines Mitunternehmerrisikos Voraussetzung.[166] Das Mitunternehmerrisiko beschreibt dabei die gesellschaftsrechtliche oder eine mit dieser vergleichbaren Teilnahme am Erfolg der Gesellschaft.[167] Der steuerrechtlichen Betrachtung der Mitunternehmerschaft ist jedoch immanent, dass beide Merkmale unterschiedlich stark ausgeprägt sein dürfen.[168] Die Annahme einer steuerrechtlichen Mitunternehmerschaft wäre demnach mit einem stark überwiegenden Unternehmerrisiko bei einer kaum vorhandenen Unternehmerinitiative zu begründen.[169] Eine Übertragung dieser Grundsätze würde den Begriff des wirtschaftlich Berechtigten contra legem ausweiten. Die Ausprägung der Einflussmöglichkeit muss in jedem Fall die geldwäscherechtliche Maßgeblichkeitsschwelle erreichen.

Eine wirtschaftliche Berechtigung ist folglich anzunehmen, wenn eine natürliche Person maßgeblichen mittelbaren oder unmittelbaren Einfluss ausüben und dadurch rechtliche oder wirtschaftliche Interessen im Hinblick auf die Verwendung des Vermögens realisieren kann, ohne hierüber einem anderen Rechenschaft schuldig zu sein.

---

164 BT-Drucks. 16/12407, S. 89.

165 Für die stille Gesellschaft erwogen von *Blaurock/Pordzik,* NZG 2019, 413 (416).

166 BFH, Beschluss vom 25. Juni 1984, Az. GrS 4/82, BStBl. II 1984, 751(785); Blaurock/*Levedag*, Stille Gesellschaft, 9. Auflage 2020, § 20 Rn. 20.70.

167 BFH, Beschluss vom 25. Juni 1984, Az. GrS 4/82, BStBl. II 1984, 751(785); *Blaurock/Pordzik,* NZG 2019, 413 (416).

168 BFH, Beschluss vom 25. Juni 1984, Az. GrS 4/82, BStBl. II 1984, 751(785); *Blaurock/Pordzik,* NZG 2019, 413 (416).

169 *Blaurock/Pordzik,* NZG 2019, 413 (416).

C. Die wirtschaftliche Berechtigung aufgrund von Anteilsinhaberschaft

Gemäß § 3 Abs. 2 S. 1 Nr. 1 GwG ist jedenfalls wirtschaftlich Berechtigter einer juristischen Person, wer unmittelbar oder mittelbar mehr als 25 % der Kapitalanteile hält. Der GmbH-Gesellschafter, der eine natürliche Person ist und mit mehr als 25 % an dem Stammkapital der GmbH beteiligt ist, gilt mithin gemäß §§ 19 Abs. 2, 3 Abs. 2 S. 1 Nr. 2 GwG als wirtschaftlich Berechtigter. Eigene Kapitalanteile der mitteilungspflichtigen Vereinigung werden bei der Berechnung der Beteiligungsquote nicht berücksichtigt.[170] Würden die eigenen Geschäftsanteile der GmbH bei der Berechnung der quotalen Anteilsinhaberschaft berücksichtigt, wären die Quoten im Hinblick auf die Funktion des Transparenzregisters unbrauchbar.[171]

Die Beteiligungsquote von 25 % ist jedoch kein starres Qualifikationskriterium. Vielmehr verdeutlicht der Wortlaut des § 3 Abs. 2 S. 1 GwG, dass es sich bei den in § 3 Abs. 2 S. 1 Nr. 1 bis Nr. 3 GwG aufgeführten Kriterien um nicht abschließende Regelbeispiele handelt.[172] Geringere Beteiligungsquoten sind ebenfalls geeignet geldwäscherechtlich relevante Kontrolle zu vermitteln und eine wirtschaftliche Berechtigung zu begründen, beispielsweise wenn die übrigen Gesellschafter entsprechend noch geringere Beteiligungen innehaben und die quotale Beteiligung des Gesellschafters tatsächlich wie eine Mehrheit wirkt.[173] In diesem Fall werden die Voraussetzungen einer wirtschaftlichen Berechtigung (nach § 3 Abs. 2 S. 1 Nr. 3 GwG)[174] erfüllt, da dieser Gesellschafter trotz seiner unterschwelligen Beteiligungsquote derjenige Kapitalgeber der Gesellschaft ist, welcher maßgeblichen unmittelbaren Einfluss ausüben und dadurch rechtliche oder wirtschaftliche Interessen im Hinblick auf die Verwendung des Vermögens realisieren kann, ohne hierüber einem anderen Rechenschaft schuldig zu sein.

Die wirtschaftliche Berechtigung aufgrund einer entsprechenden prozentualen unmittelbaren oder mittelbare Anteilsinhaberschaft von mehr als 25 % wird bei der GmbH den Regelfall darstellen.[175] Die Höhe des Schwellenwertes gleicht der für die GmbH relevanten gesetzlichen Sperrminorität

---

170 *Melchior/Böhringer*, GmbHR 2017, 1074 (1076).

171 *Melchior/Böhringer*, GmbHR 2017, 1074 (1076).

172 BeckOK GwG/*Frey*, GwG, § 3 Rn. 52.

173 Zentes/Glaab/*Kaetzler*, GwG, § 3 Rn. 44; BeckOK GwG/*Frey*, GwG, § 3 Rn. 54.

174 Siehe zu § 3 Abs. 2 S. 1 Nr. 3 GwG ausführlich Kapitel 1 E.

175 BT-Drucks. 18/11555, S. 92; Vgl. BeckOK GwG/*Frey*, GwG, § 3 Rn. 67.1.

für Satzungsänderungen und Strukturmaßnahmen gemäß § 53 Abs. 2 S. 1 GmbHG.[176] Dafür, dass dieser Umstand bei der Auswahl des Schwellenwertes Berücksichtigung gefunden hat, bestehen jedoch keine Anhaltspunkte. Die Höhe des Schwellenwertes wurde weder im Rahmen der Dritten EU-Geldwäscherichtlinie auf europäischer Ebene, noch bei deren Umsetzung durch den deutschen Gesetzgeber begründet.[177]

I. Stimmrechtslose Kapitalanteile

Die Differenzierung in § 3 Abs. 2 S. 1 GwG zwischen dem Halten von Kaptalanteilen (Nr. 1) und der Kontrolle von Stimmrechten (Nr. 2) reflektiert, dass die mitgliedschaftlich vermittelten Stimmrechte den Kapitalanteilen nicht zwangsläufig folgen müssen. Das Abspaltungsverbot, nach welchem einem Nichtgesellschafter weder durch entsprechende Regelungen in der Satzung, noch durch Vereinbarung ein Stimmrecht eingeräumt werden kann, steht einer Übertragung der Ausübung des Stimmrechtes auf einen anderen Gesellschafter nicht entgegen.[178] In der Praxis kann es sich also ergeben, dass ein Gesellschafter aufgrund derartiger Konstellationen mehr als 25 % der Kapitalanteile hält, seinen mitgliedschaftlichen Einfluss jedoch nicht über die entsprechenden Stimmrechte ausüben kann. Nach der erarbeiteten Definition zur wirtschaftlichen Berechtigung fehlt es in diesem Fall auf dem ersten Blick an der maßgeblichen Möglichkeit der Einflussnahme. Dennoch bleibt im Fall einer Übertragung der Ausübung der Stimmrechte auf einen anderen Gesellschafter die Einordnung des übertragenden Kapitalanteilsinhabers als wirtschaftlich Berechtigter nach der Lesart des § 3 Abs. 2 S. 2 Nr. 1 GwG erst einmal bestehen. Ob durch die Übertragung der Ausübungsmöglichkeit der Stimmrechte auf einen anderen Gesellschafter, dieser nun als wirtschaftlich Berechtigter anzusehen ist, richtet sich nach § 3 Abs. 2 S. 1 Nr. 2 GwG.[179]

Von diesem Fall abzugrenzen sind stimmrechtslose Geschäftsanteile, die durch eine entsprechende Satzungsregelung geschaffen werden.[180] Dem Inhaber stimmrechtsloser Kapitalanteile verbleiben nur Informations- und

176 Siehe Ausführungen in Kapitel 1 A. II.; *Koehler*, ZIP 2020, 1399 (1400).

177 Siehe Ausführungen in Kapitel 1 A. II.; *Koehler*, ZIP 2020, 1399 (1400) m. w. N.

178 BGH, NJW 1965, 1367 (1379); Noack/Servatius/Haas/*Noack*, GmbHG, § 47 Rn. 40 f.; ebenso für das Stimmrecht des Aktionärs, siehe Koch/*Koch*, AktG, § 133 Rn. 17.

179 Hierzu ausführlich Kapitel 1 D.

180 Noack/Servatius/Haas/*Noack*, GmbHG, § 47 Rn. 33, 69 f.

Teilnahmerechte, sowie das Recht zur Anfechtung von Gesellschaftsbeschlüssen.[181] Hier erscheint es ausgeschlossen, das für eine wirtschaftliche Berechtigung oben dargestellte erforderliche Maß an Einflussnahme anzunehmen. Vielmehr sind stimmrechtlose Kapitalanteile in der Praxis gerade ein geeignetes Instrumentarium um (beispielsweise aus steuerrechtlichen Gründen) eine Beteiligung ohne unternehmerische Einflussnahme zu ermöglichen.[182]

In beiden Fällen der Inhaberschaft von mehr als 25 % stimmrechtloser Kapitalanteile ist nach dem Wortlaut des § 3 Abs. 2 S. 1 Nr. 1 GwG eine wirtschaftliche Berechtigung anzunehmen, obwohl das erforderliche Maß an Einflussnahme zweifelhaft ist. Es stellt sich folglich die Frage nach der Widerlegbarkeit der Regelbeispiele des § 3 Abs. 2 GwG.[183]

II. Mittelbare Kontrolle bei Beteiligungsketten

Werden mehr als 25 % der Anteile nicht direkt von einer natürlichen Person, sondern von einer oder mehreren Vereinigungen gehalten, kann gemäß § 3 Abs. 2 S. 2 GwG ein Fall der mittelbaren Kontrolle vorliegen. Der § 3 Abs. 2 S. 2 GwG erfasst mehrstufige Beteiligungsstrukturen als Regelbeispiel mittelbarer Kontrolle im Sinne des § 3 Abs. 2 GwG. Wirtschaftlich Berechtigte ist in einem solchen Fall die natürliche Person, welche die zwischengeschaltete Vereinigung gemäß § 3 Abs. 2 S. 2 GwG kontrolliert. Nach der Konkretisierung des § 3 Abs. 2 S. 3 GwG ist Kontrolle insbesondere dann anzunehmen, wenn die natürliche Person unmittelbar oder mittelbar einen beherrschenden Einfluss auf die zwischengeschalteten Vereinigungen ausüben kann. Für das Bestehen eines beherrschenden Einflusses verweist § 3 Abs. 2 S. 4 GwG auf die entsprechende Anwendung des § 290 Abs. 2 bis 4 HGB. Ein beherrschender Einfluss im Sinne des § 290 Abs. 2 bis Abs. 4 HGB besteht, wenn ein Unternehmen die Möglichkeit hat, die Geld- und Finanzpolitik des anderen Unternehmens dauerhaft zu bestimmen, um daraus einen Nutzen zu ziehen.[184] Wie bereits im Rahmen der Ausführungen zu der Definition des geldwäscherechtlichen Kontrollbegriffs dargelegt, erfolgt die Einflussnahme auf der zweiten Beteiligungsebene in gesteigertem Maße. Die Zweckrichtung der Einflussnahme des beherrschenden Einflusses im Sinne des § 290 Abs. 2 HGB konvergiert mit der Zweckrichtung der Einflussnahme im Rahmen einer unmittelbaren wirtschaftlichen

181 BGH, NJW 1954, 1563 (1563).
182 Noack/Servatius/Haas/*Noack*, GmbHG, § 47 Rn. 69.
183 Siehe hierzu die Ausführungen in Kapitel 1 G.
184 BT-Drucks. 16/12407, S. 89.

Berechtigung. Auch an dieser Stelle lässt sich ein gesteigertes Maß erkennen: Es kommt gerade auf den Einfluss auf die wesentlichen strategischen, operativen und finanziellen Entscheidungen des Unternehmens an.[185]

Das Bestehen eines herrschenden Einflusses wird unwiderlegbar vermutet, wenn eine der in § 290 Abs. 2 HGB normierten Konstellationen vorliegt.[186] Der Einfluss auf die wesentlichen Entscheidungen des beherrschten Unternehmens manifestiert sich gemäß § 290 Abs. 2 Nr. 1 HGB in der Mehrheit der Stimmrechte, gemäß § 290 Abs. 2 Nr. 2 HGB in dem Bestellungs- und Abberufungsrecht der Mehrheit der Mitglieder der Verwaltungs-, Leitungs- oder Aufsichtsorgane bei gleichzeitiger Gesellschafterstellung, gemäß § 290 Abs. 2 Nr. 3 HGB in einem Beherrschungsvertrag oder in (abweichenden) Satzungsbestimmungen, durch welche der natürlichen Person das Recht eingeräumt wird die Finanz- und Geschäftspolitik des Tochterunternehmens zu bestimmen, sowie gemäß § 290 Abs. 2 Nr. 4 HGB, wenn bei wirtschaftlicher Betrachtung das Mutterunternehmen die Mehrheit der Chancen und Risiken der Zweckgesellschaft trägt.[187] § 290 Abs. 3 HGB ergänzt den § 290 Abs. 2 HGB um weitere zu berücksichtigende Rechte und die Berechnung der Stimmrechte richtet sich nach § 290 Abs. 4 HGB.[188] Aufgrund der satzungsrechtlichen Gestaltungsfreiheiten ist § 290 Abs. 2 Nr. 3 HGB besonders im Hinblick auf die GmbH relevant.[189] So kann beispielsweise einem Gesellschafter über eine entsprechende Regelung in der Satzung die Möglichkeit der Einflussnahme auf die Geschäftsführung vermittelt werden.[190]

Laut der Gesetzesbegründung zu § 3 GwG wurde mit dem Verweis des § 3 Abs. 2 S. 4 GwG die bereits zuvor bestehende Verwaltungspraxis normiert, welche für die Bestimmung der wirtschaftlich Berechtigten bei mehrstufigen

---

185 Beck Bilanz-Komm./*Grottel/Kreher*, HGB, § 290 Rn. 26.

186 Koller/Kindler/Roth/Drüen/*Morck/Bach*, HGB, § 290 Rn. 3; EBJS/*Böcking/Gros/Schurbohm*, HGB, § 290 Rn. 9; Beck Bilanz-Komm./*Grottel/Kreher*, HGB, § 290 Rn. 30; BeckOK HGB/*Jakob*, HGB, § 290 Rn. 8.

187 Koller/Kindler/Roth/Drüen/*Morck/Bach*, HGB, § 290 Rn. 3; EBJS/*Böcking/Gros/Schurbohm*, HGB, § 290 Rn. 14; Beck Bilanz-Komm./*Grottel/Kreher*, HGB, § 290 Rn. 30; BeckOK HGB/*Jakob*, HGB, § 290 Rn. 8 ff.

188 Koller/Kindler/Roth/Drüen/*Morck/Bach*, HGB, § 290 Rn. 4 f.; BeckOK HGB/*Jakob*, HGB, § 290 Rn. 23 ff., 26 f.

189 BeckOK HGB/*Jakob*, HGB, § 290 Rn. 14.

190 Zentes/Glaab/*Kaetzler*, GwG, § 3 Rn. 55; Zum Grundsatz der Satzungsfreiheit bei der GmbH: *Altmeppen*, GmbHG, § 3 Rn. 17; *Wicke*, GmbHG, § 3 Rn. 28 ff.; MüKoGmbHG/*Wicke*, GmbHG, § 3 Rn. 150 ff. m. w. N.

Beteiligungsstrukturen das konzernrechtliche Verständnis von beherrschendem Einfluss heranzieht.[191]

Der Verweis auf § 290 Abs. 2 bis 4 HGB ist keine abschließende Auflistung der kontrollvermittelnden Umstände.[192] So kann beispielsweise auch eine wesentliche Minderheitsbeteiligung von mehr als 25 % an der Zwischengesellschaft ausreichen, wenn die übrigen Anteilsinhaber wesentlich geringere Beteiligungen halten.[193] Zudem ist auch denkbar, dass mehrere Zwischengesellschaften mit weniger als 25 % an der Vereinigung beteiligt sind, die Zwischengesellschaften aber unter dem beherrschenden Einfluss derselben natürlichen Person stehen und diese somit tatsächlich mittelbar Kontrolle über die Vereinigung ausüben kann.[194]

Wie oben dargelegt ist der beherrschende Einfluss im Vergleich mit der Kontrolle eine Einflussnahme in gesteigertem Maße und eine Art geldwäscherechtlicher Kontrolle.[195] Somit kann auch der beherrschende Einfluss mitgliedschaftlich, schuldrechtlich und faktisch vermittelt werden.

In der Literatur wird vielfach die Auffassung vertreten, das Halten von mehr als 50 % der Kapital- oder Stimmanteile an der zwischengeschalteten Vereinigung indiziere eine derartige beherrschende Stellung im Sinne des § 3 Abs. 2 S. 3 GwG.[196] Dem ist nur unter Vorbehalt zuzustimmen. Es darf bei mehreren Beteiligungsebenen kein simples „Durchrechnen" der Beteiligungsquoten erfolgen.[197] Die „Vermutung" des § 3 Abs. 2 S. 1 Nr. 1 GwG gilt nur für die erste Ebene und kann nicht analog auf weitere Beteiligungsebenen hochgerechnet werden.[198] Kontrolliert die natürliche Person mehr als 50 % der Stimmrechte der zwischengeschalteten Gesellschaft, ist das erforderliche Maß an beherrschender Einflussnahme entsprechend § 290 Abs. 2 Nr. 1 HGB anzunehmen. Bei einer entsprechenden Kapitalbeteiligungsquote ist jedoch im Einzelfall danach zu differenzieren, ob die reine Kapitalanteilsinhaberschaft über Stimmrechte oder andere Instrumente eine entsprechende Einflussnahme ermöglicht.

---

191 BT-Drucks. 18/11555, S. 109.

192 Zentes/Glaab/*Kaetzler*, GwG, § 3 Rn. 57.

193 Zentes/Glaab/*Kaetzler*, GwG, § 3 Rn. 58.

194 *Assmann/Hütten*, AG 2017, 449 (456).

195 Siehe Kapitel 1 C II.; Erwägungsgrund (13), Richtlinie 2015/849/EU.

196 *Assmann/Hütten*, AG 2017, 449 (455); Herzog/*Figura*, GwG, § 3 Rn. 10.

197 Anwendungs- und Auslegungshinweise gemäß § 51 Abs. 8 GwG, Stand Oktober 2021, Ziffer 5.2.2.1. S. 50; *Koehler*, ZIP 2020, 1399 (1402); *John*, NZG 2021, 323 (325).

198 *Koehler*, ZIP 2020, 1399 (1402).

So vermitteln stimmrechtslose Kapitalanteile zufolge der obigen Ausführungen nicht das erforderliche Maß an Einflussnahme.

III. Wirtschaftliche Berechtigung aufgrund von Treuhandverhältnissen

Fraglich ist, ob eine wirtschaftliche Berechtigung gemäß § 3 Abs. 2 S. 1 Nr. 1 GwG annehmbar ist, wenn die entsprechenden Kapitalanteile treuhänderisch gehalten werden. Nicht nur ist die Treuhand ein beliebtes Instrument der mittelbaren Unternehmensteilhabe[199], treuhänderisch abgewickelte Geschäfte sind auch besonders zur Verschleierung von Geldwäscheaktivitäten geeignet.[200] Im Bewusstsein dessen hat der Gesetzgeber die Treuhand im Rahmen des Auffangtatbestandes des § 3 Abs. 4 GwG ausdrücklich hervorgehoben.[201] Der Verweis des § 19 Abs. 2 S. 1 GwG für die Ermittlung des wirtschaftliche Berechtigten bei Vereinigungen im Sinne des § 20 Abs. 1 GwG umfasst nicht die Regelung des § 3 Abs. 4 GwG. Dies ist jedoch auch nicht erforderlich. § 3 Abs. 4 GwG soll nur die gelegentliche Durchführung von einzelnen Transaktionen eines Treuhänders im wirtschaftlichen Interesse des Treugebers erfassen.[202] Das Treuhandverhältnis an einem Geschäftsanteil ist hingegen eine zwar vorübergehende, aber dauerhafte Veräußerung einer Rechtsposition.[203] Genauerer Betrachtung bedürfen insbesondere fiduziarische Treuhandverhältnisse an Geschäftsanteilen. Hier ist der Treuhänder formal Inhaber des Geschäftsanteils, aber im Innenverhältnis gegenüber dem Treugeber verpflichtet, die Rechte aus dem Geschäftsanteil nur in einer bestimmten, im Treuhandvertrag festgelegten Weise auszuüben und sonstige Beschränkungen einzuhalten.[204] Bei einer derartig ausgestalteten Treuhandkonstellation fallen wirtschaftliche und rechtliche Zuordnung

---

199 *Schaub*, DStR 1995, 1634 (1634).

200 BT-Drucks. 17/6804, S. 25; *Ehlscheid/Pfeiffer*, Handbuch Geldwäscheprävention, S. 109.

201 BT-Drucks. 17/6804, S. 25; Zentes/Glaab/*Kaetzler*, GwG, § 3 Rn. 95; Herzog/*Figura*, GwG, § 3 Rn. 23.

202 BT-Drucks. 17/6804, S. 25; Zentes/Glaab/*Kaetzler*, GwG, § 3 Rn. 95; Herzog/*Figura*, GwG, § 3 Rn. 24.

203 *Armbrüster*, DNotZ 1997, 762 (779); *Lieder/Villegas*, GmbHR 2018, 169 (172).

204 *Schaub*, DStR 1995, 1634 (1634); zur Vollrechtstreuhand allgemein MüKoBGB/*Schubert*, BGB, § 164 Rn. 61; zur Vollrechtstreuhand an Geschäftsanteilen MüKoGmbHG/*Weller/Reichert*, GmbHG, § 15 Rn. 201 ff.

auseinander.[205] Da der Treuhänder sowohl eine natürliche als auch eine juristische Person sein kann, ist weiter zu differenzieren:

Hält eine natürliche Person treuhänderisch entsprechende Kapitalanteile ist der Treuhänder selbst gemäß § 3 Abs. 2 S. 1 Nr. 1 GwG wirtschaftlich Berechtigter.[206] In diesem Fall ist jedoch umstritten, ob auch der Treugeber aufgrund des mittelbaren Haltens entsprechender Kapitalanteile wirtschaftlich Berechtigter im Sinne des § 3 Abs. 2 S. 2 GwG ist.[207] Nach einer Auffassung kommt es für die Annahme einer wirtschaftlichen Berechtigung auf die konkrete Ausgestaltung des einzelnen Treuhandverhältnisses an.[208] So kann eine geldwäscherechtliche Kontrolle durch entsprechende Weisungsrechte des Treugebers vermittelt werden.[209] Ebenso kann zwischen dem Treugeber und dem Treuhänder ein entsprechender Stimmbindungsvertrag abgeschlossen werden.[210] Im Einzelfall ist auch hier erforderlich, dass das Maß der Einflussnahme die Schwelle der wirtschaftlichen Berechtigung erreicht. Die gegensätzliche Auffassung wendet hiergegen ein, dass sich die Weisungsbefugnis gegenständlich ausschließlich auf das Treugut beschränkt und somit keinen Einfluss auf die Vereinigung begründen könne.[211] Dieser Umstand entspricht gleichwohl der Konstellation bei Beteiligungsketten.[212] Die unmittelbare Kontrolle des wirtschaftlich Berechtigten beschränkt sich auf das kapitalhaltende Beteiligungsvehikel. Die aus der Anteilinhaberschaft folgenden Möglichkeiten der Einflussnahme auf die verpflichtete Vereinigung werden von der Geschäftsführung des Beteiligungsvehikels ausgeübt, welche ebenfalls nur im Innenverhältnis an die Weisungen der eigenen Gesellschafter gebunden ist,

---

205 *Schaub*, DStR 1995, 1634 (1634).

206 Zur Widerlegbarkeit siehe Kapitel 1 G.; *Friese/Brehm*, GWR 2017, 271 (273); *Bochmann*, DB 2017, 1310 (1315); *Kotzenberg/Lorenz*, NJW 2017, 2433 (2435); Nach Ansicht von *Windeknecht/Junginger*, DZWIR 2017, 551 (554) kann hingegen nur der Treugeber wirtschaftlich Berechtigter sein.

207 In der Literatur dient diese Fragestellung teils als Aufhänger für die Frage nach der Rechtsgrundlage geldwäscherechtlicher Kontrolle, so: *Rieg*, BB 2017, 2310 (2319); *Friese/Brehm*, GWR 2017, 271 (273); oder wird im Hinblick auf Mitteilungspflichten nach § 20 GwG betrachtet: *Kotzenberg/Lorenz*, NJW 2017, 2433 (2435); *Windeknecht/Junginger*, DZWIR 2017, 551 (554); *Bochmann*, DB 2017, 1310 (1315); *Rieg*, BB 2017, 2310 (2319); *Pelka/Hütten/Weinhausen*, DStR 2018, 1303 (1304).

208 *Rieg*, BB 2017, 2310 (2319); *Koehler*, ZIP 2020, 1399 (1404); eine wirtschaftliche Berechtigung des Treugebers grundsätzlich ablehnend: *Pelka/Hütten/Weinhausen*, DStR 2018, 1303 (1304); *Kotzenberg/Lorenz*, NJW 2017, 2433 (2435).

209 *Rieg*, BB 2017, 2310 (2319); *Koehler*, ZIP 2020, 1399 (1404).

210 *Rieg*, BB 2017, 2310 (2319); Heckschen/Heidinger/*Blath/Heidinger*, Kapitel 3 F. Rn. 167.

211 Vgl. *Hütten/Brauneisen/Diller*, NZA 2017, 1512 (1514); *Kotzenberg/Lorenz*, NJW 2017, 2433 (2435).

212 Siehe vorherige Ausführungen zu den Beteiligungsketten in Kapitel 1 C. II.

vgl. § 37 GmbHG. Diese Konstellationen sollen als mittelbar vermittelte wirtschaftliche Berechtigungen im Sinne des § 3 Abs. 2 GwG erfasst werden. Ausweislich der Gesetzesbegründung geht auch der Gesetzgeber von der grundsätzlichen Möglichkeit einer wirtschaftlichen Berechtigung des nichthaltenden Treugebers aus.[213] Der Treugeber kann bei entsprechender Ausgestaltung auch dann wirtschaftlich Berechtigter sein, wenn die Schwelle des § 3 Abs. 2 S. 1 Nr. 1 bzw. Nr. 2 GwG kumuliert mittels mehrerer Treuhandverhältnisse überschritten wird.[214]
Werden entsprechende Kapitalanteile gemäß § 3 Abs. 2 S. 1 Nr. 1 GwG treuhänderisch von einer juristischen Person gehalten, ist eine wirtschaftliche Berechtigung des Treuhänders ausgeschlossen, da wirtschaftlich Berechtigter nur eine natürliche Person sein kann.[215] Auch an dieser Stelle kommt aber eine wirtschaftliche Berechtigung des Treugebers in Betracht, sofern dieser eine natürliche Person ist. Jedoch müssen für eine wirtschaftliche Berechtigung des Treugebers die Voraussetzungen des § 3 Abs. 2 S. 2 bis S. 4 GwG vorliegen. Der Treugeber wird in der Regel kein beherrschender Gesellschafter der Treuhand-Gesellschaft sein, da in diesem Fall das Treuhandverhältnis obsolet wäre. Dem Treugeber müsste über die Treuhandabrede und/oder eine Stimmbindungsvereinbarung eine vergleichbare Herrschaftsstellung eingeräumt werden. Dass derartig schuldrechtlich vermittelte mittelbare Kontrolle ausreichend ist, wurde bereits erörtert.[216]

IV. Wirtschaftliche Berechtigung aufgrund atypisch stiller Beteiligungen

Über atypisch stille Beteiligungen können dem stillen Gesellschafter Einwirkungsbefugnisse vermittelt werden, beispielsweise Stimm-, Weisungs- oder Widerspruchsrechte, aber auch Geschäftsführungsbefugnisse sind denkbar.[217] Dem stillen Gesellschafter werden bei der atypischen stillen Beteiligung, abweichend von §§ 230 ff. HGB, „stärkere" Stimm- und Verwaltungsrechte eingeräumt.[218] Entsprechend der bislang herausgearbeiteten Erkenntnisse, kommt es auch bei dem atypisch stillen Gesellschafter darauf an, ob das über die Stimm-,

---

213 BT-Drucks. 18/11555, S. 92.

214 Heckschen/Heidinger/*Blath/Heidinger*, Kapitel 3 F. Rn. 112a.

215 Erwägungsgrund (12) Richtlinie 2015/849/EU; BT-Drucks. 18/11555, S. 108.

216 Siehe Kapitel 1 A. III.; a. A. *Bochmann*, DB 2017, 1310 (1315); *Pelka/Hettler/Weinhausen*, DStR 2018, 1303 (1304).

217 BGH, NJW 1953, 818 (818); Blaurock/*Blaurock*, Stille Gesellschaft, § 4 Rn. 4.32; im Kontext geldwäscherechtlicher Kontrolle *Koehler*, ZIP 2020, 1399 (1404); Hopt/*Roth*, HGB, § 230 Rn. 3.

218 *Wionzeck/Scheerer*, NZG 2018, 217 (218); MüKoHGB/*Schmidt*, HGB, § 230 Rn. 76; Blaurock/*Blaurock*, Stille Gesellschaft, § 4 Rn. 4.32.

Weisungs- oder Verwaltungsrechte vermittelte Maß der Einflussnahme im Sinne des § 3 Abs. 2 S. 1 GwG erreicht wird.

Die Ansicht, die eine wirtschaftliche Berechtigung des atypisch stillen Gesellschafters mit der Begründunge verneint, dass es sich nicht um einen Einfluss im konzernrechtlichen Sinne handele und der atypisch stille Gesellschafter keinen beherrschenden Einfluss auf die Vereinigung ausüben kann[219], verkennt Folgendes: Die Grundsätze der § 3 Abs. 2 S. 3, S. 4 GwG gelangen bei der Betrachtung einer atypisch stillen Beteiligung nicht zur Anwendung. Die § 3 Abs. 2 S. 3, S. 4 GwG gehen von der Konstellation aus, dass entsprechende Anteile von einer Vereinigung nach § 20 Abs. 1 GwG gehalten werden.[220] Die Regelung des § 20 Abs. 1 GwG umfasst zunächst einmal nicht die (Innen-) GbR[221] und zum anderen werden die Anteile eben nicht von der atypischen stillen Innen-GbR gehalten, sondern von einer natürlichen Person. Zwar wird das Recht der Gesellschaft bürgerlichen Rechts durch das Gesetz zur Modernisierung des Personengesellschaftsrecht (im Folgenden als Personengesellschaftsrechtsmodernisierungsgesetz – MoPeG bezeichnet) vom 10. August 2021 nach dem Typus einer rechtsfähigen Außengesellschaft reformiert[222], dennoch bleibt eine Ausgestaltung als nicht rechtsfähige Gesellschaft bürgerlichen Rechts gemäß §§ 705 Abs. 2, 740 ff. BGB-E möglich.[223] Doch selbst wenn der Anwendungsbereich des § 3 Abs. 2 S. 2 GwG über die „insbesondere“ Formulierung auf die GbR erstreckt würde[224], wäre das Erfordernis eines beherrschenden Einflusses nur das namentliche, aber nicht das unbedingte Erfordernis. Darüber hinaus ist nicht mitgliedschaftlich vermittelte Kontrolle ebenso ausreichend für die Begründung einer wirtschaftlichen Berechtigung.[225]

---

219 So *Bochmann*, DB 2017, 1310 (1314).

220 Zentes/Glaab/*Kaetzler*, GwG, § 3 Rn. 48.

221 BT-Drucks. 18/11555, S. 127; BeckOK GwG/*Korte*, GwG, § 20 Rn. 10.

222 BT-Drucks. 19/27635, S. 101; *Bachmann*, NGZ 2020, 612 (612); *Schäfer*, ZIP 2020, 1149 (1149); *Fleischer*, DStR 2021, 430 (430).

223 BT-Drucks. 19/27635, S. 103.

224 Mit dem Inkrafttreten des Personengesellschaftsrechtsmodernisierungsgesetzes am 1. Januar 2024 können gemäß § 705 Abs. 2 Alt. 1 BGB-E rechtsfähige und nach §§ 706 ff. BGB-E eingetragene Gesellschaften bürgerlichen Rechts unter den Anwendungsbereich des § 20 Abs. 1 GwG und in der Folge auch unter Anwendungsbereich des § 3 Abs. 2 GwG subsumiert werden.

225 Siehe Ausführungen in Kapitel 1 A. III; So im Ergebnis auch *Koehler*, ZIP 2020, 1399 (1404).

V. Wirtschaftliche Berechtigung aufgrund einer Unterbeteiligung

Möglicherweise könnte auch eine atypische Unterbeteiligung an einem oder mehreren, die Schwellen des § 3 Abs. 2 S. 1 Nr. 1 GwG überschreitenden Geschäftsanteilen, eine wirtschaftliche Berechtigung vermitteln. Hierbei ist zunächst wieder danach zu differenzieren, ob eine natürliche Person oder eine juristische Person den Kapitalanteil hält.

Handelt es sich bei dem Hauptbeteiligten um eine natürliche Person, ist eine wirtschaftliche Berechtigung des Unterbeteiligten dann anzunehmen, wenn diesem über Stimm- und Weisungsrechte die entsprechende Einflussnahme auf das mitgliedschaftliche Verhalten des Hauptbeteiligten eingeräumt wird. Es gelten die Ausführungen zu einer wirtschaftlichen Berechtigung bei einer Treuhandkonstellation mit einer natürlichen Person als Treuhänder entsprechend.[226] Im Gegensatz zur Treuhand gewährt die Unterbeteiligung charakteristisch eine Mitberechtigung an dem Geschäftsanteil.[227] Es geht in der Regel um eine Teilung der Chancen und Risiken[228], sodass die Interessen des Hauptbeteiligten und die Interessen des Unterbeteiligten nebeneinander stehen, während der Treuhänder im Interesse des Treugebers handelt.[229] Dies ist im Hinblick auf die Annahme einer wirtschaftlichen Berechtigung nicht unproblematisch, wenn das Nebeneinanderstehen beider Interesse zu einer jeweiligen Rechenschaftspflicht führt. Sind Hautbeteiligter und Unterbeteiligter natürliche Personen, stellt diese Konstellation in gleichem Maße eine Beteiligungskette im Sinne des § 3 Abs. 2 S. 2 GwG dar. Der Wortlaut des § 3 Abs. 2 S. 2 GwG eröffnet die Möglichkeit der Annahme von mittelbarer Kontrolle auch dann, wenn entsprechende Anteile von einer natürlichen Person gehalten werden, welche von einem Dritten kontrolliert wird. Im Sinne einer geldwäscherechtlichen Kontrolle ist daher erforderlich, dass der Unterbeteiligte maßgeblich auf die Ausübung der mitgliedschaftlichen Rechte des Hauptbeteiligten als Gesellschafter Einfluss nehmen kann und zwar in gesteigertem, mit einer beherrschenden Stellung vergleichbaren Maß, ohne dem Hauptbeteiligten

226 Siehe Kapitel 1 C. III.

227 BGH, BB 1994, 1597 (1598); BeckOK HGB/*Hoffmann-Theinert*, HGB, § 230 Rn. 98.

228 MüKoHGB/*Schmidt*, HGB, § 230 Rn. 207; BeckOK HGB/*Hoffmann-Theinert*, HGB, § 230 Rn. 99.

229 MüKoHGB/*Schmidt*, HGB, vor § 230 Rn. 45 mit vertiefenden Anmerkungen zu dem umstrittenen Ausschließlichkeitsverhältnis von Unterbeteiligung und Treuhand; EBJS/*Gehrlein*, HGB, § 230 Rn. 104; BeckOK HGB/*Hoffmann-Theinert*, HGB, § 230 Rn. 101.

hierüber Rechenschaft zu schulden. Der Hauptbeteiligte gilt gemäß § 3 Abs. 2 S. 1 Nr. 1 GwG weiter als wirtschaftlich Berechtigter, sodass sich auch in dieser Konstellation die Frage nach der Widerlegbarkeit stellt.[230]

Ist der Hauptbeteiligte eine juristische Person gleicht diese Konstellation einer klassischen Beteiligungskette im Sinne der § 3 Abs. 2 S. 2 bis S. 4 GwG. Dass der Unterbeteiligte, anders als in einer klassischen Beteiligungskette, kein Gesellschafter der Hauptbeteiligungsgesellschaft ist, ist unschädlich und wird nach dem Wortlaut des § 3 Abs. 2 S. 3 GwG auch nicht vorausgesetzt.

VI. Wirtschaftliche Berechtigung aufgrund von Nießbrauch

An einem oder mehreren, die Schwellen des § 3 Abs. 2 S. 1 Nr. 1 GwG überschreitenden Geschäftsanteilen kann ein Nießbrauch bestellt sein. Daraus ergibt sich die Frage, ob der Nießbraucher neben dem Anteilsinhaber ebenfalls wirtschaftlich Berechtigter sein kann. Wie bei der Unterbeteiligung kommt bei der Bestellung eines Nießbrauchs am Geschäftsanteil eine durch mittelbare Kontrolle nach § 3 Abs. 2 S. 2 bis S. 4 GwG begründete wirtschaftliche Berechtigung in Betracht. Ist der Anteilsinhaber eine natürliche Person muss dem Nießbraucher, wie auch dem Unterbeteiligten, über Stimm-, Weisungs- und Verwaltungsrechte eine entsprechende maßgebliche, beherrschende Einflussnahme ermöglicht werden.[231] Auch schließt sich die Frage nach der Widerlegbarkeit hinsichtlich der wirtschaftlichen Berechtigung des Anteilsinhabers an, da dieser aufgrund der Bestellung des Nießbrauchs gerade keine rechenschaftsfreie Kontrolle mehr ausübt.[232] Ist der Anteilsinhaber eine juristische Person gleicht diese Konstellation auch beim Nießbrauch einer klassischen Beteiligungskette im Sinne der § 3 Abs. 2 S. 2 bis S. 4 GwG.

D. Die wirtschaftliche Berechtigung aufgrund von Kontrolle entsprechender Stimmrechte

Eine wirtschaftliche Berechtigung wird weiter angenommen, wenn die natürliche Person direkt oder indirekt mehr als 25 % der Stimmrechte kontrolliert, § 3 Abs. 2 S. 1 Nr. 2 GwG.

---

230 Zu der Frage der Widerlegbarkeit siehe Kapitel 1 G.

231 *Longrée/Pesch*, NZG 2017, 1081(1088); *Rieg*, BB 2017, 2310 (2320); *Bochmann*, DB 2017, 1310 (1315).

232 Siehe Kapitel 1 G.

Die Regelung des § 3 Abs. 2 S. 1 Nr. 2 GwG ist gerade in Abgrenzung zu § 3 Abs. 2 S. 1 Nr. 1 GwG mit Blick auf die Mitgliedschaftsrechte des GmbH-Gesellschafters notwendig. Das Stimmrecht ist ein zentrales Mitgliedschaftsrechts des GmbH-Gesellschafters und folgt dem Geschäftsanteil untrennbar.[233] Einem Nichtgesellschafter kann weder durch entsprechende Regelungen in der Satzung, noch durch Vereinbarung ein Stimmrecht eingeräumt werden, sogenanntes Abspaltungsverbot.[234] Der Umfang des Stimmrechts bestimmt sich grundsätzlich nach der gesetzlichen Regelung des § 47 Abs. 2 GmbHG, wonach jeder Euro des Geschäftsanteils dem GmbH-Gesellschafter eine Stimme gewährt. Diese gesetzliche Regelung ist jedoch gemäß § 45 Abs. 2 GmbHG dispositiv.[235] In der Satzung kann beispielsweise abweichend vereinbart werden, dass das Stimmrecht von der Erbringung der Einlageleistung abhängt oder sich nach der Höhe der Einlageleistung bemisst.[236] Ebenso ist es möglich ein Stimmrecht nach Köpfen zu vereinbaren[237], stimmrechtslose Geschäftsanteile[238] oder sogenannte Mehrstimmrechte zu schaffen.[239] Diese abweichenden Regelungen haben zur Folge, dass sich die Verteilung der Stimmrechte der GmbH-Gesellschafter nicht mehr entsprechend der Verteilung der Geschäftsanteile verhält.

---

233 BGH, NJW 1965, 1378 (1378); *Altmeppen*, GmbHG, § 47 Rn. 36 ff., Noack/Servatius/Haas/*Noack*, GmbHG, § 47 Rn. 32, 35.

234 MüKoGmbHG/*Drescher*, GmbHG, § 47 Rn. 75; Noack/Servatius/Haas/*Noack*, GmbHG, § 47 Rn. 40 f.; Scholz/*Schmidt*, GmbHG, § 47 Rn. 20 m. w. N.

235 MüKoGmbHG/Drescher, GmbHG, § 47 Rn. 124; *Wicke*, GmbHG, § 47 Rn. 6; *Altmeppen*, GmbHG, § 47 Rn. 46; BeckOK GmbHG/*Schindler*, GmbHG § 47 Rn. 7; Scholz/Schmidt, GmbHG, § 47 Rn. 8.

236 MüKoGmbHG/*Drescher*, GmbHG, § 47 Rn. 124; *Wicke*, GmbHG, § 47 Rn. 6; *Altmeppen*, GmbHG, § 47 Rn. 46; BeckOK GmbHG/*Schindler*, GmbHG, § 47 Rn. 79; Scholz/*Schmidt*, GmbHG, § 47 Rn. 11.

237 MüKoGmbHG/*Drescher*, GmbHG, § 47 Rn. 124; *Wicke*, GmbHG, § 47 Rn. 6; *Altmeppen*, GmbHG, § 47 Rn. 46; BeckOK GmbHG/*Schindler*, GmbHG, § 47 Rn. 79; Scholz/*Schmidt*, GmbHG, § 47 Rn. 11.

238 BGH, NJW 1954, 1563 (1563); MüKoGmbHG/*Drescher*, GmbHG, § 47 Rn. 124; *Wicke*, GmbHG, § 47 Rn. 6; *Altmeppen*, GmbHG, § 47 Rn. 46; BeckOK GmbHG/*Schindler*, GmbHG, § 47 Rn. 79; Scholz/*Schmidt*, GmbHG, § 47 Rn. 11; Noack/Servatius/Haas/*Noack*, GmbHG, § 47 Rn. 33, 69 ff.

239 BayObLG, DNotZ 1986, 373 (376) m. w. N.; MüKoGmbHG/*Drescher*, GmbHG, § 47 Rn. 124; *Wicke*, GmbHG, § 47 Rn. 6; *Altmeppen*, GmbHG, § 47 Rn. 46; BeckOK GmbHG/*Schindler*, GmbHG, § 47 Rn. 79; Scholz/*Schmidt*, GmbHG, § 47 Rn. 11; Noack/Servatius/Haas/*Noack*, GmbHG, § 47 Rn. 67.

I. Mittelbare Kontrolle durch Stimmbindungsvereinbarungen

Neben der satzungsmäßigen Ausgestaltung der Stimmrechtsverhältnisse ist es auch möglich, diese durch schuldrechtliche Vereinbarungen zu gestalten.[240] Mittels sogenannter Stimmbindungsvereinbarungen können sich Gesellschafter dazu verpflichten, ihre Stimmrechte in der Gesellschafterversammlung auf eine bestimmte Weise auszuüben.[241] Es erfolgt eine Koordination der wirtschaftlichen Interessen, um auf diese Weise eine Einflussnahme der beteiligten Gesellschafter zu gewährleisten.[242]

Stimmbindungsvereinbarungen können nach den verschiedenen beteiligten Personen, der rechtlichen Zuordnung der Anteile und der Intensität der rechtlichen Bindung typisiert werden.[243] Im Rahmen von sogenannten Poolverträgen oder auch Gesellschafterabsprachen schließen sich mehrere Gesellschafter zusammen, um ihre Stimmrechte einheitlich und gemeinschaftlich auszuüben.[244] Die Zulässigkeit von Stimmbindungsvereinbarungen gegenüber Dritten, die weder Gesellschafter noch Organmitglied sind, ist nicht unumstritten.[245] Praktiziert werden derartige Stimmbindungsvereinbarungen vor allem mit mitgliedschaftsähnlichen Beteiligten im Zuge von Treuhandverhältnissen[246], Unterbeteiligung[247], Nießbrauch[248] und stiller Beteiligung.[249]

Das Geldwäscherecht sieht diese Möglichkeit eindeutig in § 19 Abs. 3 Nr. 1 lit. b) GwG, wonach sich die Stellung des wirtschaftlich Berechtigten auf Absprachen zwischen Anteilseignern und Dritten begründen kann. Ob eine

240 BGH, NJW 1987, 1890 (1892); Noack/Servatius/Haas/*Noack*, GmbHG, § 47 Rn. 113.

241 MHLS/*Römermann*, GmbHG, § 47 Rn. 475; *Schaub*, DStR 2018, 871 (871); MAH PersGesR/*Plückelmann*, § 8 Rn. 54; MüKoGmbHG/*Drescher*, GmbHG, § 47 Rn. 231; BeckOK GmbHG/*Schindler*, GmbHG, § 47 Rn. 62; Noack/Servatius/Haas/*Noack* GmbHG, § 47 Rn. 113.

242 *Langenfeld*, ZEV 2010, 17 (17); MHLS/*Römermann*, GmbHG, § 47 Rn. 490; *Klein-Wiele*, NZG 2018, 1401 (1401); MAH PersGesR/Plückelmann, § 8 Rn. 54.

243 *Klein-Wiele*, NZG 2018, 1401 (1402).

244 *Longrée/Pesch*, NZG 2017, 1081 (1087); *Schaub*, DStR 2018, 871 (871); Noack/Servatius/Haas/*Noack*, GmbHG, § 47 Rn. 113.

245 *Altmeppen*, GmbHG, § 47 Rn. 72; BeckOK GmbHG/*Schindler*, GmbHG, § 47 Rn. 68.

246 Heckschen/Heidinger/*Blath/Heidinger*, Kapitel 3 F. Rn. 167; Siehe Kapitel 1 C. III.

247 Siehe Kapitel 1 C. V.

248 *Longrée/Pesch*, NZG 2017, 1081 (1088); Siehe Kapitel 1 C. VI.

249 *Wionzeck/Scheerer*, NZG 2018, 217 (218); Siehe Kapitel 1 C. IV.

Stimmbindungsvereinbarung die für eine wirtschaftliche Berechtigung erforderliche Kontrolle vermittelt, ist im Einzelfall zu prüfen.

Stimmbindungsvereinbarungen dienen der Sicherung der bestehenden Machtverhältnisse und der Einflussnahme bei der Stimmabgabe in der Gesellschafterversammlung.[250] Die Einflussnahme auf die Vereinigung erfolgt regelmäßig über die Ausübung der Stimmrechte in den entsprechenden Organen der Vereinigung.[251] Sie sind daher ein geeignetes Instrument, um die erforderliche Einflussmöglichkeit zu vermitteln. Regelmäßig sind Stimmbindungsvereinbarungen auf eine dauerhafte Zweckverfolgung ausgerichtet und nicht nur Einzelfall bezogen.[252] Mittels einer derartigen Stimmbindungsvereinbarung kann geldwäscherechtliche Kontrolle vermittelt werden. Es ist möglich, eine Stimmrechtsvereinbarung für einen einzelnen bestimmten Abstimmungsvorgang zu treffen.[253] Derartige Stimmbindungsvereinbarungen weisen jedoch nicht die nötige Planmäßigkeit auf. Gleiches gilt für zufällige Ad hoc Absprachen hinsichtlich der einheitlichen Ausübung von Stimmrechten.[254] Schwierigkeiten können sich bezüglich einer möglichen Rechenschaftspflicht ergeben: eine schuldrechtliche Stimmbindungsvereinbarung entfaltet eine relative Wirkung zwischen den Beteiligten.[255] Eine vereinbarungswidrig in der Gesellschafterversammlung abgegebene Stimme ist zwar wirksam[256], dennoch konstruiert diese relative Bindungswirkung möglicherweise eine Rechenschaftsplicht. Das Ziel einer Stimmrechtsvereinbarung ist es in gewisser Weise die „freie" Ausübung der Stimmrechte zu beschränken.[257] Beschränkt wird dabei in erster Linie nur der Gebundene, wobei es darauf ankommt, wie die Entscheidungsfindung in der Stimmbindungsvereinbarung ausgestaltet ist. Die Beantwortung dieser Frage ist verbunden mit der Zurechnung der Stimmrechte im Rahmen des Stimmpools.

250 MAH PersGesR/*Plückelmann*, § 8 Rn. 54; BeckOK GmbHG/*Schindler*, GmbHG, § 47 Rn. 63.

251 MüKoGmbHG/*Drescher*, GmbHG, § 47 Rn. 68; BeckOK GmbHG/*Schindler*, GmbHG, § 47 Rn. 40; Noack/Servatius/Haas/*Noack*, GmbHG, § 47 Rn. 113.

252 *Schaub*, DStR 2018, 871 (872).

253 MAH PersGesR/*Plückelmann*, § 8 Rn. 54.

254 *Rieg*, BB 2017, 2310 (2317).

255 *Schaub*, DStR 2018, 871 (872).

256 *Schaub*, DStR 2018, 871 (871); MüKoGmbHG/*Drescher*, GmbHG, § 47 Rn. 250; *Altmeppen*, GmbHG, § 47 Rn. 75; BeckOK GmbHG/*Schindler*, GmbHG, § 47 Rn. 72.

257 Noack/Servatius/Haas/*Noack*, GmbHG, § 47 Rn. 113.

II. Zurechnung der Stimmrechte bei Stimmbindungsverträgen für die Qualifikation als wirtschaftlich Berechtigter

Bei der Willensbildung im Rahmen eines Stimmpools zwischen mehreren Gesellschaftern können die Beschlussmehrheiten frei und unabhängig von der Mehrheitsfindung in der Vereinigung gestaltet werden.[258] Fehlt es an einer vertraglichen Festlegung der Stimmenverteilung innerhalb der Stimmpool-Innen-GbR, werden im Zweifel die Grundsätze des § 709 Abs. 2 BGB, Stimmrecht nach Köpfen und Einstimmigkeitsprinzip herangezogen.[259] Im Zuge der Novellierung durch das Personengesellschaftsrechtsmodernisierungsgesetz wird das Stimmrecht nach Köpfen jedoch durch ein grundsätzliches, aber weiterhin abdingbares Stimmrecht nach Beteiligungsverhältnissen verdrängt.[260] Diese Novellierung reflektiert die bereits gegenwärtige regelmäßige Praxis, eine abweichende Stimmrechtverteilung im Pool entsprechend der Höhe der Beteiligung an der Gesellschaft zu vereinbaren.[261] Gemäß § 709 Abs. 3 S. 3 BGB-E soll ein Stimmrecht nach Köpfen nur subsidiär angenommen werden, wenn weder Beteiligungsverhältnisse noch Beitragswerte vereinbart wurden und diese daher nicht für die Bemessung der Stimmkraft der Gesellschafter herangezogen werden können.[262] Das Personengesellschaftsrechtsmodernisierungsgesetz tritt gemäß Artikel 137 MoPeG am 1. Januar 2024 in Kraft.

1. *Wechselseitige Zurechnung unabhängig vom Beherrschungsverhältnis*

Nach einer in der Literatur diskutierten Ansicht soll eine wechselseitige Zurechnung der Stimmenrechte, entsprechend des Acting in Concert im Sinne von § 34 WpHG (§ 22 WpHG a. F.), unter allen Poolmitgliedern erfolgen.[263] In der Folge wäre jeder der beteiligten Gesellschafter als wirtschaftlich Berechtigter einzustufen.[264]

---

258 BGH, NZG 2008, 183 (184); *Klein-Wiele,* NZG 2018, 1401 (1403); *Schaub*, DStR 2018, 871 (875).

259 *Schaub*, DStR 2018, 871 (875).

260 BT-Drucks. 19/27635, S. 142; *Fleischer*, DStR 2021, 430 (435).

261 BT-Drucks. 19/27635, S. 142.

262 BT-Drucks. 19/27635, S. 142; *Fleischer*, DStR 2021, 430 (435).

263 *Mohamed*, ZIP 2017, 2133 (2141); *Zillmer*, DB 2017, 1931 (1935); *Krais*, CCZ 2017, 98 (103).

264 *Mohamed*, ZIP 2017, 2133 (2141); *Zillmer*, DB 2017, 1931 (1935); *Krais*, CCZ 2017, 98 (103).

2. Beherrschungstheorie

Konträr zu der Analogie des Acting in Concert wird vielfach die Auffassung vertreten, dass grundsätzlich derjenige wirtschaftlich Berechtigte der betrachteten Vereinigung ist, der auch den Stimmpool beherrscht.[265] Eine beherrschende Stellung eines Gesellschafters ist entsprechend der Grundsätze des § 3 Abs. 2 S. 3, S. 4 GwG in Verbindung mit § 290 Abs. 2 bis Abs. 4 HGB anzunehmen, wenn dieser seinen Einfluss in dem Stimmpool einseitig durchsetzen kann.[266] Ein Poolmitglied kann sich insbesondere durchsetzen, wenn abweichend vereinbart wurde, dass eine einfache Mehrheit zur Beschlussfassung innerhalb des Stimmpools ausreicht und ein Poolmitglied über die Mehrheit der Stimmen verfügt.[267] Dem beherrschenden Poolmitglied werden dann die Stimmrechte der anderen Poolmitglieder zugerechnet und begründen bei einer so mittelbar erreichten Kontrolle von mehr als 25 % der Stimmrechte eine wirtschaftliche Berechtigung des beherrschenden Poolmitglieds an der betrachteten Vereinigung nach § 3 Abs. 2 S. 1 Nr. 2 GwG.[268]

Die Folgen für die Bestimmung einer wirtschaftlichen Berechtigung sind für den Fall umstritten, in welchem ein beherrschendes Poolmitglied fehlt.[269]

Nach einer Auffassung ist in einem solchen Fall keines der Poolmitglieder als wirtschaftlich Berechtigter zu qualifizieren, denn ein Poolmitglied kann eine Vereinigung nur im geldwäscherechtlichen Sinn kontrollieren, wenn es sich auch im Stimmpool durchsetzen kann.[270] Dies entspricht einer stringenten Anwendung der Beherrschungstheorie.

Nach einer weiteren Auffassung sollen erst bei fehlender Beherrschung des Pools durch ein einzelnes Poolmitglied die Grundsätze der wechselseitigen Zurechnung des Acting in Concert im Sinne des § 34 Abs. 2 WpHG

---

265 BVA, FAQ, Stand 5. Mai 2023, Teil 1 B. II. 1., S. 15; *Assmann/Hütten*, AG 2017, 449 (456); *Kotzenberg/Lorenz*, NJW 2017, 2433 (2435); *Longrée/Pesch*, NZG 2017, 1081 (1087); *Rieg*, BB 2017, 2310 (2318); *Windeknecht/Junginger*, DZWIR 2017, 551 (553); *Kocher/Mattig*, BB 2018, 1667 (1670); *Schaub*, DStR 2018, 871 (874); *Koehler*, ZIP 2020, 1399 (1404).

266 BVA, FAQ, Stand 5. Mai 2023, Teil 1 B. II. 1., S. 15; *Longrée/Pesch*, NZG 2017, 1081 (1087); *Schaub*, DStR 2018, 871 (875).

267 *Schaub*, DStR 2018, 871 (875); *Koehler*, ZIP 2020, 1399 (1404).

268 *Kocher/Mattig*, BB 2018, 1667 (1670); *Koehler*, ZIP 2020, 1399 (1404).

269 Longrée/Pesch, NZG 2017, 1081 (1087); *Koehler*, ZIP 2020, 1399 (1405).

270 Vertreten von *Kotzenberg/Lorenz*, NJW 2017, 2433 (2435); *Windeknecht/Junginger*, DZWIR 2017, 551 (553); *Kocher/Mattig*, BB 2018, 1667 (1672); *Schaub*, DStR 2018, 871 (875).

entsprechend herangezogen werden, sodass jedes beteiligte Poolmitglied als wirtschaftlich Berechtigter zu qualifizieren wäre.[271]

Eine dritte Auffassung will in einer beherrschungsfreien Konstellation die Stimmrechte sämtlichen Poolmitgliedern nur dann wechselseitig zurechnen, wenn jeder am Stimmpool Beteiligte ein faktisches Vetorecht hat, weil die Stimmfindung im Stimmpool Einstimmigkeit voraussetzt.[272] Angemerkt sei an dieser Stelle, dass die Vertreter dieser Auffassung sämtlich davon ausgehen, dass reine Verhinderungsrechte ausreichend sind, um Kontrolle im geldwäscherechtlichen Sinn zu begründen.[273] In der Folge bedürfe es für die wechselseitige Zurechnung im Rahmen von Stimmpools nach dieser Ansicht auch keiner Analogie zu den Grundsätzen des Acting in Concert nach § 34 Abs. 2 WpHG, da schon nach den Bestimmungen des Geldwäschegesetzes Kontrolle vorliegt und es insoweit an einer Regelungslücke fehle.[274]

3. *Streitentscheid*

Die vorliegende Betrachtung folgt der strengen Beherrschungstheorie: Sofern ein Poolmitglied den Stimmpool beherrscht und so mittels des Stimmpools mehr als 25 % der Stimmrechte kontrolliert, ist dieses Poolmitglied wirtschaftlich Berechtigter.[275] Existiert hingegen kein den Stimmpool beherrschendes Poolmitglied, so ist auch keines der Mitglieder als wirtschaftlich Berechtigter einzustufen.[276]

Die hier abgelehnte wechselseitige Zurechnung entsprechend der Grundsätze des Acting in Concert nach § 34 Abs. 2 WpHG entspringt einem indirekten Verweis in der Regierungsbegründung.[277] Dort wird im Rahmen der Erläuterungen zu der Mitteilungsfiktion des § 20 Abs. 2 GwG a. F. ausgeführt: „Dies ist etwa der Fall, wenn an der Gesellschaft zwei Anteilseigner mit jeweils 20 % beteiligt sind, aber aufgrund einer gemeinsamen Absprache (zum Beispiel einer Stimmbindungsvereinbarung) Kontrolle über die Gesellschaft ausüben. […] Ist

271 *Longrée/Pesch*, NZG 2017, 1081 (1087).

272 *Rieg*, BB 2017, 2310 (2318); *Koehler*, ZIP 2020, 1399 (1405).

273 *Rieg*, BB 2017, 2310 (2318); *Koehler*, ZIP 2020, 1399 (1405); siehe zudem die entsprechenden Verweise in den Ausführungen zu Kapitel 1 A. II.

274 *Koehler*, ZIP 2020, 1399 (1405).

275 *Kotzenberg/Lorenz*, NJW 2017, 2433 (2435); *Windeknecht/Junginger*, DZWIR 2017, 551 (553); *Kocher/Mattig*, BB 2018, 1667 (1672); *Schaub*, DStR 2018, 871 (875).

276 *Kotzenberg/Lorenz*, NJW 2017, 2433 (2435); *Windeknecht/Junginger*, DZWIR 2017, 551 (553); *Kocher/Mattig*, BB 2018, 1667 (1672); *Schaub*, DStR 2018, 871 (875).

277 *Assmann/Hütten*, AG 2017, 449 (456).

die Gesellschaft dagegen eine börsennotierte Aktiengesellschaft, ergibt sich die kontrollierende Stellung der beiden Anteilseigner regelmäßig schon aus entsprechenden Stimmrechtsmitteilungen, sodass hier die Fiktion des Absatzes 2 eingreift und auch die Pflicht zu (redundanten) konkretisierenden Angaben entfällt.“[278] Diesen Ausführungen in der Regierungsbegründung lassen sich jedoch keine Annahmen hinsichtlich der Ausgestaltung der Entscheidungsfindungen innerhalb des Stimmpools entnehmen. Darüber hinaus wurde die Mitteilungsfiktion des § 20 Abs. 2 GwG durch Artikel 1 Ziffer 17 lit. c) des Gesetzes zur europäischen Vernetzung der Transparenzregister und zur Umsetzung der Richtlinie 2019/1153 des Europäischen Parlaments und des Rates vom 20. Juni 2019 zur Nutzung von Finanzinformationen für die Bekämpfung von Geldwäsche, Terrorismusfinanzierung und sonstigen schweren Straftaten (im Folgenden als Transparenzregister- und Finanzinformationsgesetz bezeichnet) ersatzlos gestrichen.

Der Wortlaut, die Systematik und der Sinn und Zweck des § 3 GwG stützen die Beherrschungstheorie. § 3 Abs. 2 S. 1 Nr. 2 GwG normiert ausdrücklich, dass die aufgrund des Stimmrechtstatbestands anzunehmende wirtschaftliche Berechtigung mittelbare (oder unmittelbare) geldwäscherechtliche Kontrolle voraussetzt. Über die Ausübung von mehr als 25 % der Stimmrechte muss folglich im Sinne der Definition geldwäscherechtlicher Kontrolle, eine (mittelbare) rechenschaftsfreie, planmäßige Einflussnahme möglich sein.[279] Diese Voraussetzungen sind dann nicht erfüllt, wenn keines der Stimmpoolmitglieder die Entscheidungsfindung im Hinblick auf die gleichgerichtete Ausübung der Stimmrechte beherrschen kann. Keines der Stimmrechtsmitglieder kann über die im Stimmpool vereinten Stimmrechte in diesem Sinne dauerhaft und rechenschaftsfrei, wie über eigene Stimmrechte, verfügen.[280]

Weiter erscheint es widersprüchlich, schuldrechtlich vermittelte mittelbare Kontrolle über Stimmrechte bei Beteiligung an einem Stimmpool wechselseitig zuzurechnen, während die mittelbare Kontrolle bei einer Beteiligungskette erst bei mehrheitlicher Beteiligung greift.[281] § 3 Abs. 2 S. 3, S. 4 GwG in Verbindung

278 BT-Drucks. 18/11555, S. 128.

279 Siehe Kapitel 1 A. zur Definition des geldwäscherechtlichen Kontrollbegriffs.

280 So auch *Assmann/Hütten*, AG 2017, 449 (456); *Kocher/Mattig*, BB 2018, 1667 (1671); *Schaub*, DStR 2018, 871 (874).

281 *Kocher/Mattig*, BB 2018, 1667 (1671); *Schaub*, DStR 2018, 871 (874).

mit § 290 Abs. 2 bis Abs. 4 HGB normiert im Hinblick auf mittelbare Kontrollvermittlung ein klares Beherrschungsprinzip.[282]

Eine wechselseitige Zurechnung wäre zudem einer Verschleierung des tatsächlich wirtschaftlich Berechtigten zuträglich und würde dem Sinn und Zweck des Transparenzregisters zuwiderlaufen.[283]

E. Ausübung von Kontrolle auf vergleichbare Weise

Gemäß § 3 Abs. 2 S. 1 Nr. 3 GwG zählt auch die natürliche Person zu den wirtschaftlich Berechtigten einer juristischen Person, die unmittelbar oder mittelbar auf vergleichbare Weise Kontrolle ausübt. Umstritten ist, wie der Rechtsbegriff der Ausübung von Kontrolle auf vergleichbare Weise auszulegen ist und in welchen Fällen das Qualifikationsmerkmal des § 3 Abs. 2 S. 1 Nr. 3 GwG erfüllt wird.

I. Schuldrechtlich vermittelte Kontrolle

Vielfach wird die Kontrollausübung auf vergleichbare Weise gemäß § 3 Abs. 2 S. 1 Nr. 3 GwG mit der Ausübung von Kontrolle auf sonstige Weise nach § 19 Abs. 3 Nr. 1 lit. b) GwG gleichgesetzt.[284] Auch in der Gesetzesbegründung wird in den Ausführungen zu § 3 GwG und unter Bezugnahme auf die Vorgaben in Art. 3 Ziffer 6 Vierte EU-Geldwäscherichtlinie die Formulierung „[...] oder auf sonstige Weise Kontrolle über diese ausübt" verwendet[285], obwohl § 3 Abs. 2 S. 1 Nr. 3 GwG dem Wortlaut nach die Kontrollausübung auf vergleichbare Weise normiert. Ebenso scheint das BVA „Kontrolle auf sonstige Weise" und „Kontrolle auf vergleichbare Weise" gleichzusetzen: Im Rahmen der Beantwortung der Frage, ob ein Zustimmungserfordernis beziehungsweise ein Veto- oder Widerspruchsrecht zu einer wirtschaftlichen Berechtigung führe, wird ausgeführt, dass eine Person, die aufgrund eines Widerspruchs- oder Vetorechts die unmittelbare oder mittelbare Kontrolle über Entscheidungen der Mitglieder-, Haupt- oder Gesellschafterversammlungen habe, nach § 3 Abs. 2 S. 1 Nr. 3 GwG als „wirtschaftliche Berechtigte (Kontrolle auf sonstige Weise)" gelte.[286]

---

282 *Assmann/Hütten*, AG 2017, 449 (456); *Kocher/Mattig*, BB 2018, 1667 (1671); *Longrée/Pesch*, NZG 2017, 1081 (1087); *Schaub*, DStR 2018, 871 (874).

283 *Assmann/Hütten*, AG 2017, 449 (457); *Longrée/Pesch*, NZG 2017, 1081 (1088).

284 *Friese/Brehm*, GWR 2017, 271 (272); *Rieg*, BB 2017, 2310 (2317); *Schaub*, DStR 2018, 871 (872); *Hütten/Assmann*, AG 2020, 849 (855); *Koehler*, ZIP 2020, 1399 (1400).

285 BT-Drucks. 18/11555, S. 109.

286 BVA, FAQ, Stand 5. Mai 2023, Teil 1 B. II. 3., S. 16.

Aus dieser Gleichsetzung mit dem Kontrollbegriff des § 19 Abs. 3 Nr. 1 lit. b) GwG wird für die Definition der Kontrollausübung auf vergleichbare Weise nach § 3 Abs. 2 S. 1 Nr. 3 GwG gefolgert, dass es sich bei dieser um schuldrechtlich vermittelte Kontrolle handeln müsse, in Abgrenzung zu der mitgliedschaftlich vermittelten Kontrolle der § 3 Abs. 2 S. 1 Nr. 1 und Nr. 2 GwG.[287] Die Stimmen in der Literatur, welche die Kontrollausprägungen des § 3 Abs. 2 S. 1 Nr. 3 GwG und § 19 Abs. 3 Nr. 1 lit. b) GwG nicht differenzieren, verorten im Rahmen der Definition der Kontrolle auf vergleichbare Weise, den in dieser Ausarbeitung bereits erörterten Meinungsstreit um die Rechtsgrundlagen der vermittelten Kontrolle.[288]

II. Qualitative und quantitative Vergleichbarkeit

Eine andere Auffassung verlangt eine qualitativ und/oder quantitative Vergleichbarkeit der vergleichbaren Kontrolle mit dem Halten von mehr als 25 % der Kapitalanteile gemäß § 3 Abs. 2 S. 1 Nr. 1 GwG oder dem Kontrollieren von mehr als 25 % der Stimmrechte nach § 3 Abs. 2 S. 1 Nr. 2 GwG.[289]

Als qualitativ vergleichbare Kontrolle werden mitgliedschaftliche Einflussmöglichkeiten angeführt.[290] Der Gedanke des BVA, Verhinderungsrechte als Kontrolle auf vergleichbare Weise gemäß § 3 Abs. 2 S. 1 Nr. 3 GwG zu qualifizieren, da diese faktisch wie mitgliedschaftsrechtliche Sperrminoritäten wirken[291], greift diese Grundidee ebenfalls auf. Allerdings führt das BVA diesen Grundgedanken nicht zu Ende und versäumt es nach der Art und der Ausprägung

287 *Assmann/Hütten*, AG 2017, 449 (455); *Schaub*, DStR 2018, 871 (874); *Koehler*, ZIP 2020, 1399 (1400); *John*, NZG 2021, 323 (326).

288 Siehe Kapitel 1 A. II.; *Assmann/Hütten*, AG 2017, 449 (455); *Schaub*, DStR 2018, 871 (874); *Koehler*, ZIP 2020, 1399 (1400).

289 *Blaurock/Pordzik*, NZG 2019, 413 (415); *Goette*, NZG 2020, 1206 (1209); a. A. *Hütten/Assmann*, AG 2020, 849 (855), welche das Erfordernis qualitativer und quantitativer Vergleichbarkeit im Rahmen der Betrachtung destruktiver Kontrollmöglichkeiten ausdrücklich ablehnen.

290 *Blaurock/Pordzik*, NZG 2019, 413 (415).

291 BVA, FAQ, Stand 19. August 2020, Teil 1 B. II. 4., S. 11, das BVA ist inzwischen davon abgerückt faktische Vetorechte aufgrund von Einstimmigkeitserfordernissen ausreichen zu lassen oder bereits Nichtteilnahme an der Willensbildung als faktisches Vetorecht bei bestehender Beschlussfähigkeitsgrenze für die Begründung einer wirtschaftlichen Berechtigung heranzuziehen, siehe hierzu die Ausführungen zur Verhinderungsbeherrschung in Kapitel 1 A. II; *Goette*, NZG 2020, 1206 (1208); *Hütten/Assmann*, AG 2020, 849 (851).

der Verhinderungsrechte zu differenzieren.[292] Entgegen der Ansicht des BVA reichen einmalige oder zufällige Verhinderungsrechte gerade nicht aus, um die für die Annahme einer wirtschaftlichen Berechtigung erforderliche Kontrollschwelle (und damit die in Rede stehende qualitative und/oder quantitative Vergleichbarkeit) zu erreichen.[293]

Während sich nach dieser Auffassung der in § 3 Abs. 2 S. 1 Nr. 3 GwG normierte Kontrolltatbestand über eine Vergleichbarkeit der Einflussnahme mit den beiden weiteren Varianten des § 3 Abs. 2 S. 1 GwG bezieht, konkretisiere § 19 Abs. 3 Nr. 1 lit. b) GwG lediglich, dass geldwäscherechtliche Kontrolle im Sinne des § 3 GwG auch durch schuldrechtliche Absprachen vermittelt werden könne. Dies sei jedoch nicht begrenzt auf die Kontrollausübung auf vergleichbare Weise, § 3 Abs. 2 S. 1 Nr. 3 GwG, sondern gelte für alle in § 3 Abs. 2 GwG normierte Formen der Einflussnahme.

III. Auffangtatbestand

Teilweise wird vertreten, dass § 3 Abs. 2 S. 1 Nr. 3 GwG im Rahmen der Bestimmung wirtschaftlich Berechtigter von juristischen Personen einen Auffangtatbestand darstelle.[294] So werden vielfach sämtliche Fälle der mittelbaren Kontrolle, welche nicht aus einer klassischen Beteiligungskette folgen, sondern beispielweise über Treuhandverhältnisse, Unterbeteiligung oder Nießbrauch vermittelt werden, unter § 3 Abs. 2 S. 1 Nr. 3 GwG zusammengefasst.[295] § 3 Abs. 2 S. 1 Nr. 3 GwG soll zudem die Möglichkeit eröffnen „Mischkonstellationen" zu erfassen, um beispielsweise auch bei einer geringeren Beteiligungsquote oder einer Kontrolle von weniger als 25 % der Stimmrechte und ergänzenden kontrollvermittelnden Umständen eine die wirtschaftliche Berechtigung begründende Kontrolle zu bejahen.[296] Eine derartige Betrachtung könnte auch ein Aufsplitten und Verschleiern kontrollbegründender Umstände erschweren.

292 *Goette*, NZG 2020, 1206 (1208); *Hütten/Assmann*, AG 2020, 849 (851).

293 *Koehler*, ZIP 2020, 1399 (1401); *Rieg*, BB 2017, 2310 (2017); Siehe Ausführungen zur Verhinderungsbeherrschung in Kapitel 1 A. II.

294 *Wionzeck/Scheerer*, NZG 2018, 217 (218); *Hütten/Assmann*, AG 2020, 849 (856); Herzog/*Figura*, GwG § 3 Rn. 12.

295 *Assmann/Hütten*, AG 2017, 449 (455); *Hütten/Brauneisen/Diller*, NZA 2017, 1512 (1514); Hütten/Assmann, AG 2020, 849 (856).

296 Zentes/Glaab/*Kaetzler*, GwG, § 3 Rn. 59; vgl. Herzog/*Figura*, GwG, § 3 Rn. 11; *Hütten/Assmann*, AG 2020, 849 (856); *Sonnenberg/Komma/Rempp*, CCZ 2021, 18 (20).

IV. Streitentscheid

Nach der vorliegend vertretenen Auffassung ist im Grundsatz der Theorie der quantitativen und qualitativen Vergleichbarkeit zu folgen.

Der Wortlaut des § 3 Abs. 2 S. 1 GwG statuiert eindeutig eine Vergleichbarkeit der Kontrolle nach § 3 Abs. 2 S. 1 Nr. 3 GwG mit der Anteilsinhaberschaft von mehr als 25 % der Kapitalanteile gemäß § 3 Abs. 2 S. 1 Nr. 1 GwG und der Kontrolle von mehr als 25 % der Stimmrechte gemäß § 3 Abs. 2 S. 1 Nr. 2 GwG.[297] Der Wortlaut des § 3 Abs. 2 S. 1 GwG enthält keine Anhaltspunkte hinsichtlich der Art der Vergleichbarkeit.

Aus der Entstehungsgeschichte des § 3 Abs. 2 S. 1 Nr. 3 GwG lassen sich keine eindeutigen Erkenntnisse für einen Streitentscheid ziehen. Art. 3 Ziffer 6 lit. a) ii) Dritte EU-Geldwäscherichtlinie berücksichtigte bei der Bestimmung des wirtschaftlichen Eigentümers bei Gesellschaften bereits die Ausübung von Kontrolle auf eine „andere“ Weise als das Halten und/oder Kontrollieren von Inhaberaktien und Stimmrechten.[298] Bei dieser Kontrollausübung auf andere Weise musste die Kontrolle nach dem Wortlaut des Art. 3 Ziffer 6 lit. a) ii) Dritte EU-Geldwäscherichtlinie über die Geschäftsleitung ausgeübt werden. Der deutsche Gesetzgeber hat diese Regelung jedoch unbegründet nicht übernommen. Die Regelung des Art. 3 Ziffer 6 lit. a) i) Vierte EU-Geldwäscherichtlinie regelt ausdrücklich, dass auch andere Formen der Kontrolle ausreichen, um eine Stellung des wirtschaftlichen Eigentümers bei Gesellschaften im Sinne des Art. 3 Ziffer 6 lit. a) i) Dritte EU-Geldwäscherichtlinie zu begründen.[299] Darüber hinaus verweist Art. 3 Ziffer 6 lit. a) i) Vierte EU-Geldwäscherichtlinie zur Konkretisierung der Formen „anderer Kontrolle“ auf Art. 22 Abs. 1 bis Abs. 5 der Bilanzrichtlinie.[300] Der deutsche Gesetzgeber begründet die Umsetzung des Art. 3 Ziffer 6 lit. a) i) Vierte EU-Geldwäscherichtlinie hin zu der Regelung des § 3 Abs. 2 S. 1 Nr. 3 GwG nicht.[301]

Nach einer in der Literatur vertretenen Ansicht habe der Gesetzgeber die Regelung des § 3 Abs. 2 S. 1 Nr. 3 GwG mit Blick auf die GbR geschaffen, da bei dieser aufgrund der der innerorganisatorischen Regelungsfreiheit nicht schematisch auf die Schwellenwerte der § 3 Abs. 2 S. 1 Nr. 1 und Nr. 2 GwG

---

297 A. A. Hütten/Assmann, AG 2020, 849 (856) sehen dies als ein „gesetzgeberisches Missgeschick“.

298 *Koehler*, ZIP 2020, 1399 (1401).

299 *Koehler*, ZIP 2020, 1399 (1401).

300 *John*, NZG 2021, 323 (326).

301 Vgl. BT-Drucks. 18/11555, S. 109.

abgestellt werden könne.[302] Dies wurde von dem deutschen Gesetzgeber tatsächlich auch ausdrücklich erkannt, allerdings bereits bei der Umsetzung der Dritten EU-Geldwäscherichtlinie im Rahmen des Gesetzes zur Ergänzung der Bekämpfung der Geldwäsche und der Terrorismusfinanzierung.[303] Dennoch fehlt eine dem § 3 Abs. 2 S. 1 Nr. 3 GwG n. F. entsprechende Regelung in Art. 2 § 1 Abs. 6 Ziffer 1 des Gesetzes zur Ergänzung der Bekämpfung der Geldwäsche und der Terrorismusfinanzierung. Es erscheint durchaus fraglich, aus welchen Gründen der deutsche Gesetzgeber die Erforderlichkeit einer derartigen Regelung mit Blick auf die GbR bereits im Rahmen der Umsetzung der Dritten EU-Geldwäscherichtlinie erkannt, aber mit der Normierung bis zur Umsetzung der Vierten EU-Geldwäscherichtlinie abgewartet haben soll, wo doch bereits die Dritte EU-Geldwäscherichtlinie eine Kontrolle auf andere Weise in Art. 3 Ziffer 6 lit. a) i) Dritte EU-Geldwäscherichtlinie als grundsätzlich existent erkannte und berücksichtigte.

Weder das BVA in ihren FAQ, noch die BaFin in ihren Anwendungs- und Auslegungshinweisen beschäftigen sich mit der Definition der Kontrollausübung auf vergleichbare Weise.

Die Systematik und der Wortlaut der §§ 3 und 19 GwG indizieren eine Abgrenzbarkeit der Ausübung von Kontrolle auf vergleichbare Weise im Sinne des § 3 Abs. 2 S. 1 Nr. 3 GwG von der Ausübung von Kontrolle auf sonstige Weise. § 19 Abs. 3 GwG konkretisiert die inhaltlichen Anforderungen an die Angaben zu der Art und dem Umfang des wirtschaftlichen Interesses und normiert, dass aus diesen Angaben ersichtlich werden muss, woraus sich die Stellung als wirtschaftlich Berechtigter ergibt.[304] Gemäß § 19 Abs. 3 Nr. 1 lit. b) GwG folgt die Stellung des wirtschaftlich Berechtigten bei Vereinigungen im Sinne des § 20 Abs. 1 S. 1 GwG auch aus der Ausübung der Kontrolle auf sonstige Weise, insbesondere aufgrund von Absprachen zwischen einem Dritten und einem Anteilseigner oder zwischen mehreren Anteilseignern untereinander oder aufgrund der einem Dritten eingeräumten Befugnis zur Ernennung von gesetzlichen Vertretern oder anderen Organmitgliedern.[305]

Nach dem Wortlaut sind Kontrollausübung gemäß § 3 Abs. 2 S. 1 Nr. 3 GwG auf vergleichbare Weise und Kontrollausübung auf sonstige Weise gemäß § 19

---

302 Zentes/Glaab/*Kaetzler*, GwG § 3 Rn. 60.

303 BT-Drucks. 16/9038, S. 30.

304 *Blaurock/Pordzik*, NZG 2019, 413 (415); Herzog/*Figura*, GwG, § 19 Rn. 7; BeckOK GwG/*Korte*, GwG, § 19 Rn. 1.

305 Herzog/*Figura*, GwG, § 19 Rn. 8.

Abs. 3 Nr. 1 lit. b) GwG nicht gleichbedeutend. Vergleichbarkeit setzt einen qualitativen oder quantitativen Bezugspunkt voraus, mit welchem Gemeinsamkeiten messbar gemacht werden. Synonyme für „vergleichbar" wären „ähnlich", „entsprechend" und „gleichartig".[306] Im Gegensatz dazu dient der Begriff „sonstig" der deutlichen Abgrenzung zu dem gewählten Bezugspunkt. „Andere", „übrige", „abweichend" und „davon verschieden" dienen als Synonyme zu „sonstig".[307]

Der Blick auf die Bezugspunkte gibt Aufschluss: Die Kontrollausübung auf vergleichbare Weise nimmt in § 3 Abs. 2 S. 1 Nr. 3 GwG ausdrücklich Bezug auf die Regelbeispiele des wirtschaftlichen Berechtigten bei Gesellschaften im Sinne des § 3 Abs. 2 S. 1 GwG, namentlich die Kapitalanteilsinhaberschaft von mehr als 25 % und das Kontrollieren von mehr als 25 % der Stimmrechte.[308] Die Kontrollausübung auf sonstige Weise des § 19 Abs. 3 Nr. 1 lit. b) GwG steht indessen sowohl im Zusammenhang mit der Inhaberschaft von Kapitalanteilen und Stimmrechten in § 19 Abs. 3 Nr. 1 lit. a) GwG, als auch mit der Funktion des gesetzlichen Vertreters, des geschäftsführenden Gesellschafters oder Partners gemäß § 19 Abs. 3 Nr. 1 lit. c) GwG. Wobei § 19 Abs. 3 Nr. 1 lit. a) GwG ausdrücklich keinen Bezug zu den in § 3 Abs. 2 S. 1 GwG normierten Mindestquoten herstellt und § 19 Abs. 3 Nr. 1 lit. c) GwG die Stellung eines fiktiven wirtschaftlich Berechtigten nach § 3 Abs. 2 S. 4 GwG aufzeigt, bei welcher gerade keine „echte" wirtschaftliche Berechtigung vorliegt.

Die Ausübung von Kontrolle auf vergleichbare Weise gemäß § 3 Abs. 2 S. 1 Nr. 3 GwG stellt sich folglich als die, eine wirtschaftliche Berechtigung begründende Qualifikation geldwäscherechtlicher Kontrolle dar, während sich die Kontrollausübung auf sonstige Weise im Sinne des § 19 Abs. 3 Nr. 1 lit. b) GwG auf die Typisierung kontrollbegründender Umstände bezieht, ohne dass es darauf ankommt, ob die Maßgeblichkeitsschwelle einer wirtschaftlichen Berechtigung erreicht wird.

Auch wenn die Kontrollausübung auf vergleichbare Weise gemäß § 3 Abs. 2 S. 1 Nr. 3 GwG nach der hier vertretenen Auffassung zwingend eine quantitative und/oder qualitative Vergleichbarkeit voraussetzt[309], kann dem Tatbestand des § 3 Abs. 2 S. 1 Nr. 3 GwG eine gewisse, wenn auch subsidiäre, Auffangfunktion

---

306 https://www.duden.de/rechtschreibung/vergleichbar, zuletzt abgerufen am 24.02.2021.

307 https://www.duden.de/synonyme/sonstig, zuletzt abgerufen am 24.02.2021.

308 *Koehler*, ZIP 2020, 1399 (1401); a. A. *Hütten/Assmann*, AG 2020, 849 (856).

309 *Goette*, NZG 2020, 1206 (1209).

nicht abgesprochen werden. Hält ein Gesellschafter beispielweise eine Kapitalbeteiligung unter dem Schwellenwert des § 3 Abs. 2 S. 1 Nr. 1 GwG kann bei Hinzutreten weiterer Umstände, wie etwa Bestellungs- oder Entsendungsrechte, Ernennungsrechte, das Recht auf Geschäftsführung, Weisungsrechte gegenüber dem Geschäftsführer, das Recht zum Stichentscheid oder wenn es sich bei den Kapitalanteilen um Vorzugsgeschäftsanteile handelt, die besondere Mitverwaltungsrechte gewähren, eine wirtschaftliche Berechtigung nach § 3 Abs. 2 S. 1 Nr. 3 GwG angenommen werden.[310] Den Anwendungsbereich der § 3 Abs. 2 S. 1 Nr. 1 und Nr. 2 GwG auf die Fälle direkter Kapitalanteilsinhaberschaft, klassischer Beteiligungsketten über Holdinggesellschaften und direkter Stimmrechtsinhaberschaft zu beschränken, widerspräche dem Wortlaut und der Systematik des § 3 Abs. 2 GwG. Vielmehr sind wirtschaftliche Berechtigungen aufgrund von Treuhandverhältnissen, atypisch stillen Beteiligungen, Unterbeteiligungen und Nießbrauch dem Tatbestand des § 3 Abs. 2 S. 1 Nr. 1 GwG zuzuordnen, während Stimmrechtsvereinbarungen und Poolverträge aufgrund der mittelbaren Kontrolle der maßgeblichen Stimmrechtsquote den Tatbestand des § 3 Abs. 2 S. 1 Nr. 2 GwG erfüllen. Dies wird ebenso von dem dargelegten Abgrenzungsverständnis zwischen § 3 Abs. 2 S. 1 Nr. 3 GwG und § 19 Abs. 2 Nr. 1 lit. b) GwG getragen.

Der Tatbestand des § 3 Abs. 2 S. 1 Nr. 3 GwG ist dann erfüllt, wenn die Gesamtschau der kontrollvermittelnden Umstände eine rechenschaftsfreie, planmäßige, wesentliche Einflussnahme und in der Konsequenz die Realisierung rechtlicher oder wirtschaftlicher Interessen im Hinblick auf die Verwendung des Vermögens der Vereinigung ermöglicht.

F. Fiktion des wirtschaftlich Berechtigten gemäß § 3 Abs. 2 S. 5 GwG

Für den Fall, dass der wirtschaftlich Berechtigte auch nach einer umfangreichen Prüfung nicht ermittelt werden kann und keine Tatsachen vorliegen, die im Sinne des § 43 Abs. 1 GwG den Verdacht der Geldwäsche oder Terrorismusfinanzierung nahelegen, sieht § 3 Abs. 2 S. 5 GwG vor, dass der geschäftsführende Gesellschafter oder Partner der Vereinigung nach § 20 Abs. 1 GwG als wirtschaftlich Berechtigter gilt.

Die Regelung des § 3 Abs. 2 S. 5 GwG erhöht nun den Druck auf die Geschäftsführung einer Vereinigung im Sinne des § 20 Abs. 1 GwG den oder

310 *Hütten/Assmann*, AG 2020, 849 (856); Zentes/Glaab/*Kaetzler*, GwG, § 3 Rn. 44.

die tatsächlich wirtschaftlich Berechtigten zu ermitteln und entsprechend zum Transparenzregister zu melden[311], um so die Folgen einer persönlichen Qualifikation als wirtschaftlich Berechtigter abzuwenden.[312]

I. Voraussetzungen des § 3 Abs. 2 S. 5 GwG

Vor dem Eingreifen der Fiktion setzt § 3 Abs. 2 S. 5 GwG die Durchführung umfassender Prüfungen voraus. Fraglich ist, welche Anforderungen an derartig „umfassende Prüfungen" zu stellen sind.[313]

Der im Wortlaut der Norm verwendete Plural legt zunächst einmal nahe, dass eine einmalige erfolglose Anstrengung zur Ermittlung des wirtschaftlich Berechtigten nicht ausreicht.[314] Die unternommenen Prüfungen müssen umfassend sein, also vielseitig, nahezu vollständig und erschöpfend.[315]

Gestützt wird diese Auslegung durch die Begründung des europäischen Richtliniengebers: Gemäß Erwägungsgrund (13) der Vierten EU-Geldwäscherichtlinie soll die Fiktion des wirtschaftlich Berechtigten erst nach der Ausschöpfung aller anderen Mittel zur Feststellung der Identität des wirtschaftlich Berechtigten greifen.[316] Entsprechend setzt Art. 3 Ziffer 6 lit. a) ii) Vierte EU-Geldwäscherichtlinie nach dem Wortlaut die Ausschöpfung aller Möglichkeiten voraus. Verlangt wird folglich eine erschöpfende, sorgfältige und dokumentierte Analyse der Beteiligungsstrukturen.[317]

Des Weiteren dürfen gemäß § 3 Abs. 2 S. 5 GwG keine Tatsachen nach § 43 Abs. 1 GwG vorliegen. § 43 Abs. 1 GwG normiert die Verdachtsgründe, welche die Pflicht zu einer Meldung an die Zentralstelle für Finanztransaktionsuntersuchungen auslösen.[318] Im Rahmen der Ermittlung der eigenen wirtschaftlich Berechtigten könnte § 43 Abs. 1 Nr. 1 GwG bei Gründung oder Übertragung von Kapitaleinteilen in der Gestalt Relevanz entfalten, wenn Anhaltspunkte dafür vorliegen, dass die von dem Gesellschafter erbrachte Kapital- oder Sacheinlage

---

311 *Fisch,* NZG 2017, 408 (409).

312 Zu möglichen Folgen einer Einordnung als wirtschaftlich Berechtigter siehe Kapitel 2 A. IV. und Kapitel 2 G. II. 1. c.

313 Zentes/Glaab/*Kaetzler*, GwG, § 3 Rn. 67.

314 Zentes/Glaab/*Kaetzler*, GwG, § 3 Rn. 67.

315 https://www.duden.de/rechtschreibung/umfassend zuletzt abgerufen am 19.08.2021.

316 Erwägungsgrund (13) 2015/984/EU.

317 Vgl. Anwendungs- und Auslegungshinweise gemäß § 51 Abs. 8 GwG, Stand Oktober 2021, Ziffer 5.2.2.2, S. 45 ff.; Zentes/Glaab/*Kaetzler*, GwG § 3 Rn. 68, 70.

318 Zentes/Glaab/*Greite*, GwG, § 43 Rn. 45 ff.; BeckOK GwG/*Pelz*, GwG, § 43 Rn. 4.

aus einer strafbaren Handlung stammt, die eine Vortat der Geldwäsche darstellen könnte. Dies gilt auch für § 43 Abs. 1 Nr. 3 GwG in entsprechender Anwendung, sofern Anhaltspunkte dafür bestehen, dass ein Gesellschafter die Kapitalanteile aufgrund von Treuhandabreden oder ähnlichem für einen anderen „wahren“ wirtschaftlich Berechtigten hält oder dessen Stimmrechte von einem anderen „wahren“ wirtschaftlich Berechtigten kontrolliert werden.

II. Rechtsfolge und Missbrauchsgefahr

Bei Vorliegen der Voraussetzungen des § 3 Abs. 2 S. 5 GwG wird in der Folge der gesetzliche Vertreter, geschäftsführende Gesellschafter oder Partner als wirtschaftlich Berechtigter fingiert.[319] Entsprechend der gewählten gesellschaftsrechtlichen Vertretungsregelungen ist es möglich, dass mehrere fiktive wirtschaftlich Berechtigte fingiert werden.[320] Nach herrschender Meinung war der im Wortlaut der Norm verwendete Singular ein redaktionelles Versehen und aus der Gesetzesbegründung, welche hingegen den Plural aufgreift, ergebe sich eindeutig die Anerkennung mehrerer fiktiver wirtschaftlich Berechtigter nach § 3 Abs. 2 S. 5 GwG.[321] Der fiktive wirtschaftlich Berechtigte gemäß § 3 Abs. 2 S. 5 GwG ist eine eigenständige Rechtsfigur und keine echte wirtschaftliche Berechtigung.[322]

Die Regelung des § 3 Abs. 2 S. 5 GwG eröffnet die Gefahr einer Flucht in die Fiktion.[323] Dem kann zum einen eine Pflicht zur Dokumentation der Ermittlungsbemühungen entgegenwirken.[324] Darüber hinaus sieht die Fünfte EU-Geldwäscherichtlinie nun vor, dass ein entsprechender Hinweis auf die Anwendung der Fiktion des § 3 Abs. 2 S. 5 GwG dem Eintrag im Transparenzregister zu entnehmen ist.[325] Dies wurde von dem deutschen Gesetzgeber in § 19 Abs. 3 Nr. 1 lit. c) GwG umgesetzt. Auch die Streichung der „Zweifelsfälle“ aus dem Anwendungsbereich des § 3 Abs. 2 S. 5 GwG erschwert die Flucht in die Fiktion.

---

319 Herzog/*Figura*, GwG, § 3 Rn. 14.

320 Zentes/Glaab/*Kaetzler*, GwG, § 3 Rn. 66; BeckOK GwG/*Frey*, GwG, § 3 Rn. 66.

321 BT-Drucks. 18/11555, S. 109; BeckOK GwG/*Frey*, GwG, § 3 Rn. 60.

322 Herzog/*Figura*, GwG, § 3 Rn. 14; Anwendungs- und Auslegungshinweise gemäß § 51 Abs. 8 GwG, Stand Oktober 2021, Ziffer 5.2.2.2, S. 51; BeckOK GwG/*Frey*, GwG, § 3 Rn. 56.

323 *Fisch*, NZG 2017, 408 (409).

324 Zu den Anforderungen an die Transparenzpflichten siehe Kapitel 2.

325 Erwägungsgrund (34) 2018/843/EU; BeckOK GwG/*Korte*, GwG, § 19 Rn. 24.

G. Widerlegbarkeit

Wie zu Beginn der Ausführungen dieses Kapitels dargestellt, konkretisiert § 3 Abs. 2 GwG im Hinblick auf juristische Personen, in welchen Fällen die Voraussetzungen der Tatbestände des § 3 Abs. 1 S. 1 GwG regelmäßig als erfüllt anzusehen sind. In der Literatur wird größtenteils ohne nähere Beleuchtung von einer unwiderlegbaren Vermutung von Kontrolle bei Überschreiten der Schwellenwerte nach § 3 Abs. 2 S. 1 Nr. 1 und Nr. 2 GwG gesprochen.[326] Ebenso wird auf der Ebene der mittelbaren Kontrolle über den Verweis des § 3 Abs. 2 S. 4 HGB bei Vorliegen eines der Tatbestände des § 290 Abs. 2 HGB ein beherrschender Einfluss unwiderlegbar vermutet.[327]

In der Konsequenz einer derartigen formaljuristischen Betrachtungsweise werden jedoch natürliche Personen als wirtschaftlich Berechtigte identifiziert, die trotz Überschreiten der Schwellenwerte keinen maßgeblichen Einfluss ausüben können.[328] Nach der herausgearbeiteten abstrakten Definition erfordert die Annahme einer wirtschaftlichen Berechtigung gerade, dass eine natürliche Person maßgeblichen mittelbaren oder unmittelbaren Einfluss ausüben und dadurch rechtliche oder wirtschaftliche Interessen im Hinblick auf die Verwendung des Vermögens realisieren kann, ohne hierüber einem anderen Rechenschaft schuldig zu sein.[329] Die üblichen Fälle „falsch identifizierter" wirtschaftlich Berechtigter lassen sich in zwei Gruppen kategorisieren:

I. Wirkungslose Kontrolle

Zum einen gibt es Fälle in der Praxis, in denen die Einflussmöglichkeit der natürlichen Person faktisch wirkungslos bleibt.

Beispielsweise sind an einer GmbH ein Gesellschafter (GS 1) mit einer Kapitalanteilsquote in Höhe von 26 % und ein Gesellschafter (GS 2) mit einer

---

326 *Assmann/Hütten*, AG 2017, 449 (455); *Rieg*, BB 2017, 2310 (2315); Herzog/*Figura*, GwG, § 3 Rn. 8; *Hütten/Assmann*, AG 2020, 849 (856); *Koehler*, ZIP 2020, 1399 (1400); Zentes/Glaab/*Kaetzler*, GwG, § 3 Rn. 42; *Sonnenberg/Komma/Rempp*, CCZ 2021, 18 (20); BeckOK GwG/*Frey*, GwG, § 3 Rn. 52.

327 *Assmann/Hütten*, AG 2017, 449 (455); *Hütten/Assmann*, AG 2020, 849 (860); Zentes/Glaab/*Kaetzler*, GwG, § 3 Rn. 47; kritisch *John*, NZG 2021, 323 (328); *Sonnenberg/Komma/Rempp*, CCZ 2021, 18 (22).

328 Kritik an der formaljuristischen Betrachtung üben *Assmann/Hütten*, AG 2017, 449 (455); *Fisch*, NZG 2017, 408 (409); kritisch im Hinblick auf § 290 Abs. 2 bis Abs. 4 HGB auch *Koehler*, ZIP 2020, 1399 (1402) und *John*, NZG 2021, 323 (328).

329 Siehe Kapitel 1 B.

Kapitalanteilsquote in Höhe von 74 % beteiligt. Beide Gesellschafter sind gemäß § 3 Abs. 2 S. 1 Nr. 1 GwG wirtschaftlich Berechtigte. Sofern in der Satzung eine Entscheidungsfindung in der Gesellschafterversammlung nach den Grundsätzen des § 47 GmbHG vorgesehen ist, erscheint es nahezu ausgeschlossen, dass GS 1 die Entscheidungsfindung tatsächlich beeinflussen oder gar steuern kann (Gleiches lässt sich auf ein Szenario mit entsprechender Stimmrechtsverteilung übertragen).

Die Problematik faktisch wirkungsloser Kontrolle tritt in der Praxis auch bei originär stimmrechtslosen Kapitalanteilen auf.[330] Stimmrechtlose Kapitalanteile sind in der Praxis gerade ein geeignetes Instrumentarium, um (beispielsweise aus steuerrechtlichen Gründen) eine Beteiligung ohne unternehmerische Einflussnahme zu ermöglichen.[331] Überschreitet die Kapitalanteilsquote den Schwellenwert von 25 %, ist die natürliche Person gemäß § 3 Abs. 2 S. 1 Nr. 1 GwG als wirtschaftlich Berechtigte zu identifizieren, obwohl das Instrument für die Ausübung der erforderlichen Einflussnahme fehlt.

II. Kontrolle über Einflussnahme

In der zweiten problematischen Fallgruppe verfügt die natürliche Person zwar grundsätzlich über das erforderliche Maß an Einflussnahme, dieser Einfluss kann jedoch nicht rechenschafts- und weisungsfrei ausgeübt werden, so dass Kontrolle im geldwäscherechtlichen Sinn tatsächlich nicht vorliegt.

Dies betrifft beispielsweise kapitalhaltende Treuhänder, Hauptbeteiligte bei Unterbeteiligung am Kapitalanteil oder den Anteilsinhaber bei Nießbrauch am Kapitalanteil, sofern die jeweilig betroffenen Kapitalanteile den Schwellenwert von 25 % gemäß § 3 Abs. 2 S. 1 Nr. 1 GwG überschreiten. Die, den Kapitalanteil haltende natürliche Person wäre weiterhin nach § 3 Abs. 2 S. 1 Nr. 1 GwG als wirtschaftlich Berechtigte zu qualifizieren, obwohl sie ihre aus der Kapitalbeteiligung resultierende Möglichkeit der Einflussnahme entsprechend der Treuhand-/Nießbrauchabrede oder den Regelungen des Gesellschaftsvertrags der Unterbeteiligungsgesellschaft bürgerlichen Rechts im Interesse und nach den Weisungen eines Dritten auszuüben hat.[332] Ein entsprechendes Szenario kann auch erreicht werden, wenn eine natürliche Person, die mehr als 25 % der

---

330 Siehe oben in Kapitel 1 C. I.

331 Noack/Servatius/Haas/*Noack*, GmbHG, § 47 Rn. 69.

332 Zu den Anforderungen an Treuhandabreden siehe Kapitel 1 C. III., sowie Kapitel 1 C. VI. für die Anforderungen an Nießbrauchabreden und Kapitel 1 C. V. für die Regelungen des Gesellschaftsvertrags der Unterbeteiligungsgesellschaft.

Kapitalanteile hält, an einem Stimmpool teilnimmt, den eine andere natürliche Person beherrscht, oder sich einer Stimmrechtsvereinbarung mit einem Dritten unterwirft.[333]

Anders als in den Fällen wirkungsloser Kontrolle, sind diese Fälle das Resultat einer freiwilligen Aufgabe der Kontrollmöglichkeit. Die natürliche Person hat auf der Grundlage der vertraglichen Vereinbarung die eigene Einflussmöglichkeit freiwillig der Rechenschaft eines Dritten unterstellt.

III. Plädoyer gegen die Annahme einer unwiderleglichen Vermutung im Rahmen des § 3 Abs. 2 S. 1 GwG

Vorliegend wird die Annahme einer unwiderleglichen Vermutung im Rahmen des § 3 Abs. 2 S. 1 GwG ausdrücklich abgelehnt und für die Widerlegbarkeit der gesetzlichen Vermutung des § 3 Abs. 2 S. 1 GwG plädiert.

Aus dem Wortlaut des § 3 Abs. 2 S. 1 GwG lassen sich bezüglich der Frage nach der Widerlegbarkeit noch keine eindeutigen Erkenntnisse ableiten. Der § 3 Abs. 2 S. 1 GwG normiert, dass die natürlichen Personen, auf welche die genannten Merkmale zutreffen, zu den wirtschaftlich Berechtigten „zählen".[334] Das Verb „zuzählen" zielt auf eine etwas unscharfe entsprechende Einschätzung.[335] Vor dem Hintergrund der Regelung des § 292 S. 1 ZPO und im Sinne der Einheit der Rechtsordnung sind an den Wortlaut einer normierten unwiderlegbaren Vermutung höhere Anforderungen zu stellen.[336] Die Frage nach der Widerlegbarkeit wird auch im Rahmen des § 290 Abs. 2 HGB diskutiert, wobei die herrschende Meinung zu dem Ergebnis gelangt, dass § 290 Abs. 2 HGB eine unwiderlegliche Vermutung normiert.[337] Der Wortlaut des § 290 Abs. 2 HGB im Vergleich spricht entsprechend eindeutiger von Konstellationen, bei denen „stets" ein beherrschender Einfluss „besteht".[338] § 17 Abs. 2 AktG besagt

---

333 Siehe Kapitel 1 D. bezüglich der Einflussnahme mittels Stimmbindungsvereinbarungen.

334 BeckOK GwG/*Frey*, GwG, § 3 Rn. 52.

335 https://www.duden.de/rechtschreibung/zuzaehlen zuletzt abgerufen am 13. August 2021.

336 BeckOK ZPO/*Bacher*, ZPO, § 292 Rn. 4.

337 *Assmann/Hütten*, AG 2017, 449 (455); Koller/Kindler/Roth/Drüen/*Morck/Bach*, HGB, § 290 Rn. 3; *Koehler*, ZIP 2020, 1399 (1402); Zentes/Glaab/*Kaetzler*, GwG, § 3 Rn. 50; *John*, NZG 2021, 323 (328); BeckOK HGB/*Jakob*, HGB, § 290 Rn. 8; Hopt/*Merkt*, HGB, § 290 Rn. 9 f.

338 Koller/Kindler/Roth/Drüen/*Morck/Bach*, HGB, § 290 Rn. 3; *Koehler*, ZIP 2020, 1399 (1402); Hopt/*Merkt*, HGB, § 290 Rn. 9 f.

ausdrücklich, dass eine Abhängigkeit des in Mehrheitsbesitz stehenden Unternehmens von dem an ihm mit Mehrheit beteiligten Unternehmen vermutet wird.[339] Unstreitig handelt es sich bei dieser Vermutung des § 17 Abs. 2 AktG um eine widerlegliche Vermutung.[340]

Die in den Erwägungsgründen zu der Vierten EU-Geldwäscherichtlinie niedergeschriebene Intention des europäischen Normgebers spricht für eine Widerlegbarkeit der Vermutung einer wirtschaftlichen Berechtigung bei Vorliegen der Regelbeispiele des § 3 Abs. 2 S. 1 GwG. Der europäische Normgeber präzisiert in Erwägungsgrund (12) der Vierten EU-Geldwäscherichtlinie ausdrücklich: „Auch wenn die Ermittlung eines prozentualen Aktienanteils oder einer bestimmten Beteiligung nicht automatisch dazu führt, dass der wirtschaftliche Eigentümer gefunden wird, sollte dies doch einen der zu berücksichtigenden Beweisfaktoren darstellen."[341] Der von den einzelnen Ländern jeweils zu bestimmende Schwellenwert wird in der Vierten EU-Geldwäscherichtlinie (nur) als Hinweis und Indiz bezeichnet.[342]

Ein Wille des deutschen Gesetzgebers mit der Regelung des § 3 Abs. 2 S. 1 GwG eine unwiderlegliche Vermutung zu normieren, ist ebenfalls nicht zu erkennen. Die Einführung der 25 % Schwellenwerte im Rahmen der Identifizierung des wirtschaftlich Berechtigten erfolgte mit dem Gesetz zur Ergänzung der Bekämpfung der Geldwäsche und der Terrorismusfinanzierung (Geldwäschebekämpfungsergänzungsgesetz) vom 13. August 2008.[343] Der deutsche Gesetzgeber qualifizierte diese Regelung des § 1 Abs. 6 S. 2 GwG a. F. 2008 entsprechend der unionsrechtlichen Vorgaben ausdrücklich als lediglich beispielhafte Aufzählung.[344] Darüber hinaus mahnte der deutsche Gesetzgeber dazu an, bei der Identifizierung des wirtschaftlich Berechtigten unabhängig von dem Schwellenwert der 25 % eine eigene Risikoeinschätzung vorzunehmen.[345] Diese versteht sich, aufgrund einer fehlenden entsprechenden Einschränkung, als Unabhängigkeit sowohl von einem Unterschreiten als auch von einem Überschreiten des Schwellenwertes.

---

339 MüKoAktG/*Bayer*, AktG, § 17 Rn. 85; Emmerich/Habersack/*Emmerich*, AktG, § 17 Rn. 33; Koch/*Koch*, AktG, § 17 Rn. 17.

340 MüKoAktG/*Bayer*, AktG, § 17 Rn. 86; Emmerich/Habersack/*Emmerich*, AktG, § 17 Rn. 36 f.; Koch/*Koch*, AktG, § 17 Rn. 19.

341 Erwägungsgrund (12) Richtlinie 2015/849/EU.

342 Erwägungsgrund (12) Richtlinie 2015/849/EU.

343 BT-Drucks. 16/90338, S. 30.

344 BT-Drucks. 16/90338, S. 30.

345 BT-Drucks. 16/90338, S. 30; Herzog/*Figura*, GwG, § 3 Rn. 3.

Dem Sinn und Zweck des Transparenzregisters und des § 3 GwG würde die Unwiderlegbarkeit der in § 3 Abs. 2 S. 1 GwG normierten Vermutung zuwiderlaufen. Der Sinn und Zweck des Transparenzregisters ist unter anderem die Herstellung von Transparenz durch das Erfassen des wahren wirtschaftlich Berechtigten, dessen Bestimmung die Zuordnung von Vermögenswerten zu einer bestimmten Person ermöglichen soll.[346] Im Rahmen des § 3 Abs. 2 GwG soll der wahre wirtschaftlich Berechtigte identifiziert werden. Das ist die Person, unter deren Kontrolle die juristische Person letztlich steht, denn Geldwäscher nutzten gerade komplexe Beteiligungs-, Kontroll- oder Vertragsstrukturen um das eigene wirtschaftliche Interesse zu verschleiern.[347] Vor allem in den genannten problematischen Konstellationen fördert die Annahme einer unwiderlegbaren Vermutung die Möglichkeit eines „wahren" wirtschaftlich Berechtigten sich hinter den formalen wirtschaftlich Berechtigten zu verstecken oder in der Vielzahl von wahren und rein formalen wirtschaftlich Berechtigten unterzutauchen.

Auch die Funktion gesetzlicher Vermutungen spricht für die Widerlegbarkeit der Vermutung bei Vorliegen der Regelbeispiele des § 3 Abs. 2 S. 1 GwG. Der Sinn und Zweck einer gesetzlichen Vermutung ist grundsätzlich eine Beweislaständerung.[348] Von einer tatbestandsfremden Tatsache wird auf das Vorliegen eines gesetzlichen Tatbestandsmerkmals oder auf einen Rechtszustand geschlossen.[349] Die beweisbelastete Partei muss nur die Ausgangstatsache behaupten und beweisen.[350] Bei einer unwiderlegbaren Vermutung ist der Gegenbeweis jedoch ausgeschlossen.[351] Im Hinblick auf das Ziel des § 3 GwG, den wirklichen wirtschaftlich Berechtigten zu identifizieren, ist die Annahme der Widerlegbarkeit zweckdienlicher. Im Streitfall kann der, beispielsweise nach § 3 Abs. 2 S. 1 Nr. 1 GwG vermeintlich wirtschaftlich Berechtigte darlegen

---

346 BT-Drucks. 18/11555, S. 89; Herzog/*Figura*, GwG, § 18 Rn. 1; BeckOK GwG/*Frey*, GwG, § 3 Rn. 2.

347 BT-Drucks. 16/90338, S. 30; BT-Drucks. 18/11555, S. 125; Herzog/*Figura*, GwG, § 3 Rn. 1; Zentes/Glaab/*Kaetzler*, GwG, § 3 Rn. 2.

348 MüKoZPO/*Prütting*, ZPO, § 292 Rn. 1 f.; BeckOK ZPO/*Bacher*, ZPO, § 292 Rn. 9; Rolfes in https://community.beck.de/2018/02/14/fiktion-oder-unwiderlegliche-vermutung, zuletzt aufgerufen am 01.06.2022.

349 MüKoZPO/*Prütting*, ZPO, § 292 Rn. 1; BeckOK ZPO/*Bacher*, ZPO, § 292 Rn. 2; Musielak/Voit/*Huber*, ZPO, § 292 Rn. 2.

350 MüKoZPO/*Prütting*, ZPO, § 292 Rn. 22; BeckOK ZPO/*Bacher*, ZPO, § 292 Rn. 9; Musielak/Voit/*Huber*, ZPO, § 292 Rn. 4 f.

351 MüKoZPO/*Prütting*, ZPO, § 292 Rn. 4.

und beweisen, dass er tatsächlich keine geldwäscherechtliche Kontrolle ausübt oder aus anderen Gründen kein wirtschaftlich Berechtigter ist. Dies würde die Identifizierung des „wahren" wirtschaftlich Berechtigten fördern.

Die Annahme einer unwiderlegbaren Vermutung bei Vorliegen der Regelbeispiele ist im Hinblick auf den bürokratischen Aufwand und die vereinfachte Lesbarkeit von Vorteil, wobei Letztere vor dem Hintergrund des Wegfalls der Mitteilungsfiktion gemäß § 20 Abs. 2 GwG a. F. relativiert wird.[352]

Im Rahmen einer formaljuristischen Betrachtungsweise kann für eine unwiderlegbare Vermutung der wirtschaftlichen Berechtigung angeführt werden, dass es auf die tatsächliche Kontrollausübung für die Annahme geldwäscherechtlicher Kontrolle gerade nicht ankomme.[353] Dem Kapitalanteilsinhaber hat diese maßgebliche Möglichkeit der Einflussnahme originär zur Verfügung gestanden. Er hat sich frei dafür entschieden, seine Möglichkeit der Einflussnahme im Sinne einer Übertragung der Ausübung seiner Stimmrechte einmalig zu nutzen. Die Einflusslosigkeit folgt erst aus einer freien Handlungsentscheidung des ursprünglich einflussreichen Kapitalinhabers. Der Gesellschafter, der mit mehr als 25 % der Kapitalanteile an der Gesellschaft beteiligt ist, soll sich auch nicht dadurch seiner Stellung als wirtschaftlich Berechtigter entziehen können, dass er auf dem Papier als ein stimmrechts- und somit einflussloser Gesellschafter auftritt. Dies würde die Tür für neue „Stimmrechtsstrohmannkonstellation" eröffnen.

Dieses Argument übersieht, dass eine wirtschaftliche Berechtigung im Sinne von § 3 Abs. 1 S. 1 Nr. 1 Var. 2, Abs. 2 S. 1 Nr. 1 bis Nr. 3 GwG eine dauerhafte, planmäßige Möglichkeit der Einflussnahme voraussetzt. Die wirtschaftliche Berechtigung soll nicht erst dann entstehen, wenn diese sich durch die Einflussnahme im konkreten Entscheidungsprozess manifestiert. Die Maßgeblichkeit der Einflussnahme ist eben auch der jederzeitigen Möglichkeit der freien Ausübung immanent. Insbesondere in den Fällen der Kontrolle eines Dritten über die Einflussnahme des Kapitalanteilsinhabers oder Stimmberechtigten kann dieser nicht mehr (rechenschafts-) frei über das „ob" und „wie" seiner Einflussnahme entscheiden. Auch das Argument der „Stimmrechtsstrohmannkonstellationen" vermag die Forderung nach einer Widerlegbarkeit der gesetzlichen

352 Zur Mitteilungsfiktion siehe Kapitel 2 E.

353 *Koehler*, ZIP 2020, 1399 (1402) betrachtet die formaljuristische Sichtweise nur im Rahmen mehrstufiger Beteiligungen und des Verweises auf § 290 HGB kritisch und lehnt diese für den Kontrollbegriff des GwG im Ergebnis ab, ohne diese Erkenntnis auf die primäre Ebene der Regelbeispiele des § 3 Abs. 2 S. 1 GwG zu erstrecken.

Vermutung des § 3 Abs. 2 S. 1 GwG nicht zu entkräften. Anzuerkennen ist, dass die Gefahr von Stimmrechtsstrohmannkonstellationen besteht, jedoch werden diese durch eine Unwiderlegbarkeit der gesetzlichen Vermutung des § 3 Abs. 2 S. 1 GwG nicht verringert oder gar verhindert.

Wiederum könnte die Möglichkeit zur Widerlegung der Vermutung der wirtschaftlichen Berechtigung als Anreiz zur Offenlegung von Sonderkontrollkonstellationen dienen, wie beispielweise im Fall von Treuhandverhältnissen, Nießbrauch, Unterbeteiligung und Stimmbindungsvereinbarungen, für deren Existenz sich sonst schwerlich Anhaltspunkte finden lassen. Der formale wirtschaftlich Berechtigte kann durch die Offenlegung der eigenen Einordnung als wirtschaftlich Berechtigter und deren (haftungsrechtlichen) Folgen entgehen.[354] Zudem könnte die Möglichkeit zur Widerlegung der Vermutung der wirtschaftlichen Berechtigung die Qualität der transparenzregisterrechtlichen Eintragungen steigern. Dies wäre im Hinblick auf die Entwicklung zum Volldatenregister durch das Transparenzregister- und Finanzinformationsgesetz vom 25. Juni 2021 und vor dem Hintergrund, dass das Transparenzregister keinen öffentlichen Glauben genießt[355] und vor der Eintragung keine registerrechtliche Überprüfung auf Richtigkeit und Vollständigkeit erfolgt, vgl. § 18 Abs. 4 S. 3 GwG[356], förderlich für die Zielvorstellung des Transparenzregisters.

Gemäß § 3 Abs. 1 S. 2 GwG sind die in § 3 Abs. 2 GwG normierten Regelbeispiele nicht abschließend.[357] Kontrolle setzt folglich nicht zwingend voraus, dass die natürliche Person mehr als 25 % der Kapitalanteile hält oder entsprechende Stimmrechte kontrolliert.[358] Es wird anerkannt, dass geldwäscherechtliche Kontrolle und in der Folge die Annahme einer wirtschaftlichen Berechtigung auch unterhalb dieser Schwelle, beispielsweise bei Streubesitz, möglich ist.[359] Es sind keine Gründe ersichtlich, warum im Umkehrschluss nicht auch bei

---

354 Zu den Folgen einer Qualifikation als wirtschaftlich Berechtigter siehe Kapitel 2 A. IV. 1 und Kapitel 2 G. II. c.

355 BT-Drucks. 18/11555, S. 125; Erbs/Kohlhaas/*Häberle*, GwG, § 18 Rn. 2; Detailliert hierzu Kapitel 3 A.

356 BT-Drucks. 18/11555, S. 126; *Friese/Brehm*, GWR 2017, 271 (273); Im Einzelnen hierzu Kapitel 3 A.

357 Herzog/*Figura*, GwG, § 3 Rn. 10; BeckOK GwG/*Frey*, 10. Ed. 01.06.2022, GwG, § 3 Rn. 7.

358 Zentes/Glaab/*Kaetzler*, GwG, § 3 Rn. 58; BeckOK GwG/*Frey*, 10. Ed. 01.06.2022, GwG, § 3 Rn. 54.

359 BeckOK GwG/*Frey*, GwG, § 3 Rn. 54; Zentes/Glaab/*Kaetzler*, 2. Auflage 2020, GwG, § 3 Rn. 58.

Überschreiten des Schwellenwertes eine wirtschaftlich Berechtigung aus faktischen Gründen, bei wirkungsloser Kontrolle oder einer kontrollierten Einflussnahme, verneint werden könnte.

Die Annahme einer Widerlegbarkeit der gesetzlichen Vermutung des § 3 Abs. 2 S. 1 GwG harmoniert mit der Befürwortung der strengen Beherrschungstheorie im Rahmen der Ermittlung des wirtschaftlich Berechtigten eines Stimmpools.

Die Novellierung des § 3 Abs. 2 S. 5 GwG verdeutlicht das Bestreben nach der Feststellung des wahren wirtschaftlich Berechtigten und bestärkt die Forderung nach der Widerlegbarkeit der Vermutung einer wirtschaftlichen Berechtigung. Die ursprüngliche Formulierung des § 3 Abs. 2 S. 5 GwG normierte das Greifen der Fiktion „für den Fall, dass Zweifel daran bestehen, dass die ermittelte natürliche Person tatsächlich wirtschaftlich Berechtigter ist.“[360] Hieran ist deutlich erkennbar, dass der Gesetzgeber die Existenz unklarer Zweifelsfälle erkannt hat. Die Streichung der Zweifelsfall-Regelung erfolgte durch das Gesetz zur Umsetzung der Änderungsrichtlinie der Vierten EU-Geldwäscherichtlinie vom 12. Dezember 2019 mit der Begründung, dass die Fiktion nur für den Fall greifen soll, in denen tatsächlich kein wirtschaftlich Berechtigter vorhanden oder bekannt ist.[361] In Zweifelsfällen wird durch die Novellierung nun die Flucht in die Fiktion verhindert und die Ermittlung des wahren wirtschaftlich Berechtigten forciert.

H. Zwischenergebnis

I. Geldwäscherechtliche Kontrolle ist anzunehmen, wenn eine rechenschaftsfreie, planmäßige Einflussnahme möglich ist. Eine derartige Teil-Kontrolle ist dabei ausreichend. Sogenannte Verhinderungsrechte können nur dann eine Kontrolle im geldwäscherechtlichen Sinne vermitteln, wenn sie in Kombination mit weiteren kontrollvermittelnden Umständen eine andauernde grundlegende Beeinflussung der Geschäfts- und Finanzpolitik ermöglichen. Geldwäscherechtliche Kontrolle kann durch gesellschaftsrechtliche Mitgliedschaft, schuldrechtliche Vereinbarungen und aufgrund faktischer Kontrollmöglichkeiten vermittelt werden. Auf die tatsächliche Ausübung der Kontrolle kommt es nicht an,

360 BT-Drucks. 18/11555, S. 109.

361 BT-Drucks. 19/13827, S. 73; Herzog/*Figura*, GwG, § 3 Rn. 14.

denn die Möglichkeit einer entsprechenden Einflussnahme reicht für die Annahme von Kontrolle im geldwäscherechtlichen Sinne aus.

II. Eine wirtschaftliche Berechtigung ist anzunehmen, wenn eine natürliche Person maßgeblichen mittelbaren oder unmittelbaren Einfluss ausüben und dadurch rechtliche oder wirtschaftliche Interessen im Hinblick auf die Verwendung des Vermögens realisieren kann, ohne hierüber einem anderen Rechenschaft schuldig zu sein.

III. Werden nach § 3 Abs. 2 S. 1 Nr. 1 GwG entsprechende Kapitalanteile über ein Beteiligungsvehikel mittelbar gehalten, kommt es auf das Vorliegen eines beherrschenden Einflusses durch die natürliche Person an. Dieser setzt im Vergleich mit der unmittelbaren Kapitalanteilsinhaberschaft, eine Einflussnahme in gesteigertem Maß und eine Art geldwäscherechtlicher Kontrolle voraus. Mittelbares Halten von mehr als 25 % der Kapitalanteile kann bei entsprechender Ausgestaltung auch über Treuhandverträge, stille Beteiligungen, Unterbeteiligungen und die Bestellung von Nießbrauch erreicht werden.

IV. Gemäß § 3 Abs. 2 S. 1 Nr. 2 GwG ist die natürliche Person wirtschaftlich Berechtigte, die unmittelbar oder mittelbar mehr als 25 % der Stimmrechte kontrolliert. Im Sinne der erfolgten Definition geldwäscherechtlicher Kontrolle erfordert dies die planmäßige, rechenschaftsfreie, maßgebliche Einflussnahme auf die konkrete Art der Ausübung der Stimmrechte. Gebräuchliches Instrument für die mittelbare Kontrolle entsprechender Stimmrechte sind Stimmbindungsvereinbarungen, sowohl mit Dritten als auch mit anderen Gesellschaftern, sogenannte Poolvereinbarungen. Entsprechend der strengen Beherrschungstheorie ist wirtschaftlich Berechtigter das Poolmitglied, welches den Stimmpool beherrscht und mittels des Stimmpools mehr als 25 % der Stimmrechte kontrolliert. Existiert hingegen kein den Stimmpool beherrschendes Poolmitglied, so ist auch keines der Mitglieder als wirtschaftlich Berechtigter einzustufen. Eine wechselseitige Zurechnung der Stimmrechte der Poolmitglieder ist abzulehnen.

V. Die Annahme von Kontrollausübung auf vergleichbare Weise gemäß § 3 Abs. 2 S. 1 Nr. 3 GwG setzt eine qualitative und/oder quantitative Vergleichbarkeit der Kontrolle mit der Anteilsinhaberschaft von mehr als 25 % der Kapitalanteile gemäß § 3 Abs. 2 S. 1 Nr. 1 GwG oder dem Kontrollieren von mehr als 25 % der Stimmrechte nach § 3 Abs. 2 S. 1 Nr. 2 GwG voraus. Die Vergleichbarkeit ist dann gegeben, wenn die Gesamtschau der kontrollvermittelnden Umstände eine rechenschaftsfreie, planmäßige, wesentliche Einflussnahme und in der Konsequenz die

Realisierung rechtlicher oder wirtschaftlicher Interessen im Hinblick auf die Verwendung des Vermögens der Vereinigung ermöglicht. Die Ausübung von Kontrolle auf vergleichbare Weise gemäß § 3 Abs. 2 S. 1 Nr. 3 GwG ist eine wirtschaftliche Berechtigung begründende Qualifikation geldwäscherechtlicher Kontrolle. Die Kontrollausübung auf sonstige Weise im Sinne des § 19 Abs. 3 Nr. 1 lit. b) GwG bezieht sich hingegen auf die Typisierung kontrollbegründender Umstände, ohne dass es darauf ankommt, ob die Maßgeblichkeitsschwelle einer wirtschaftlichen Berechtigung erreicht wird.

VI. Die Anwendbarkeit des § 3 Abs. 2 S. 5 GwG setzt neben dem Fehlen von Verdachtsmomenten nach § 43 Abs. 1 GwG auch eine erschöpfende, sorgfältige und dokumentierte Analyse der Beteiligungsstrukturen voraus, deren Resultat die Erfolglosigkeit der Ermittlung eines wirtschaftlich Berechtigten ist. Der fiktive wirtschaftlich Berechtigte ist eine eigenständige Rechtsfigur, die als solche gemäß § 19 Abs. 3 Nr. 1 lit. c) GwG im Transparenzregister zu kennzeichnen ist und wie ein echter wirtschaftlich Berechtigter behandelt wird.

VII. Im Hinblick auf den Sinn und Zweck des § 3 GwG und des Transparenzregisters nach §§ 18 ff. GwG wird für eine Widerlegbarkeit der Vermutung einer wirtschaftlichen Berechtigung bei Vorliegen der Regelbeispiele des § 3 Abs. 2 S. 1 GwG plädiert. Nur so kann in Fällen faktisch wirkungsloser Kontrolle und von Dritten kontrollierter Einflussnahme der wahre wirtschaftlich Berechtigte ermittelt werden.

Kapitel 2: Die Transparenzpflichten der nach § 20 Abs. 1 GwG verpflichteten GmbH

Die Transparenzpflichten sind im vierten Abschnitt des Geldwäschegesetzes geregelt.[362] §§ 20, 21 GwG dienen der Informationsbeschaffung für das Transparenzregister.[363] Mit Blick auf die GmbH ist § 20 GwG die zentrale Norm.[364] Mittels der Ausgestaltung der Transparenzpflichten wird der Erfüllungsaufwand der Informationsbeschaffung zu Lasten der Verpflichteten verteilt.[365] Die registerführende Stelle soll die benötigten Informationen gerade nicht selbst aktiv beschaffen müssen.[366] Eine Entlastung sollte ursprünglich über die Mitteilungsfiktion erfolgen.[367] Diese wurde im Rahmen der Umgestaltung des Transparenzregisters von einem Auffangregister zu einem Vollregister durch das Transparenzregister- und Informationsgesetz gestrichen.[368]

Die Transparenzpflichten treffen vordringlich bestimmte Vereinigungen.[369] § 20 Abs. 1 GwG verpflichtet nach seinem Wortlaut die juristischen Personen des Privatrechts sowie die eingetragenen Personengesellschaften selbst.[370] § 20 Abs. 1 S. 1 GwG normiert ausdrücklich vier Pflichten:[371] eine „Einholungspflicht" hinsichtlich der Angaben gemäß § 19 Abs. 1 GwG zu den wirtschaftlich Berechtigten der Vereinigung (Kapitel 2. A.), eine Aufbewahrungspflicht (Kapitel 2 B.), eine Mitteilungspflicht (Kapitel 2 C.), sowie die Aktualisierungspflicht (Kapitel 2 D.).

---

362 *Krais*, CCZ 2017, 266 (266).

363 BT-Drucks. 18/11555, S. 127; BeckOK GwG/*Korte*, GwG, § 20 Rn. 1; BeckOK GwG/*Korte*, GwG, § 21 Rn. 1.

364 *Krais*, CCZ 2017, 266 (266); *Longrée/Pesch*, NZG 2018, 1081 (1081); Herzog/*Figura*, GwG, § 20 Rn. 4; BeckOK GwG/*Korte*, GwG, § 20 Rn. 9.

365 Erwägungsgrund (14) Richtlinie 2015/849/EU; Art. 30 Abs. 1 Richtlinie 2015/849/EU; BT-Drucks. 19/28164, S. 30.

366 BeckOK GwG/*Korte*, GwG, § 20 Rn. 2.

367 BT-Drucks. 18/11555, S. 128; *Krais*, CCZ 2017, 98 (101); *Rieg*, BB 2017, 2310 (2312); BeckOK GwG/*Korte*, GwG, § 20 Rn. 2.

368 BT-Drucks. 19/28164, S. 29 f.; hierzu ausführlich Kapitel 2 E.

369 BT-Drucks. 18/11555, S. 127; *Krais*, CCZ 2017, 98 (98).

370 BT-Drucks. 18/11555, S. 127; BeckOK GwG/*Korte*, GwG, § 20 Rn. 6.

371 Zentes/Glaab/*v. Schweinitz/Pichler*, GwG, § 20 Rn. 38; BeckOK GwG/*Korte*, GwG, § 20 Rn. 15.

Im Zuge der Novellierung des § 20 GwG durch das Gesetz zur Umsetzung der Änderungsrichtlinie zur Vierten EU-Geldwäscherichtlinie vom 12. Dezember 2019 erfolgte eine Erweiterung der Verpflichtung nach § 20 Abs. 1 S. 1 GwG auf Vereinigungen mit Sitz im Ausland, sofern diese Eigentum an einer im Inland gelegenen Immobilie erwerben, § 20 Abs. 1 S. 2 GwG.[372]

Bei den Transparenzpflichten handelt es sich um Compliance-Pflichten.[373] Dies bedeutet die zuständigen Organe der verpflichteten Vereinigungen haben Mechanismen und Organisationstrukturen für die Erfüllung dieser Pflichten zu etablieren.[374] Darüber hinaus sind die zuständigen Organe dazu verpflichtet zumindest jährlich zu überprüfen, ob sich eine Änderung der wirtschaftlich Berechtigten ergeben hat.[375]

A. Einholungspflicht, § 20 Abs. 1 S. 1 GwG

Die verpflichteten Vereinigungen haben die Angaben nach § 19 Abs. 1 GwG zu ihren wirtschaftlich Berechtigten einzuholen, § 20 Abs. 1 S. 1 GwG.

I. Anforderungen an die Einholungspflicht

Zu klären ist, welche Anforderungen an die Tätigkeit des „Einholens“ gestellt werden.[376] Zum einen wird die Ansicht vertreten, es handele sich bei der ersten Pflicht des § 20 Abs. 1 S. 1 GwG um eine reine „Entgegennahme-Pflicht“.[377] Nach einer gegensätzlichen Ansicht begründe § 20 Abs. 1 S. 1 GwG hinsichtlich des Einholens von Informationen zu dem wirtschaftlich Berechtigten Verschaffungs- und Nachforschungspflichten.[378] Eine vermittelnde Ansicht sieht in

---

372 BT-Drucks. 19/28164, S. 48 f.; Herzog/*Figura*, GwG, § 20 Rn. 1.

373 BT-Drucks. 18/11555, S. 127; *Bochmann*, DB 2017, 1310 (1312); *Krais*, CCZ 2017, 98 (101); *Longrée/Pesch*, NZG 2017, 1081 (1082); *Rieg*, BB 2017, 2310 (2311); Herzog/*Figura*, GwG, § 20 Rn. 2; BeckOK GwG/*Korte*, GwG, § 20 Rn. 26 ff.

374 BT-Drucks. 18/11555, S. 127; *Bochmann*, DB 2017, 1310 (1312); *Krais*, CCZ 2017, 98 (101); *Rieg*, BB 2017, 2310 (2311); BeckOK GwG/*Korte*, GwG, § 20 Rn. 26 ff.

375 BT-Drucks. 18/11555, S. 127; Zentes/Glaab/*v. Schweinitz/Pichler*, GwG, § 20 Rn. 56; BeckOK/*Korte*, 11. Ed. 01.09.2022, GwG, § 20 Rn. 26.

376 *Assmann/Hütten*, AG 2017 449 (451); *Bochmann*, DB 2017 1310 (1313); *Frese*, ZEV 2017, 695 (696); *Friese/Brehm*, GWR 2017, 271 (274); *Kotzenberg/Lorenz*, NJW 2017, 2433 (2434); *Rieg*, BB 2017, 2310 (2311).

377 *Longrée/Pesch*, NZG 2017, 1081 (1083); *Zillmer*, DB 2017, 1931 (1932); Herzog/*Figura*, GwG, § 20 Rn. 2.

378 *Schaub*, DStR 2017, 1438 (1439); so im Ergebnis auch *Zillmer*, DB 2017, 1931 (1932).

der normierten Einholungspflicht zwar mehr als eine Informationsempfangspflicht, aber weniger als eine Nachforschungspflicht in der Gestalt, dass § 20 Abs. 1 S. 1 GwG im Rahmen des Einholens zu der Entgegenahme und Überprüfung hinsichtlich Relevanz und Vollständigkeit der übermittelten Informationen verpflichtet.[379]

Vorliegend soll keine der verschieden angeführten Ansichten vorbehaltlos unterstützt werden. Vielmehr deduziert diese Begutachtung eine Einholungspflicht im Sinne einer Abfragepflicht. Die nach § 20 Abs. 1 GwG verpflichtete Vereinigung hat die in § 19 Abs. 1 GwG aufgeführten Angaben bei den ihr bekannten Anteilseignern und wirtschaftlich Berechtigten abzufragen, die ihr übermittelten oder zur Kenntnis erlangten Informationen entgegenzunehmen und auf Vollständigkeit zu überprüfen. Eigene Ermittlungen oder Nachforschungen, beispielsweise mittels Einsichtnahme in das Transparenzregister oder in andere Register im Fall von Beteiligungsketten, werden nicht verlangt.[380]

Der Wortlaut des § 20 Abs. 1 S. 1 GwG ließe ein Verständnis der Einholungspflicht sogar als aktive Verschaffungs- beziehungsweise Nachforschungspflicht zu[381] und umfasst folglich auch die Annahme einer Ausgestaltung als Abfragepflicht.

Nach der Gesetzesbegründung war es erst einmal nicht die Absicht des Gesetzgebers den nach § 20 Abs. 1 GwG verpflichteten Vereinigungen eine umfangreiche Nachforschungspflicht aufzuerlegen.[382] Vielmehr sollen die Angaben, welche der Vereinigung bereits mitgeteilt wurden oder auf andere Weise bekannt geworden sind, erfasst werden.[383] Aufgrund der Ausgestaltung als Compliance-Pflicht bestünde lediglich eine Verpflichtung zu geeigneten Organisationsmaßnahmen für die Etablierung eines effektiven Überwachungs- und Meldewesen.[384]

---

379 *Bochmann*, DB 2017 1310 (1313); *Kotzenberg/Lorenz*, NJW 2017, 2433 (2434); Zentes/Glaab/*v. Schweinitz/Pichler*, GwG, § 20 Rn. 28; BeckOK GwG/*Korte*, GwG, § 20 Rn. 17.

380 BT-Drucks. 18/11555, S. 127; so auch *Schaub*, DStR 2017, 1438 (1439).

381 *Schaub*, DStR 2017, 1438 (1439); *Zillmer*, DB 2017, 1931 (1932); Zentes/Glaab/*v. Schweinitz/Pichler*, GwG, § 20 Rn. 39.

382 BT-Drucks. 18/11555, S. 127.

383 BT-Drucks. 18/11555, S. 127; *Rieg*, BB 2017, 2310 (2311); *Schaub*, DStR 2017, 1438 (1439); Zentes/Glaab/*v. Schweinitz/Pichler*, GwG, § 20 Rn. 39.

384 BT-Drucks. 18/11555, S. 127; *Schaub*, DStR 2017, 1438 (1440); *Zillmer*, DB 2017, 1931 (1932).

Der europäische Richtliniengeber konstituierte in der Vierten EU-Geldwäscherichtlinie hingegen eine aktive Beschaffungspflicht.[385] Art. 30 Abs. 1 UAbs. 1 Vierte EU-Geldwäscherichtlinie verwendet den Wortlaut „einholen“, identisch mit dem Wortlaut der Umsetzung durch den deutschen Gesetzgeber in § 20 Abs. 1 S. 1 GwG.[386] Die Vierte EU-Geldwäscherichtlinie sah zudem gemäß Art. 58 Abs. 1 vor, dass die Mitgliedstaaten „wirksame, verhältnismäßige und abschreckende verwaltungsrechtliche Sanktionen und Maßnahmen für den Fall [vorsehen], dass die zur Umsetzung dieser Richtlinie erlassenen nationalen Vorschriften nicht eingehalten werden.“[387] Die Umsetzung dessen erfolgte durch den deutschen Gesetzgeber in § 56 Abs. 1 Nr. 55 GwG im Hinblick auf die Einholungspflicht des § 20 Abs. 1 S. 1 GwG.[388] Mit Art. 1 Ziffer 15 Fünfte EU-Geldwäscherichtlinie wurde Art. 30 Abs. 1 UAbs. 1 Vierte EU-Geldwäscherichtlinie um einen zweiten Satz ergänzt, mit welchem die Mitgliedstaaten noch einmal ausdrücklich dazu verpflichtet werden, Sanktionen oder verhältnismäßige, abschreckende Maßnahmen für den Fall des Verstoßes gegen die Einholungs- und Aufbewahrungspflichten zu normieren. Vor dem Hintergrund einer derartigen Bußgeldandrohung präsentiert sich die Annahme einer lediglich passiven Pflicht als unverhältnismäßig.[389]

Der Sinn und Zweck des § 20 GwG ist die Informationsbeschaffung für das Transparenzregister.[390] Vielfach werden die verpflichteten Vereinigungen als „Mittler“ zwischen den wirtschaftlich Berechtigten und dem Transparenzregister bezeichnet, mit dem Ziel einer Entlastung der registerführenden Stelle.[391] Es erscheint widersprüchlich, dass die so bedeutende und zentrale Pflicht des § 20 Abs. 1 S. 1 GwG zur Informationsbeschaffung für das Transparenzregister dann lediglich als passive Empfangspflicht ausgestaltet würde. Gerade der Sinn und Zweck des Pflichtenkatalogs des § 20 Abs. 1 S. 1 GwG stützt die Annahme, dass mindestens eine Abfrage der Informationen gemäß § 19 Abs. 1 GwG durch

---

385 Erwägungsgrund (14) Richtlinie 2015/849/EU.

386 Art. 30 Abs. 1 Richtlinie 2015/849/EU; BT-Drucks. 18/11555, S. 127.

387 Erwägungsgrund (59) Richtlinie 2015/849/EU.

388 BT-Drucks. 18/11555, S. 163.

389 *Zillmer*, DB 2017, 1931 (1932); Zentes/Glaab/*v. Schweinitz/Pichler*, GwG, § 20 Rn. 46.

390 Zentes/Glaab/*v. Schweinitz/Pichler*, GwG, § 20 Rn. 5 f.; BeckOK GwG/*Korte*, GwG, § 20 Rn. 2.

391 BT-Drucks. 18/11555, S. 127; *Assmann/Hütten*, AG 2017 449 (458); *Krais*, CCZ 2017, 98 (100); *Rieg*, BB 2017, 2310 (2311); *Schaub*, DStR 2017, 1438 (1439); Zentes/Glaab/*v. Schweinitz/Pichler*, GwG, § 20 Rn. 42.

die verpflichtete Vereinigung zu erfolgen hat. Es mutet sinnlos an, den Vereinigungen die Aufgabe der Informationsbeschaffung aufzuerlegen ohne ihnen ein gesetzlich normiertes Instrumentarium zur Informationsbeschaffung an die Hand zu geben. Eine gesetzlich normierte Pflicht verpflichtet nicht nur das Rechtssubjekt, sondern schafft auch eine Legitimationsgrundlage für die Erfüllung der Pflicht.

Den Stimmen, die schlussfolgern mit der Einführung des § 20 Abs. 3a GwG habe sich die Streitfrage um eine aktive oder passive Einholungspflicht erledigt, da § 20 Abs. 3a GwG klarstelle, dass die Vereinigung zu einem aktiven Auskunftsverlangen nur unter den dort genannten Voraussetzungen verpflichtet ist[392], ist nicht zu folgen. § 20 Abs. 3a S. 1 GwG normiert eine Auskunftsverlangungspflicht der Vereinigung gegenüber den ihr bekannten Anteilseignern, sofern die wirtschaftlich Berechtigten die Vereinigung nicht entsprechend § 19 Abs. 1 GwG informiert haben und der Vereinigung die Informationen zu den wirtschaftlich Berechtigten nicht aus anderen Gründen bekannt sind.[393] § 20 Abs. 3a S. 1 GwG bezieht sich nach seinem Wortlaut ausdrücklich auf die in § 20 Abs. 3 GwG normierte Pflicht des wirtschaftlich Berechtigten die nach § 19 Abs. 1 GwG erforderlichen Informationen der verpflichteten Vereinigung mitzuteilen.[394] Die Plicht nach § 20 Abs. 3a S. 1 GwG kann sich logischer Weise nur auf wirtschaftlich Berechtigte erstrecken, die der verpflichteten Vereinigung bekannt sind. Die Regelung des § 20 Abs. 3a GwG erfasst nämlich eine Sonderkonstellation, in welcher ein Informationsdefizit aufgrund einer Pflichtverletzung durch den wirtschaftlich Berechtigten offen erkenntlich ist. Mit der Regelung des § 20 Abs. 3a GwG begrenzt der Gesetzgeber den Pflichtenumfang der Vereinigung in dieser speziellen Situation auf einen „angemessenen Umfang".[395] Eine derartige Begrenzung der Pflicht erweist sich nur dann als zweckmäßig, wenn eine Einholungspflicht im Sinne einer Auskunftsersuchungs- beziehungsweise Abfragepflicht grundsätzlich besteht.

---

392 *Goette*, DStR 2020, 453 (455); *Reuter*, NZG 2020, 178 (179); BeckOK GwG/*Korte*, GwG, § 20 Rn. 18, 74.

393 Herzog/*Figura*, GwG, § 20 Rn. 28; Zentes/Glaab/*v. Schweinitz/Pichler*, GwG, § 20 Rn. 123; BeckOK GwG/*Korte*, GwG, § 20 Rn. 18.

394 BT-Drucks. 19/13827, S. 87; Herzog/*Figura*, GwG, § 20 Rn. 28; BeckOK GwG/*Korte*, GwG, § 20 Rn. 71.

395 BT-Drucks. 19/13827, S. 87; BeckOK GwG/*Korte*, GwG, § 20 Rn. 71.

II. Die nach § 19 Abs. 1 GwG einzuholenden Angaben

§ 19 GwG regelt welche Informationen zu dem wirtschaftlich Berechtigten über das Transparenzregister verfügbar sind.[396] Die Angaben zu dem wirtschaftlich Berechtigten umfassen nach § 19 Abs. 1 GwG den Vor- und Nachnamen (Nr. 1), das Geburtsdatum (Nr. 2), den Wohnort (Nr. 3), die Art und den Umfang des wirtschaftlichen Interesses (Nr. 4) und seit der jüngsten Gesetzesänderung auch die Staatsangehörigkeit (Nr. 5).[397] Mittels dieser Angaben soll die Identifikation der Person des wirtschaftlich Berechtigten ermöglicht werden.[398]

Während die übrigen Angaben eindeutig verständlich und konkret sind, sollte über § 19 Abs. 1 Nr. 4 GwG, die Art und den Umfang des wirtschaftlichen Interesses, eingehender diskutiert werden. Wie bereits eingehend verdeutlicht, kann eine Vielzahl kontrollvermittelnder Umstände in der Gesamtschau eine rechenschaftsfreie, planmäßige, wesentliche Einflussnahme und in der Konsequenz die Realisierung rechtlicher oder wirtschaftlicher Interessen im Hinblick auf die Verwendung des Vermögens der Vereinigung ermöglichen und somit eine wirtschaftliche Berechtigung begründen. Es stellt sich die Frage, ob und in welchem Maß diese kontrollvermittelnden und die wirtschaftliche Berechtigung begründenden Umstände als wirtschaftliches Interesse im Sinne des § 19 Abs. 1 Nr. 4 GwG zu qualifizieren sind.

Differenzierend zwischen Vereinigungen nach § 20 Abs. 1 GwG und Rechtsgestaltungen nach § 21 GwG, sowie rechtsfähigen Stiftungen, konkretisiert § 19 Abs. 3 GwG die Angaben zu der Art und dem Umfang des wirtschaftlichen Interesses.[399] Aus diesen Angaben soll ablesbar sein, woraus sich die Stellung

---

396 BT-Drucks. 18/11555, S. 126; *Krais*, CCZ, 98 (100); Herzog/*Figura*, GwG, § 19 Rn. 1; Zentes/Glaab/*v. Schweinitz/Pichler*, GwG § 19 Rn. 5; Mit Inkrafttreten des Zweiten Gesetzes zur effektiven Durchsetzung von Sanktionen vom 19. Dezember 2022 („Sanktionsdurchsetzungsgesetz II") am 28. Dezember 2022 sind über das Transparenzregister sodann die Informationen gemäß § 19a GwG zu Immobilen zugänglich, zu denen Vereinigungen nach § 20 Abs. 1 GwG als Berechtigte in Abteilung I des Grundbuchs eingetragen sind, BT-Drucks. 20/4326, S. 68. Diese werden von den Grundbuchämtern nach Maßgabe des § 19b GwG an die registerführende Stelle übermittelt, BT-Drucks. 20/4326, S. 69.

397 Art. 30 Abs. 4 UAbs. 2 Richtlinie 2015/849/EU; BT-Drucks. 18/11555, S. 126; Art. 1 Ziffer 18 lit. c) Gesetz zur Umsetzung der Änderungsrichtlinie zur Vierten EU-Geldwäscherichtlinie vom 12. Dezember 2019; BT-Drucks. 19/13827, S. 86.

398 BeckOK GwG/*Korte*, GwG, § 19 Rn. 2.

399 BT-Drucks. 18/11555, S. 127; Herzog/*Figura*, GwG, § 19 Rn. 7; Zentes/Glaab/*v. Schweinitz/Pichler*, GwG, § 19 Rn. 24; BeckOK GwG/*Korte*, GwG, § 19 Rn. 27.

als wirtschaftlich Berechtigter ergibt.[400] Bei Vereinigungen kann sich die Stellung als wirtschaftlich Berechtigter gemäß § 19 Abs. 3 Nr. 1 lit. a) Alt. 1 GwG aus der Beteiligung an der Vereinigung ergeben, insbesondere aus der Höhe der Kapitalanteile oder der Höhe der Stimmrechte.[401] Die Stellung als wirtschaftlich Berechtigter kann auch aus der Ausübung von Kontrolle auf sonstige Weise folgen.[402] § 19 Abs. 3 Nr. 1 lit. b) GwG zählt an dieser Stelle ausdrücklich die Absprachen zwischen einem Dritten und einem Anteilseigner auf, sowie die Absprachen mehrerer Anteilseigner untereinander und die Dritten eingeräumte Befugnis zur Benennung von gesetzlichen Vertretern oder Organmitgliedern.[403] Der Wortlaut „insbesondere" eröffnet die Norm jedoch für weitere kontrollvermittelnde Umstände. Gemäß § 19 Abs. 3 Nr. 1 lit. c) GwG kann das wirtschaftliche Interesse auch aus der Funktion des gesetzlichen Vertreters, des geschäftsführenden Gesellschafters oder des geschäftsführenden Partners folgen.[404] Hieraus resultiert, dass das wirtschaftliche Interesse nicht deckungsgleich mit den kontrollbegründenden Umständen der wirtschaftlichen Berechtigung ist, denn bei dem fiktiven wirtschaftlich Berechtigten handelt es sich gerade nicht um einen echten wirtschaftlich Berechtigten.

Fraglich ist weiterhin, ob der vollständige Umfang des wirtschaftlichen Interesses abgefragt und abgebildet werden muss. Vor dem Hintergrund der FAQ des BVA wird vertreten, dass es ausreichend sei, wenn ein Umstand, der eine wirtschaftliche Berechtigung begründet, angegeben wird.[405] Dieser Auffassung ist nach den Darlegungen dieses Vorhabens nicht zu folgen. Vielmehr sind die die wirtschaftliche Berechtigung begründenden Faktoren vollständig

---

400 BT-Drucks. 18/11555, S. 127; *Assmann/Hütten*, AG 2017, 449 (454); Herzog/*Figura*, GwG, § 19 Rn. 7; Zentes/Glaab/*v. Schweinitz/Pichler*, GwG § 19 Rn. 24.

401 *Assmann/Hütten*, AG 2017, 449 (456); Herzog/*Figura*, 4. Auflage 2020, GwG, § 19 Rn. 7; Zentes/Glaab/*v. Schweinitz/Pichler*, GwG, § 19 Rn. 26.

402 Herzog/*Figura*, GwG, § 19 Rn. 8; Zentes/Glaab/*v. Schweinitz/Pichler*, GwG § 19 Rn. 26.

403 *Assmann/Hütten*, AG 2017, 449 (456); *Friese/Brehm*, GWR 2017, 271 (272); Zentes/Glaab/*v. Schweinitz/Pichler*, GwG, § 19 Rn. 26.

404 *Assmann/Hütten*, AG 2017, 449 (456); Herzog/*Figura*, GwG, § 19 Rn. 8; Zentes/Glaab/*v. Schweinitz/Pichler*, GwG, § 19 Rn. 26.

405 Laut BVA, FAQ, Stand 5. Mai 2023, Teil 1 C. 3 u. 4, S. 27 seien die Angaben zum wirtschaftlichen Interesse auf die Wiedergabe des einschlägigen Normtextes des § 19 Abs. 3 GwG zu beschränken; *Weiske/Mocker*, GWR 2017, 445 (446); Kritik äußern hingegen *Seibert/Bochmann/Cziupka*, GmbHR 2017, 1128 (1132).

anzugeben.[406] Erste Anhaltspunkte für diese Betrachtungsweise bietet der Wortlaut des § 19 Abs. 1 und Abs. 2 GwG. Dieser unterscheidet die Art und den Umfang des wirtschaftlichen Interesses. Die „Art“ bezeichnet eine Eigenschaft, eine bestimmte Sorte.[407] Die Art des wirtschaftlichen Interesses bezieht sich auf die Typisierung der Umstände, die der wirtschaftlichen Berechtigung zugrunde liegen: das Beteiligungsinteresse (§§ 3 Abs. 2 S. 1 Nr. 1, 19 Abs. 3 Nr. 1 lit. a) Alt. 1 GwG), das Kontrollinteresse (§§ 3 Abs. 2 S. 1 Nr. 2 und Nr. 3, 19 Abs. 3 Nr. 1 lit. a) Alt. 2 und lit. b) GwG) oder das Funktionsinteresse (§§ 3 Abs. 2 S. 5, 19 Abs. 3 Nr. 1 lit. c) Alt. 1 GwG). Der „Umfang“ beschreibt das Ausmaß einer Sache und einen Gesamtbereich, der erfasst wird.[408] Aus dem Wortlaut ergeben sich keine Anhaltspunkte, dass lediglich ein Teilaspekt oder ein Teilbereich erfasst werden soll.

Auch der Wortlaut des § 19 Abs. 3 Nr. 1 lit. a) GwG spricht eindeutig für eine detaillierte und konkrete Angabe des wirtschaftlichen Interesses. § 19 Abs. 3 Nr. 1 lit. a) GwG verlangt die Angabe der konkreten Höhe der Kapitalanteile oder Stimmrechte. Es wäre nach diesem Wortlaut nicht zulässig Angaben im Sinne von „Das wirtschaftliche Interesse folgt aus der direkten Beteiligung an der Gesellschaft“ oder „Das wirtschaftliche Interesse folgt aus einer Inhaberschaft von mehr als 25 % der Kapitalanteile“ zu übermitteln.[409] In diesem Sinne ermöglicht das Transparenzregister die Erkenntnis, dass eine Vereinigung mehrere wirtschaftlich Berechtigte mit unterschiedlich gewichtigen wirtschaftlichen Interessen hat (beispielsweise aufgrund einer Kapitalbeteiligungsquote von 30 % eines wirtschaftlich Berechtigten und einer Kapitalbeteiligungsquote von 60 % eines anderen wirtschaftlich Berechtigten). Entsprechend ist zu folgern, dass die Angabe eines „wirtschaftlichen Interesses aufgrund der

---

406 So wohl auch *Fisch*, NGZ 2017, 408 (410), der ohne nähere Ausführungen fordert: „Dem Transparenzregister ist genau anzuzeigen, woraus sich die Stellung des Betroffenen als wirtschaftlich Berechtigter i. S. d. § 3 GwG-E ergibt.“; Ebenso schlussfolgern *Assmann/Hütten*, AG 2017, 449 (459) im Rahmen der Betrachtung der Mitteilungsfiktion des § 20 Abs. 2 GwG a. F.: „Im Umkehrschluss hat eine gesonderte Mitteilung an das Transparenzregister immer dann zu erfolgen, wenn die bereits verfügbaren Angaben zum wirtschaftlich Berechtigten nur ein unvollständiges Bild seiner Kontrollmöglichkeiten liefern.“.

407 https://www.duden.de/rechtschreibung/Art, zuletzt abgerufen am 01.09.2021.

408 https://www.duden.de/rechtschreibung/Umfang, zuletzt abgerufen am 01.09.2021.

409 A. A. BVA, FAQ, Stand 5. Mai 2023, Teil 1 C. 3 u. 4, S. 27, siehe Ausführungen in Fußnote 405.

Ausübung von Kontrolle auf sonstige Weise" nicht ausreichend ist, sondern eine Darlegung der kontrollvermittelnden Umstände erfordert.

Diese Ansicht wird auch von der Zweckrichtung des Transparenzregisters getragen. Der Sinn und Zweck des Transparenzregisters und des § 19 GwG im Besonderen ist die Offenlegung der natürlichen Person, die maßgeblichen mittelbaren oder unmittelbaren Einfluss ausüben und dadurch rechtliche oder wirtschaftliche Interessen im Hinblick auf die Verwendung des Vermögens realisieren kann, ohne hierüber einem anderen Rechenschaft schuldig zu sein (wirtschaftliche Berechtigung), sowie das Aufdecken intransparenter Strukturen von Vereinigungen.[410] Das Gesetz trifft die grundsätzliche Wertung, dass die ein wirtschaftliches Interesse begründenden Umstände sichtbar gemacht werden sollen.[411]

Artikel 1 Ziffer 15 lit. a) i) der Fünften EU-Geldwäscherichtlinie normiert zudem ausdrücklich, dass genaue Angaben zum wirtschaftlichen Interesse von den Vereinigungen eingeholt und aufbewahrt werden müssen.

Ein derartiges Verständnis der Angaben zu der Art und dem Umfang des wirtschaftlichen Interesses erhöht die Sichtbarkeit und Nachvollziehbarkeit mittelbarer Kontrolltatbestände aufgrund von Treuhandverhältnissen, Nießbrauch, stillen Beteiligungen und atypischen Unterbeteiligungen.

III. Erfüllung der Einholungspflicht durch Abfrage bei den Anteilsinhabern

Die gemäß § 19 Abs. 1 GwG einzuholenden Angaben hat die Vereinigung bei ihren Anteilsinhabern abzufragen. Spiegelbildlich zu der Einholungspflicht der Vereinigung normiert § 20 GwG für Anteilsinhaber zudem eigene Transparenzpflichten.[412] Diese tagen dem Umstand Rechnung, dass die Anteilsinhaber naturgemäß über die Kenntnis verfügen, ob sie selbst wirtschaftlich Berechtigte sind oder von einem wirtschaftlich Berechtigten unmittelbar kontrolliert werden.[413]

---

410 BT-Drucks. 18/11555, S. 125; Erwägungsgründe (13) und (14) Richtlinie 2015/849/EU; Zentes/Glaab/*v. Schweinitz/Pichler*, GwG, § 19 Rn. 2; BeckOK GwG/*Korte*, GwG, § 19 Rn. 2.

411 BT-Drucks. 18/11555, S. 89; Zentes/Glaab/*v. Schweinitz/Pichler*, GwG, § 19 Rn. 2.

412 BT-Drucks. 18/11555, S. 129; *Bochmann*, DB 2017, 1310 (1311); Herzog/*Figura*, GwG, § 20 Rn. 24; Zentes/Glaab/*v. Schweinitz/Pichler*, GwG, § 20 Rn. 10.

413 BT-Drucks. 18/11555, S. 129; *Assmann/Hütten*, AG 2017, 449 (461); *Krais*, CCZ 2017, 98 (101); Zentes/Glaab/*v. Schweinitz/Pichler*, GwG, § 20 Rn. 106; BeckOK GwG/*Korte*, GwG, § 20 Rn. 59.

1. Die Transparenzpflichten des Anteilsinhabers gemäß § 20 GwG und die Ermittlungspflicht der Vereinigung

Gemäß § 20 Abs. 3 S. 2 GwG hat der Anteilsinhaber, der selbst wirtschaftlich Berechtigter ist (Alt. 1) oder von einem wirtschaftlich Berechtigten unmittelbar kontrolliert wird (Alt. 2), der Vereinigung die nach § 19 Abs. 1 GwG notwendigen Information und etwaige Änderung mitzuteilen.[414]

Ungeklärt ist, ob es eine ungeschriebene Voraussetzung der Mitteilungspflicht des Anteilsinhabers gemäß § 20 Abs. 3 S. 2 Alt. 2 GwG ist, dass dieser weiß, dass die ihn kontrollierende natürliche Person wirtschaftlich Berechtigter der Vereinigung ist.[415] So sind Konstellationen vorstellbar in denen einer natürlichen Person erst über die mittelbare Teilhabe an mehreren Geschäftsanteilen verschiedener Anteilsinhaber das für die Annahme einer wirtschaftlichen Berechtigung erforderliche Maß an geldwäscherechtlicher Kontrolle vermittelt wird.[416] Der jeweilige Anteilinhaber weiß zwar um die unmittelbare, geldwäscherechtliche Kontrolle vermittelnde Teilhabe an seinem Geschäftsanteil, jedoch weiß er nicht zwingend, dass über weitere Geschäftsanteile in der Gesamtschau eine wirtschaftliche Berechtigung vermittelt wird.[417]

Löst erst die Kenntnis von der wirtschaftlichen Berechtigung die Mitteilungspflicht des Anteilsinhabers aus[418], so könnten wirtschaftlich Berechtigte, die an einer Verschleierung der Kontrollstrukturen zu Missbrauchszwecken

---

414 BT-Drucks. 18/11555, S. 129 (§ 20 Abs. 3 S. 2 GwG entspricht im Wesentlichen § 20 Abs. 3 S. 1 GwG a. F.); BT-Drucks. 19/13827, S. 87; *Assmann/Hütten*, AG 2017, 449 (462); *Bochmann*, DB 2017, 1310 (1311); *Pelka/Hettler/Weinhausen*, DStR 2018, 1303 (1306); Herzog/*Figura*, GwG, § 20 Rn. 26; Zentes/Glaab/*v. Schweinitz/Pichler*, GwG, § 20 Rn. 110; BeckOK GwG/*Korte*, GwG, § 20 Rn. 65.

415 *Assmann/Hütten*, AG 2017, 449 (462); *Bochmann*, DB 2017, 1310 (1315); *Krais*, CCZ 2017, 98 (102); Auch Zentes/Glaab/*v. Schweinitz/Pichler*, GwG, § 20 Rn. 114 befürchten, „dass zwischengeschaltete Anteilseigner die Strukturen nicht überblicken, keine Angaben zum wirtschaftlich Berechtigten machen können und allgemeine Unklarheit aufkommen wird, […]“; BeckOK GwG/*Korte*, GwG, § 20 Rn. 67.

416 BT-Drucks. 18/11555, S. 129; *Assmann/Hütten*, AG 2017, 449 (462); *Bochmann*, DB 2017, 1310 (1314); *Krais*, CCZ 2017, 98 (102); Zentes/Glaab/*v. Schweinitz/Pichler*, GwG, § 20 Rn. 111; BeckOK GwG/*Korte*, GwG, § 20 Rn. 67.

417 *Assmann/Hütten*, AG 2017, 449 (462); *Friese/Brehm*, GWR 2017, 271 (272); *Krais*, CCZ 2017, 98 (102); BeckOK GwG/*Korte*, GwG, § 20 Rn. 67.

418 So *Assmann/Hütten*, AG 2017, 449 (463); Im Ergebnis wohl auch *Bochmann*, DB 2017, 1310 (1314).

interessiert sind, über die verdeckte Kumulation mehrerer mittelbar beherrschter Beteiligungen, ohne Kenntnis der jeweiligen Anteilsinhaber, diese Regelungslücke ausnutzen. Auch würden sich in der Folge weitere Fragen zu den Konsequenzen einer leichtfertigen Unkenntnis des Anteilsinhabers und den situativen und rechtlichen Voraussetzungen eines Kennenmüssens ergeben, welche angesichts der Sanktionsandrohung nach §§ 56, 57 GwG zu einer faktischen Ermittlungspflicht des Anteilsinhabers führen könnten.

Käme es hingegen auf eine Kenntnis des Anteilsinhabers nicht an[419], führte dies zu einer faktischen Offenlegungspflicht sämtlicher mittelbarer Beteiligungsstrukturen, zumindest gegenüber der Vereinigung. Konsequenz eines derartigen Verständnisses der Mitteilungspflicht des Anteilsinhabers nach § 20 Abs. 3 S. 2 GwG wäre die Annahme einer (begrenzten) Ermittlungspflicht der verpflichteten Vereinigung. Die Vereinigung müsste die vom Anteilsinhaber übermittelten Informationen auswerten und prüfen, ob aus ihnen eine wirtschaftliche Berechtigung hervorgeht.[420] Andernfalls bliebe die Preisgabe mittelbarer Beteiligungsstrukturen mit Blick auf die Identifikation des wirtschaftlich Berechtigten wirkungslos.

Nach dem Wortlaut der Norm kommt es nicht auf eine etwaige Kenntnis des Anteilsinhabers an.[421] Der Gesetzgeber hat lediglich herausgestellt, dass es bei der Mitteilungspflicht des Anteilinhabers nicht darauf ankommt, ob der Anteilsinhaber selbst Kontrolle ausübt und dass ausdrücklich auch mittels Streubesitz vermittelte wirtschaftliche Berechtigungen erfasst werden sollen.[422] Eine etwaige Kenntnis des Anteilsinhabers bleibt jedoch unberücksichtigt.[423]

Die Annahme einer kenntnisunabhängigen Mitteilungspflicht des Anteilsinhabers entspricht dem Sinn und Zweck der normierten Transparenzpflichten des Anteilsinhabers. Die Transparenzplichten der Anteilsinhaber tragen dem rechtlichen Näheverhältnis zwischen der Vereinigung und ihren jeweiligen Anteilsinhabern Rechnung und sorgen dafür, dass die Vereinigungen die nach § 19 Abs. 1 GwG erforderlichen Angaben aus der Sphäre ihrer Anteilsinhaber auch tatsächlich erhalten.[424] Ein vergleichbares Näheverhältnis besteht nicht zwischen den Anteilsinhabern untereinander. Wenn dem Anteilsinhaber

---

419 So BeckOK GwG/*Korte*, GwG, § 20 Rn. 67.

420 BeckOK GwG/*Korte*, GwG, § 20 Rn. 67.

421 BeckOK GwG/*Korte*, GwG, § 20 Rn. 67.

422 BT-Drucks. 18/115555, S. 130.

423 BeckOK GwG/*Korte*, GwG, § 20 Rn. 67.

424 BT-Drucks. 18/115555, S. 129; *Rieg*, BB 2017, 2310 (2311); Zentes/Glaab/*v. Schweinitz/Pichler*, GwG, § 20 Rn. 10.

schon keine Nachforschungspflicht entlang „eigener" mehrstufiger Beteiligungsketten aufgebürdet werden soll[425], dann erst recht nicht im Hinblick auf mittelbare Beteiligungen an anderen, fremden Anteilen. Die Pflicht des § 20 Abs. 3 S. 2 GwG besteht nur bezüglich eines den Anteilsinhaber unmittelbar beherrschenden Dritten.[426]

Der systematische Blick auf die Auskunftspflicht des Anteilsinhabers gemäß § 20 Abs. 3a S. 2 GwG stützt eine kenntnisunabhängige Offenlegungsplicht des Anteilsinhabers. Spiegelbildlich zu der Auskunftsverlangungspflicht der Vereinigung gemäß § 20 Abs. 3a S. 1 GwG verpflichtet § 20 Abs. 3a S. 2 GwG den Anteilsinhaber der Vereinigung innerhalb einer angemessenen Frist die entsprechenden Auskünfte zu erteilen.[427] Zu der Mitteilungspflicht des § 20 Abs. 3 S. 1 GwG ist die Auskunftspflicht nach § 20 Abs. 3a S. 2 GwG auf personeller Ebene abzugrenzen: § 20 Abs. 3a S. 2 GwG verpflichtet jeden Anteilsinhaber[428], während die Mitteilungspflicht des § 20 Abs. 3 S. 1 GwG den wirtschaftlich Berechtigten selbst und den von einem wirtschaftlich Berechtigten unmittelbar kontrollierten Anteilsinhaber trifft.[429] § 20 Abs. 3a GwG umfasst damit auch Pflicht zur Negativauskunft. Derjenige Anteilsinhaber, der weder selbst wirtschaftlich Berechtigter ist, noch von einem wirtschaftlich Berechtigten unmittelbar kontrolliert wird, hat dies der Vereinigung auf Nachfrage gemäß § 20 Abs. 3a S. 2 GwG mitzuteilen. Die Regelung des § 20 Abs. 3a GwG verdeutlicht, dass die transparenzrechtlichen Regelungen des vierten Abschnitts des Geldwäschegesetzes primär den wirtschaftlich Berechtigten zur Mitteilung der

---

425 BT-Drucks. 18/115555, S. 129; *Assmann/Hütten*, AG 2017, 449 (462); *Rieg*, BB 2017, 2310 (2311); *Schaub*, DStR 2017, 1438 (1439 f.); Zentes/Glaab/*v. Schweinitz/Pichler*, GwG, § 20 Rn. 115.

426 BT-Drucks. 18/115555, S. 129; *Schaub*, DStR 2017, 1438 (1439 f.); Zentes/Glaab/*v. Schweinitz/Pichler*, GwG, § 20 Rn. 115; a. A. *Assmann/Hütten*, AG 2017, 449 (462) und *Rieg*, BB 2017, 2310 (2311), wonach der Anteilseigner, der von einem wirtschaftlich Berechtigten mittelbar kontrolliert wird und der hiervon positive Kenntnis hat, gemäß § 20 Abs. 3 S. 2 angabepflichtig ist. Diese Auffassung steht jedoch im Widerspruch zu dem eindeutigen Wortlaut des § 20 Abs. 3 S. 2 GwG.

427 BT-Drucks. 19/13827, S. 88; Zentes/Glaab/*v. Schweinitz/Pichler*, GwG, § 20 Rn. 125; BeckOK GwG/*Korte*, GwG, § 20 Rn. 71.

428 BT-Drucks. 19/13827, S. 88; Zentes/Glaab/*v. Schweinitz/Pichler*, GwG, § 20 Rn. 123; BeckOK GwG/*Korte*, GwG, § 20 Rn. 71.

429 BT-Drucks. 19/13827, S. 87; Zentes/Glaab/*v. Schweinitz/Pichler*, GwG, § 20 Rn. 110; BeckOK GwG/*Korte*, GwG, § 20 Rn. 63, 65.

notwendigen Informationen an die Vereinigungen verpflichten wollen.[430] Auch im Verhältnis zu der verpflichteten Vereinigung obliegt den Anteilseignern nach § 20 Abs. 3a S. 2 GwG vor allem eine replizierende Pflicht.

Die Auskunftspflicht des Anteilsinhabers wird durch die Veränderungsmitteilungspflicht des Anteilsinhabers gemäß § 20 Abs. 3b GwG ergänzt.[431] Nach dem Wortlaut geht es hierbei nicht um etwaige Änderungen der Angaben im Sinne des § 19 Abs. 1 GwG, sondern um eine Änderungen in der Person des wirtschaftlich Berechtigten.[432] § 20 Abs. 3b GwG verpflichtet ebenfalls jeden Anteilsinhaber.[433] In Abgrenzung zu § 20 Abs. 3 GwG setzt § 20 Abs. 3b GwG ausdrücklich eine positive Kenntnis des Anteilsinhabers voraus.[434] Dies erlaubt die Schlussfolgerung, der Gesetzgeber habe die Kenntnisproblematik in der Sphäre des Anteilsinhabers bei der Normierung durchaus gesehen und sich dafür entschieden, nur im Rahmen des § 20 Abs. 3b GwG auf die Kenntnis des Anteilsinhabers abzustellen. Der systematische Blick auf die Veränderungsmitteilungspflicht des Anteilsinhabers gemäß § 20 Abs. 3b GwG stützt eine kenntnisunabhängige Offenlegungspflicht.

Aus dem Vorhergehenden folgt das Verständnis der Mitteilungspflicht des Anteilsinhabers gemäß § 20 Abs. 3 S. 2 GwG als eine kenntnisunabhängige Offenlegungspflicht. In diesem Sinne ist die Einholungspflicht der Vereinigung § 20 Abs. 1 S. 1 GwG um die notwendige Ermittlungskomponente zu erweitern. Für die Annahme einer Ermittlungspflicht (keiner Nachforschungspflicht) der Vereinigung lassen sich weiter anführen:

Die im vierten Abschnitt des GwG normierten Transparenzpflichten bezwecken unzweifelhaft die Erfassung und Dokumentation des wirtschaftlich Berechtigten nebst der für eine Identifikation der natürlichen Person erforderlichen Angaben.[435] An welcher Stelle eine Ermittlung des wirtschaftlichen Berechtigten erfolgen soll, wird jedoch nicht erkenntlich. Auch wenn der bürokratische Aufwand für die

---

430 BT-Drucks. 19/13827, S. 87; Zentes/Glaab/*v. Schweinitz/Pichler*, GwG, § 20 Rn. 123; BeckOK GwG/*Korte*, GwG, § 20 Rn. 63.

431 *Reuter*, NZG 2020, 178 (180); BeckOK GwG/*Korte*, GwG, § 20 Rn. 63.

432 Zentes/Glaab/*v. Schweinitz/Pichler*, GwG, § 20 Rn. 124.

433 Zentes/Glaab/*v. Schweinitz/Pichler*, GwG, § 20 Rn. 124; BeckOK GwG/*Korte*, GwG, § 20 Rn. 75.

434 *Reuter*, NZG 2020, 178 (180); Zentes/Glaab/*v. Schweinitz/Pichler*, GwG, § 20 Rn. 124; BeckOK GwG/*Korte*, GwG, § 20 Rn. 77.

435 BT-Drucks. 18/115555, S. 89; Herzog/*Figura*, GwG, § 18 Rn. 1; Zentes/Glaab/*v. Schweinitz/Pichler*, GwG, § 18 Rn. 1; BeckOK GwG/*Korte*, GwG, § 18 Rn. 1.

Verpflichteten begrenzt und kalkulierbar gehalten werden soll[436], muss an irgendeiner Stelle nun einmal die Ermittlung des wirtschaftlich Berechtigten erfolgen. Erkennbar soll dies nicht durch die registerführende Stelle geschehen, vgl. § 18 Abs. 4 S. 3 GwG.[437] Die „Ermittlungspflicht" auf den wirtschaftlich Berechtigen umzulegen, würde dem Streben nach Transparenz zuwiderlaufen, denn der wirtschaftlich Berechtigte ist bei Missbrauchsabsichten gerade derjenige mit dem größten Verschleierungsinteresse.[438] Über den Verweis des § 19 Abs. 2 S. 1 GwG kann auch der Regelungsgehalt des § 3 Abs. 2 S. 5 GwG herangezogen werden: Die Anwendbarkeit des § 3 Abs. 2 S. 5 GwG setzt neben dem Fehlen von Verdachtsmomenten nach § 43 Abs. 1 GwG auch eine erschöpfende, sorgfältige und dokumentierte Analyse der Beteiligungsstrukturen durch die Vereinigung voraus, deren Resultat die Erfolglosigkeit der Ermittlung eines wirtschaftlich Berechtigten ist.[439] Die Ermittlung von Kontrollstrukturen liegt jedenfalls auch im Interesse der Vereinigung und kann von dieser am besten umgesetzt werden.

Die Einführung des § 20 Abs. 3b GwG liefert ebenfalls ein Indiz für eine Konstitution der Ermittlungsverantwortung bei den verpflichteten Vereinigungen: Laut Gesetzesbegründung, steht es dem Anteilsinhaber frei, ob er sich mittels einer Einsichtnahme in das Transparenzregister darüber informiert, ob der neue wirtschaftlich Berechtigte bereits bekannt ist oder ob er eine vorsorgliche Mitteilung an die Vereinigung tätigt.[440] Im letzteren Fall muss die Vereinigung in der Konsequenz die Vorsorgemeldung dahingehend prüfen, ob es sich tatsächlich um einen neuen wirtschaftlich Berechtigten handelt.

2. *Muster eines Erfassungsbogens zur wirtschaftlichen Berechtigung für Anteilsinhaber*

Mittels folgendem Muster eines Erfassungsbogens zu einer wirtschaftlichen Berechtigung können die erforderlichen Angaben bei den Anteilsinhabern der nach § 20 Abs. 1 S. 1 GwG verpflichteten Vereinigung abgefragt werden. Dies kann postalisch oder zu einer erleichterten Weiterverarbeitung der erhaltenen Informationen digital erfolgen. Durch die Verwendung des Erfassungsbogens können die Vereinigung ihre Einholungspflicht nach § 20 Abs. 1 S. 1 GwG, ihre Abfragepflicht nach § 20 Abs. 3a S. 1 GwG und der Anteilseigner seine Mitteilungspflicht nach § 20 Abs. 3 S. 2 GwG erfüllen. Eine derartige schematische

---

436 BT-Drucks. 18/115555, S. 127; *Schaub*, DStR 2017, 1438 (1439); BeckOK GwG/*Korte*, GwG, § 20 Rn. 2.

437 Vgl. BT-Drucks. 18/115555, S. 126; *Friese/Brehm*, GWR 2017, 271 (273).

438 *Friese/Brehm*, GWR 2017, 271 (273); BeckOK GwG/*Korte*, GwG, § 20 Rn. 60.

439 BT-Drucks. 189/11555, S. 109; Herzog/*Figura*, GwG, § 3 Rn. 14; siehe Kapitel 1 F.

440 BT-Drucks. 19/13827, S. 88.

Erfassung vereinfacht zudem eine nachprüfbare Dokumentation und Aufbewahrung.

Erfassungsbogen zu einer wirtschaftlichen Berechtigung

Die *XY GmbH, Registernummer, Sitz*, ist eine nach § 20 Abs. 1 S. 1 GwG mitteilungspflichtige Vereinigung.

I. Anteilsinhaberschaft

I. 1 Angaben zu Geschäftsanteilen

Zu Ihnen als Gesellschafter sind uns folgende Angaben bekannt. Bitte überprüfen Sie die untenstehenden Angaben auf Ihre Richtigkeit und Vollständigkeit und teilen uns etwaige Abweichungen und Veränderungen umgehend mit.

<table>
<tr><th>Gesellschafter</th><th>Lfd. Nr. des Geschäftsanteils</th><th>Nennbetrag in €</th><th>Gesamtnennbetrag der Geschäftsanteile in €</th><th>Beteiligung am Stammkapital je Geschäftsanteil in %</th><th>Gesamtbeteiligung am Stammkapital in %</th></tr>
<tr><td rowspan="7">Name
Vorname
Anschrift
Geburtsdatum
Staatsangehörigkeit</td><td></td><td></td><td></td><td></td><td></td></tr>
<tr><td></td><td></td><td></td><td></td><td></td></tr>
<tr><td></td><td></td><td></td><td></td><td></td></tr>
<tr><td></td><td></td><td></td><td></td><td></td></tr>
<tr><td></td><td></td><td></td><td></td><td></td></tr>
<tr><td></td><td></td><td></td><td></td><td></td></tr>
<tr><td></td><td></td><td></td><td></td><td></td></tr>
</table>

I.2. Angaben zu Beteiligungsketten

Die unter Ziffer I.1. genannte, kapitalhaltende Vereinigung, Registernummer, steht unter einem beherrschenden Einfluss von:

Name	
Vorname	
Geburtsdatum	
Wohnort	
Staatsangehörigkeit	

Die beherrschende Stellung ergibt sich aus:
(bitte Zutreffendes ankreuzen und ausfüllen)

☐ der Kontrolle über die Mehrheit der Stimmrechte (§ 290 Abs. 2 Nr. 1 HGB) in Höhe von ______ % im Verhältnis zur Gesamtzahl aller Stimmrechte

☐ folgende Bestellungs- und Abberufungsrechte über die Mitglieder folgender Verwaltungs-, Leitungs- oder Aufsichtsorgane bei gleichzeitiger Gesellschafterstellung (§ 290 Abs. 2 Nr. 2 HGB)

____

____

☐ dem Recht, die Finanz- und Geschäftspolitik auf Grund des Vertrages vom

______

<u>oder</u>

auf Grund einer Bestimmung in _____ der Satzung der kapitalhaltenden Vereinigung zu bestimmen (§ 290 Abs. 2 Nr. 3 HGB)

☐ dem Tragen der Mehrheit der Chancen und Risiken der kapitalhaltenden Vereinigung (§ 290 Abs. 2 Nr. 4 HGB)

☐ aus folgenden sonstigen Gründen:

____

____

II. Angaben zu Stimmrechten

II. 1. Stimmrechtslose Geschäftsanteile

Bei dem/den Geschäftsanteil/en mit der/den lfd. Nummer/n ______ handelt es sich um stimmrechtslose Anteile gemäß ______ der Satzung vom______

II. 2. Sonder- und Mehrstimmrechte

Für den unter Ziffer I.1. genannten Gesellschafter sieht die Satzung vom ______ folgende Sonder- bzw. Mehrstimmrechte vor:

____

____

II.3. Stimmbindungsvereinbarungen und Teilnahme an einem Stimmpool

(bitte Zutreffendes ankreuzen und ausfüllen)

☐ Die Ausübung der, aus dem/den Geschäftsanteil/en mit der/den lfd. Nummer/n ___________ folgenden Stimmrechte wurde auf der Grundlage der Stimmbindungsvereinbarung vom ______ in folgendem Umfang der Stimmbindung unterworfen:

____

____

☐ Der/Die Geschäftsanteil/e mit der/n lfd. Nummer/n ______ ist/sind Teil eines Pools mit dem Zweck der einheitlichen Stimmabgabe.
Die Gesamtbeteiligung, die in dem Pool vereint wird, umfasst ______ % am Stammkapital der Vereinigung.
Der zu diesem Zweck geschlossene Stimmbindungsvertrag vom ______ sieht folgende Festlegung des Abstimmungsverhaltens vor:

____

____

Aufgrund der Beherrschungslage sind die im Pool vereinten Stimmen folgendem Gesellschafter zuzurechnen:

Name	
Vorname	
Geburtsdatum	
Wohnort	
Staatsangehörigkeit	

III. Angaben zu Treuhandverhältnissen, stillen Beteiligungen, Unterbeteiligungen und Nießbrauch

Am/An den Geschäftsanteil/en mit der/n lfd. Nummer/n ______ besteht ein/e

☐ **Treuhandverhältnis** ☐ **stille Beteiligung** ☐ **Unterbeteiligung** ☐ **Nießbrauch**

Gemäß der Treuhandabrede / dem Gesellschaftsvertrag / der Nießbrauchabrede

vom ______ stehen dem Treugeber / dem stillen Gesellschafter / dem Unterbeteiligten / dem Nießbraucher:

Name	
Vorname	
Geburtsdatum	
Wohnort	
Staatsangehörigkeit	

folgende Stimm-, Weisungs-, oder Widerspruchsrechte zu:

____

____

IV. Sonstige kontrollvermittelnde Umstände

Folgende zu den obigen Angaben hinzutretende Umstände sind geeignet eine Kontrollausübung auf vergleichbare Weise gemäß § 3 Abs. 2 S. 1 Nr. 3 GwG zu vermitteln:

____

____

Wir weisen Sie darauf hin, dass falsche, unvollständige, unterlassene oder verspätete Angaben gemäß § 56 Abs. 1, S. 1 Nr. 58, Nr. 59 GwG als Ordnungswidrigkeit geahndet werden können.

Ich bestätige die Richtigkeit und Vollständigkeit der vorstehenden Angaben.

____________________ ____________________

Signatur **Datum, Ort**

3. *Prozessuale Durchsetzung der Transparenzpflichten*

Kommt der Anteilsinhaber der Auskunftsaufforderung der Vereinigung nicht nach, kann die Vereinigung ihr Auskunftsrecht als Leistungsklage vor den ordentlichen Gerichten geltend machen. Die Auskunftserteilung ist als unvertretbare Handlung nach § 888 ZPO vollstreckbar.[441]

Darüber hinaus ist bei Vorliegen der entsprechenden Voraussetzung die Durchsetzung der Auskunftsansprüche im Wege einer Actio pro Socio denkbar. Dies gilt insbesondere für Konstellationen, in denen der Anteilsinhaber, der selbst wirtschaftlich Berechtigter ist oder unmittelbar von einem wirtschaftlich Berechtigten kontrolliert wird, aufgrund der ihm zur Verfügung stehenden Kontrollmöglichkeiten verhindern kann, dass vorrangige rechtliche Einwirkungsmöglichkeiten ausgeschöpft werden. Die in Rede stehenden Auskunftsansprüche qualifizieren als Sozialansprüche, da sich die Ansprüche gegen einen Gesellschafter, der wirtschaftlich Berechtigten ist, oder einen geldwäscherechtlich kontrollierten Gesellschafter richten und die Ansprüche somit ihren Ursprung im Gesellschaftsverhältnis haben.[442] Die Actio pro socio dient gerade der Überwindung eines derartigen Interessenkonflikts der zuständigen Gesellschaftsorgane.[443]

IV. Erfüllung der Einholungspflicht durch Abfrage bei den wirtschaftlich Berechtigten

Eine Abfrage der durch die Vereinigung einzuholenden Angaben gemäß § 19 Abs. 1 GwG hat ebenso bei den der Vereinigung bekannten wirtschaftlich Berechtigten zu erfolgen. Auch für die wirtschaftlich Berechtigten normiert § 20 Abs. 3 GwG spiegelbildlich zu der Einholungspflicht der Vereinigung eigene Transparenzpflichten.[444]

---

441 BGH, NJW 2008, 2919 (2920); BGH, GRUR 2015, 1248 (1248); MüKoZPO/*Gruber*, ZPO, § 888 Rn. 2 f.; BeckOK ZPO/*Stürner*, ZPO, § 888 Rn. 6; Musielak/Voit/*Lackmann*, ZPO, § 888 Rn. 4 f.

442 Zusammenfassend zu der Entwicklung und der Dogmatik der Actio pro Socio *Schanbacher*, AG 1999, 21 (21 ff.) m. w. N.; Zu den Voraussetzungen der Actio pro socio *Mock*, JuS 2015, 590 (593).

443 Vgl. OLG Düsseldorf, ZIP 1994, 619 (621) m. w. N.; *Mock*, JuS 2015, 590 (593); MüKoGmbHG/*Merkt*, GmbHG, § 13 Rn. 332.

444 BT-Drucks. 19/13827, S. 87; *Longrée/Pesch*, NZG 2017, 1081 (1082); *Assmann/Hütten*, AG 2017, 449 (458); BeckOK GwG/*Korte*, GwG, § 20 Rn. 63.

1. *Transparenzpflichten des wirtschaftlich Berechtigten, § 20 Abs. 3 GwG*

Gemäß § 20 Abs. 3 S. 1 GwG trifft den wirtschaftlich Berechtigten selbst eine Mitteilungspflicht: § 20 Abs. 3 S. 1 GwG verpflichtet den wirtschaftlich Berechtigten der Vereinigung, an welcher die wirtschaftliche Berechtigung besteht, die nach § 19 Abs. 1 GwG notwendigen Information und etwaige Änderungen dieser Angaben unverzüglich mitzuteilen.[445] Dies umfasst gemäß § 19 Abs. 1 GwG den Vor- und Nachnamen, das Geburtsdatum, den Wohnort sowie die Art und den Umfang des wirtschaftlichen Interesses. Inhaltlich sind an diese Angaben die gleichen Anforderungen zu stellen wie an die Angaben, die von den nach § 20 Abs. 1 GwG verpflichteten Vereinigungen an das Transparenzregister zu melden sind.[446]

Die Mitteilungspflicht des § 20 Abs. 3 GwG betrifft nur die „echten" wirtschaftlich Berechtigten.[447] Fiktive wirtschaftlich Berechtigte im Sinne des § 3 Abs. 2 S. 5 GwG sollen nicht nach § 20 Abs. 3 verpflichtet werden.[448]

Die Mitteilungspflicht entfällt nach § 20 Abs. 4 GwG, wenn die erforderlichen Angaben der Vereinigung bereits in anderer Form mitgeteilt wurden.[449] Dabei ist es unerheblich, ob diese Angaben der nach § 20 Abs. 1 GwG verpflichteten Vereinigungen von dem wirtschaftlich Berechtigten selbst oder von einem kontrollierten Anteilseigner mitgeteilt wurden oder ob die erforderlichen Informationen der Vereinigung auf andere Weise zur Kenntnis gelangt sind.[450]

Die Pflicht des § 20 Abs. 3 S. 1 GwG ist insbesondere bedeutsam mit Blick auf mittelbar vermittelte wirtschaftliche Berechtigungen, beispielsweise aufgrund von Treuhandverhältnissen, Nießbrauch, atypisch stiller Beteiligungen und Unterbeteiligungen.[451] Durch die Einführung der Mitteilungspflicht des wirtschaftlich Berechtigten soll die Umgehung der Angabepflichten durch mittelbare und/oder mehrteilig vermittelte wirtschaftliche Berechtigungen erschwert

---

445 BT-Drucks. 19/13827, S. 87; Herzog/*Figura*, GwG, § 20 Rn. 24; BeckOK GwG/*Korte*, GwG, § 20 Rn. 63.

446 Detaillierte Ausführungen zu Inhalt und Umfang der Angaben nach § 19 Abs. 1 GwG siehe oben Kapitel 2 A. I.

447 BT-Drucks. 19/13827, S. 87; BeckOK GwG/*Korte*, GwG, § 20 Rn. 64.

448 BT-Drucks. 19/13827, S. 87; BR-Drucks. 0352/19, S. 95; BeckOK/*Korte*, 11. Ed. 01.09.2022, GwG, § 20 Rn. 64.

449 BT-Drucks. 18/11555, S. 130; Zentes/Glaab/*v. Schweinitz/Pichler*, GwG, § 20 Rn. 126; Herzog/*Figura*, GwG, § 20 Rn. 27; BeckOK/*Korte*, 11. Ed. 01.09.2022, GwG, § 20 Rn. 78.

450 BT-Drucks. 18/11555, S. 130; Zentes/Glaab/*v. Schweinitz/Pichler*, GwG, § 20 Rn. 126; BeckOK/*Korte*, 11. Ed. 01.09.2022, GwG, § 20 Rn. 78.

451 Vgl. konkret bezüglich Treuhandstrukturen BT-Drucks. 18/11555, S. 130.

werden.[452] Die Mitteilungspflicht des wirtschaftlich Berechtigten schafft eine rechtliche Beziehung zwischen verpflichteter Vereinigung und demjenigen wirtschaftlich Berechtigten, der gerade nicht aufgrund gesellschaftsrechtlicher und schuldrechtlicher Abreden unmittelbar mit der Vereinigung verknüpft ist.[453]

Eine Verletzung der Mitteilungspflicht nach § 20 Abs. 3 S. 1 GwG ist gemäß § 56 Abs. 1 S. 1 Nr. 58 GwG bußgeldbewehrt.[454] Hierbei kann nicht nur das Unterlassen einer derartigen Mitteilung durch den wirtschaftlich Berechtigten, sondern auch die Unvollständigkeit, Fehlerhaftigkeit oder schuldhafte Verspätung der Mitteilung geahndet werden.[455] Wird wegen einer Verletzung der Mitteilungspflicht nach § 20 Abs. 3 S. 1 GwG gegen einen wirtschaftlich Berechtigten ein Bußgeld nach § 56 Abs. 1 Nr. 58 GwG verhängt, erfolgt eine Bekanntmachung nach § 57 GwG.[456]

2. *Mustererfassungsbogen und Prozessuale Durchsetzung*

Der oben dargestellte Mustererfassungsbogen zu einer wirtschaftlichen Berechtigung kann mit geringfügigen Veränderungen gleichfalls zur Abfrage der erforderlichen Angaben bei den geläufigen wirtschaftlich Berechtigten verwendet werden. Dies kann postalisch oder zu einer erleichterten Weiterverarbeitung der erhaltenen Informationen digital erfolgen. Durch die Verwendung des Erfassungsbogens können die Vereinigungen ihre Einholungspflicht nach § 20 Abs. 1 S. 1 GwG und der wirtschaftlich Berechtigte seine Mitteilungspflicht nach § 20 Abs. 3 S. 1 GwG erfüllen. Eine derartige schematische Erfassung dient der nachprüfbaren Dokumentation und Aufbewahrung.

Kommt der wirtschaftlich Berechtigte der Auskunftsaufforderung der Vereinigung nicht nach, kann die Vereinigung ihr Auskunftsrecht als Leistungsklage vor den ordentlichen Gerichten geltend machen. Die Auskunftserteilung ist als unvertretbare Handlung nach § 888 ZPO vollstreckbar.[457]

---

452 BT-Drucks. 18/11555, S. 129.

453 Im Detail zu der Durchsetzung siehe Kapitel 2 A. IV. 2. sowie Kapitel 2 H. III zum Bußgeldregress und weiteren Haftungsansprüchen.

454 Herzog/*Barreto da Rosa*, GwG, § 56 Rn. 76; Zentes/Glaab/*Breit*, GwG, § 56 Rn. 72; BeckOK GwG/*Pelz*, GwG, § 56 Rn. 82 f.

455 Herzog/*Barreto da Rosa*, GwG, § 56 Rn. 76; Zentes/Glaab/*Breit*, GwG, § 56 Rn. 72; BeckOK GwG/*Pelz*, GwG, § 56 Rn. 82 f.

456 Zu „Name & Shame" siehe detaillierte Ausführungen in Kapitel 2. G. IV.

457 BGH, NJW 2008, 2919 (2920); BGH, GRUR 2015, 1248 (1248); MüKoZPO/*Gruber*, ZPO, § 888 Rn. 2 f.; BeckOK ZPO/*Stürner*, § 888 Rn. 6; Musielak/Voit/*Lackmann*, ZPO, § 888 Rn. 4 f.

Ist zwischen der Vereinigung und dem möglichen wirtschaftlich Berechtigten streitig, ob aus der bekannten Art und dem bekannten Umfang des wirtschaftlichen Interesses tatsächlich eine Stellung als wirtschaftlich Berechtigter folgt, kommt eine Feststellungsklage gemäß § 256 ZPO in Betracht. Die wirtschaftliche Berechtigung an einer Vereinigung ist ein Rechtsverhältnis zwischen dem wirtschaftlich Berechtigten und der Vereinigung im Sinne des § 256 ZPO.

Erfassungsbogen zu einer wirtschaftlichen Berechtigung

Die *XY GmbH, Registernummer, Sitz,* ist eine nach § 20 Abs. 1 S. 1 GwG mitteilungspflichtige Vereinigung.

Zu Ihnen als wirtschaftlich Berechtigter im Sinne der §§ 19 Abs. 2, 3 Abs. 1, Abs. 2 GwG sind uns folgende Angaben bekannt. Bitte überprüfen Sie die untenstehenden Angaben auf Ihre Richtigkeit und Vollständigkeit und teilen uns etwaige Abweichungen und Veränderungen umgehend mit.

Name	
Vorname	
Geburtsdatum	
Wohnort	
Staatsangehörigkeit	

Ihre Stellung als wirtschaftlich Berechtigter folgt aus einem wirtschaftlichen Interesse der folgenden Art und im folgenden Umfang:

I. Anteilsinhaberschaft

I. 1 Angaben zu Geschäftsanteilen.

Gesellschafter	**Lfd. Nr. des Geschäftsanteils**	**Nennbetrag in €**	**Gesamtnennbetrag der Geschäftsanteile in €**	**Beteiligung am Stammkapital je Geschäftsanteil in %**	**Gesamtbeteiligung am Stammkapital in %**
Name Vorname Anschrift Geburtsdatum Staatsangehörigkeit					

I.2. Angaben zu Beteiligungsketten

Die unter Ziffer I.1. genannte, kapitalhaltende Vereinigung, ________________ Registernummer ________________, steht unter Ihrem beherrschenden Einfluss.

Die beherrschende Stellung ergibt sich aus:
(bitte Zutreffendes ankreuzen und ausfüllen)

☐ der Kontrolle über die Mehrheit der Stimmrechte (§ 290 Abs. 2 Nr. 1 HGB) in Höhe von ________% im Verhältnis zur Gesamtzahl aller Stimmrechte

☐ folgenden Bestellungs- und Abberufungsrechten über die Mitglieder folgender Verwaltungs-, Leitungs- oder Aufsichtsorgane bei gleichzeitiger Gesellschafterstellung (§ 290 Abs. 2 Nr. 2 HGB)

____

____

☐ dem Recht, die Finanz- und Geschäftspolitik auf Grund des Vertrages vom

____________.

oder

auf Grund einer Bestimmung in __________ der Satzung der kapitalhaltenden Vereinigung

zu bestimmen (§ 290 Abs. 2 Nr. 3 HGB)

☐ dem Tragen der Mehrheit der Chancen und Risiken der kapitalhaltenden Vereinigung (§ 290 Abs. 2 Nr. 4 HGB)

☐ aus folgenden sonstigen Gründen:

____

____

____

II. Angaben zu Stimmrechten

II. 1. Sonder- und Mehrstimmrechte

Die Satzung vom __________ sieht folgende Sonder- bzw. Mehrstimmrechte vor:

____

____

II. 2. Stimmbindungsvereinbarungen und Teilnahme an einen Stimmpool

(bitte Zutreffendes ankreuzen und ausfüllen)

☐ Die Ausübung der, aus dem/den Geschäftsanteil/en mit der/den lfd. Nummer/n __________ folgenden Stimmrechte wurde auf der Grundlage der Stimmbindungsvereinbarung vom ___ in folgendem Umfang der Stimmbindung unterworfen:

____

____

☐ Der/Die Geschäftsanteil/e mit der/n lfd. Nummer/n ________ ist/sind Teil eines Pools mit dem Zweck der einheitlichen Stimmabgabe.

Die Gesamtbeteiligung, die in dem Pool vereint wird, umfasst _______% am Stammkapital der Vereinigung.

Der zu diesem Zweck geschlossene Stimmbindungsvertrag vom __________ sieht folgende Festlegung des Abstimmungsverhaltens vor:

____

____

Aufgrund der Beherrschungslage sind die im Pool vereinten Stimmen Ihnen zuzurechnen.

III. Angaben zu Treuhandverhältnissen, stillen Beteiligungen, Unterbeteiligungen und Nießbrauch

Am/An den Geschäftsanteil/en mit der/n lfd. Nummer/n besteht ein/e

☐ **Treuhandverhältnis** ☐ **stille Beteiligung** ☐ **Unterbeteiligung** ☐ **Nießbrauch**

Gemäß der Treuhandabrede / dem Gesellschaftsvertrag / der Nießbrauchabrede vom steht Ihnen als Treugeber / stillen Gesellschafter / Unterbeteiligten / Nießbraucher folgende Stimm-, Weisungs-, oder Widerspruchsrechte zu:

____

____

IV. Sonstige kontrollvermittelnde Umstände

Folgende zu den obigen Angaben hinzutretende Umstände sind geeignet eine Kontrollausübung auf vergleichbare Weise gemäß § 3 Abs. 2 S. 1 Nr. 3 GwG zu vermitteln:

____

____

____

Wir weisen Sie darauf hin, dass falsche, unvollständige, unterlassene oder verspätete Angaben gemäß § 56 Abs. 1, S. 1 Nr. 58 GwG als Ordnungswidrigkeit geahndet werden können.

Ich bestätige die Richtigkeit und Vollständigkeit der vorstehenden Angaben.

____________________	____________________
Signatur	**Datum, Ort**

B. Aufbewahrungspflicht, § 20 Abs. 1 S. 1 GwG

Die Vereinigungen haben die Angaben im Sinne des § 19 Abs. 1 GwG zu den wirtschaftlich Berechtigten gemäß § 20 Abs. 1 S. 1 GwG aufzubewahren.

Hinsichtlich der Anforderungen, die an die Vereinigung bei der Erfüllung der Aufbewahrungspflicht gestellt werden, wird mehrheitlich § 8 GwG entsprechend herangezogen.[458] Es genügt „die Aufbewahrung mittels moderner Speichertechniken", also eine digitale Kopie auf einem digitalen Speichermedium.[459] Entsprechend § 8 Abs. 3 GwG besteht bei einer Aufbewahrung der Daten auf einem digitalen Datenträger die Pflicht zur Überprüfung der Übereinstimmung der gespeicherten Angaben mit den ursprünglich gemachten Angaben sowie die Lesbarkeit und Verfügbarkeit während der Aufbewahrungsfrist für den Fall eines Einsichtsbegehrens der Zentralstelle für Finanztransaktionen oder der Aufsichtsbehörde.[460] Die Aufbewahrungsfrist beträgt analog § 8 Abs. 4 S. 1 GwG fünf Jahre.[461] Beginn der Frist ist nach dem Rechtsgedanken des § 8 Abs. 4 S. 2 GwG das Ende des Kalenderjahres, in welchem der wirtschaftlich Berechtigte nicht mehr wirtschaftlich Berechtigter ist.[462]

458 Zentes/Glaab/*v. Schweinitz/Pichler*, GwG, § 20 Rn. 48 f.; BeckOK GwG/*Korte*, GwG, § 20 Rn. 19.

459 Zentes/Glaab/*v. Schweinitz/Pichler*, GwG, § 20 Rn. 49; BeckOK GwG/*Korte*, GwG, § 20 Rn. 19.

460 BT-Drucks. 18/11555, S. 115; Zentes/Glaab/*v. Schweinitz/Pichler*, GwG, § 20 Rn. 43; BeckOK GwG/*Brian/Krais*, GwG § 8 Rn. 35 ff.

461 BeckOK GwG/*Brian/Krais*, GwG § 8 Rn. 38; BeckOK GwG/*Korte*, GwG, § 20 Rn. 19.

462 Zentes/Glaab/*v. Schweinitz/Pichler*, GwG, § 20 Rn. 46; BeckOK GwG/*Brian/Krais*, GwG, § 8 Rn. 38; BeckOK GwG/*Korte*, GwG, § 20 Rn. 19.

C. Mitteilungspflicht, § 20 Abs. 1 S. 1 GwG

Die von der nach § 20 Abs. 1 GwG verpflichteten Vereinigung eingeholten Angaben zum wirtschaftlich Berechtigten im Sinne des § 19 Abs. 1 GwG sind der registerführenden Stelle unverzüglich mitzuteilen.[463] Die bereits erläuterten Ausführungen im Rahmen der Einholungspflicht gelten gleichermaßen für die inhaltlichen Anforderungen der Mitteilungspflicht nach § 20 Abs. 1 S. 1 GwG.[464] Insbesondere muss der vollständige Umfang des wirtschaftlichen Interesses mitgeteilt werden.[465]

§ 20 Abs. 2 GwG erweitert die Mitteilungspflicht für nach § 20 Abs. 1 S. 1 GwG verpflichtete Vereinigungen, die nicht im Handelsregister, Partnerschaftsregister oder Vereinsregister eingetragen sind.[466] Diese Vereinigungen müssen Veränderungen ihrer Bezeichnung, ihres Sitzes (Nr. 1) oder ihrer Rechtsform (Nr. 4), sowie die Verschmelzung (Nr. 2) und Auflösung (Nr. 3) unverzüglich der registerführenden Stelle mitteilen, § 20 Abs. 2 GwG.[467] Dies dient vor allem der Auffindbarkeit verpflichteter Vereinigungen.[468]

Die Mitteilung erfolgt über die Internetseite des Transparenzregisters, welche vom Bundesanzeiger Verlag betrieben wird.[469] Der Bundesanzeiger Verlag wurde durch die Transparenzregisterbeleihungsverordnung vom 27. Juni 2017 gemäß § 25 Abs. 1 GwG als registerführende Stelle beliehen.[470] Die Registrierung und Übermittlung der Angaben zu den wirtschaftlich Berechtigten erfolgt nach den Maßgaben der Verordnung zur Datenübermittlung durch Mitteilungsverpflichtete und durch den Betreiber des Unternehmensregisters

---

463 BT-Drucks. 18/11555, S. 127; *Krais*, CCZ 2017, 98 (103); *Schaub*, DStR 2017, 1438 (1440); Zentes/Glaab/*v. Schweinitz/Pichler*, GwG, § 20 Rn. 51; BeckOK GwG/*Korte*, GwG, § 20 Rn. 23.

464 Siehe Kapitel 2 A. II; *Assmann/Hütten*, AG 2017, 449 (460); Zentes/Glaab/*v. Schweinitz/Pichler*, GwG, § 20 Rn. 51; BeckOK GwG/*Korte*, GwG, § 20 Rn. 23c.

465 Siehe Kapitel 2 A. II; BeckOK GwG/*Korte*, GwG, § 20 Rn. 23c.

466 BT-Drucks. 19/1382, S. 87; Herzog/*Figura*, GwG, § 20 Rn. 9.

467 BT-Drucks. 19/1382, S. 87; BeckOK GwG/*Korte*, GwG, § 20 Rn. 30 f.

468 BT-Drucks. 19/1382, S. 87; Herzog/*Figura*, GwG, § 20 Rn. 9; Zentes/Glaab/*v. Schweinitz/Pichler*, GwG, § 20 Rn. 69.

469 § 1 Verordnung über die Übertragung der Führung des Transparenzregisters (Transparenzregisterbeleihungsverordnung – TBelV) vom 27.06.2017; *Rieg*, BB 2017, 2310 (2312); *Schaub*, DStR 2017, 1438 (1440); BeckOK GwG/*Korte*, GwG, § 20 Rn. 24.

470 *Rieg*, BB 2017, 2310 (2312); Zentes/Glaab/*v. Schweinitz/Pichler*, GwG, § 20 Rn. 57.

an das Transparenzregister (Transparenzregisterdatenübermittlungsverordnung – TrDüV), § 22 Abs. 4 GwG.[471]

D. Aktualisierungspflicht, § 20 Abs. 1 S. 1 GwG

Gemäß § 20 Abs. 1 S. 1 GwG muss bei jeglicher Änderung der Angaben nach § 19 Abs. 1, Abs. 3 GwG unverzüglich eine Aktualisierung der Daten erfolgen.[472] Die Aktualisierungspflicht knüpft sowohl an die Aufbewahrungspflicht als auch an die Mitteilungspflicht zum Transparenzregister an.[473] Die unverzügliche, respektive ohne schuldhaftes Zögern, Erfüllung der Aktualisierungspflicht wird unter Berücksichtigung der innerprozessualen Abläufe innerhalb einer zweiwöchigen Frist ab Kenntnis von der Änderung anzunehmen sein.[474]

Spiegelbildlich hierzu ist an einen Anspruch des wirtschaftlich Berechtigten oder geldwäscherechtlich kontrollierten Gesellschafters auf Eintragsaktualisierung beziehungsweise Eintragskorrektur zu denken, entsprechend des Anspruchs eines Gesellschafters einer GmbH auf Aktualisierung beziehungsweise Korrektur einer GmbH-Gesellschafterliste. Insbesondere die ursprüngliche Verknüpfung von Transparenzregister und Gesellschafterliste über die Mitteilungsfiktion gemäß § 20 Abs. 2 GwG a. F. legte eine derartige Gleichbehandlung nahe.[475]

Der einklagbare Anspruch des GmbH-Gesellschafters auf Einreichung der aktualisierten beziehungsweise korrigierten Gesellschafterliste begründet sich nach den Ausführungen des Gesetzgebers auf der Parallele zu den aktienrechtlichen Vorschriften.[476] Der Anknüpfungspunkt dieser „Parallele" für die

471 Verordnung zur Datenübermittlung durch Mitteilungsverpflichtete und durch den Betreiber des Unternehmensregisters an das Transparenzregister (Transparenzregisterdatenübermittlungsverordnung – TrDüV); vom 30. Juni 2017; *Rieg*, BB 2017, 2310 (2312); *Schaub*, DStR 2017, 1438 (1440); BeckOK GwG/*Korte*, GwG, § 20 Rn. 24.

472 BT-Drucks. 18/11555, S. 127; BVA, FAQ, Stand 5. Mai 2023, Teil 1 D. 2, S. 26; *Schaub*, DStR 2017, 1438 (1441); Zentes/Glaab/*v. Schweinitz/Pichler*, GwG, § 20 Rn. 52; BeckOK GwG/*Korte*, GwG, § 20 Rn. 21.

473 Zentes/Glaab/*v. Schweinitz/Pichler*, GwG, § 20 Rn. 49; BeckOK GwG/*Korte*, GwG, § 20 Rn. 21.

474 Zentes/Glaab/*v. Schweinitz/Pichler*, GwG, § 20 Rn. 54.

475 Ausführlich zu der Mitteilungsfiktion siehe den folgenden Abschnitt in Kapitel 1 E.

476 BT-Drucks. 16/6140, S. 38; OLG München, NJW-RR 2016, 106 (106); KG, NZG 2019 913, (913); MüKoGmbHG/*Heidinger*, GmbHG, § 40 Rn. 147; *Wicke*, GmbHG, § 40 Rn. 8.

Begründung des Rechts auf Einreichung ist den Ausführungen dabei nicht eindeutig zu entnehmen. In Betracht kommt sowohl eine Anknüpfung an die Legitimationsfunktionen von Gesellschafterliste gemäß § 16 Abs. 1 S. 1 GmbHG und Aktienregister gemäß § 67 Abs. 2 S. 1 AktG[477], als auch eine Anknüpfung an die jeweiligen Eintragungspflichten nach § 40 Abs. 1 S. 1 GmbHG und § 67 Abs. 1 S. 1 AktG.[478]

Ließe sich der Anknüpfungspunkt so eindeutig differenzieren, könnte dies für die Eintragung im Transparenzregister Folgendes bedeuten:

Entspringt das Recht auf Eintragung der Legitimationsfunktion ist ein einklagbares Recht auf Eintragung im Transparenzregister mangels vergleichbarer Interessenlage abzulehnen. Die Eintragung als wirtschaftlich Berechtigter im Transparenzregister hat keine Legitimationswirkung. Zwar treffen den wirtschaftlich Berechtigten eigene Transparenzpflichten, wie die Mitteilungspflicht nach § 20 Abs. 3 S. 1 GwG[479], deren Verletzung gemäß § 56 Abs. 1 S. 1 Nr. 58 GwG bußgeldbewehrt ist.[480] Die Eintragung als wirtschaftlich Berechtigter im Transparenzregister ist gleichwohl rein deklarativ.

Ist hingegen die Eintragungspflicht der Gesellschaft fundamental für das Recht auf Einreichung, Korrektur oder Aktualisierung, wäre eine vergleichbare Interessenlage durchaus annehmbar. § 20 Abs. 1 S. 1 GwG normiert die unverzügliche Pflicht zur Mitteilung an das Transparenzregister gleichlaufend zu der Regelung des § 40 Abs. 1 S. 1 GmbHG. Die (prozessuale) Rechtsdurchsetzung einer gesetzlich normierten Pflicht, die nicht nur das Rechtssubjekt verpflichtet, sondern auch eine Legitimationsgrundlage für die Erfüllung der Pflicht schafft, ist grundsätzlich zweckmäßig.

Für eine Anknüpfung an die Legitimationsfunktion spricht die Verortung der gesetzgeberischen Ausführungen im Rahmen der Begründung zu § 16 GmbHG.[481] Inhaltlich weisen die Ausführungen andererseits auf eine

---

477 *Lieder*, GmbHR 2016, 189 (190 f.); BeckOK GmbHG/*Heilmeier*, GmbHG, § 40 Rn. 196.

478 OLG Hamm, NZG 2014, 783 (784); OLG München, NJW-RR 2016, 106 (107), hier wird die Legitimationswirkung nur im Rahmen der Frage nach der Vorwegnahme der Hautsache im Verfahren des einstweiligen Rechtschutzes thematisiert; Lutter/Hommelhoff/*Bayer*, GmbHG, § 40 Rn. 58.

479 Siehe Kapitel 2. A. IV 1; BT-Drucks. 19/13827, S. 87; Herzog/*Figura*, GwG, § 20 Rn. 24; BeckOK GwG/*Korte*, GwG, § 20 Rn. 63.

480 Herzog/*Barreto da Rosa*, GwG, § 56 Rn. 76; Zentes/Glaab/*Breit*, GwG, § 56 Rn. 72; BeckOK GwG/*Pelz*, GwG, § 56 Rn. 82 f.

481 BT-Drucks. 16/6140, S. 38.

Begründung des Rechts in der Eintragungspflicht hin. Die Gesetzesbegründung nimmt Bezug auf „[e]ine entsprechende einklagbare Verpflichtung der Gesellschaft".[482] Diese „einklagbare Verpflichtung" ist nach den Ausführungen des Gesetzgebers wiederum „bei § 67 Abs. 2 AktG ohne ausdrückliche gesetzliche Regelung anerkannt."[483]

Das einklagbare Recht des Gesellschafters auf Einreichung einer Gesellschafterliste findet sich in der Literatur in den Kommentierungen zu § 16 GmbHG[484] und zu § 40 GmbHG.[485] In der Rechtsprechung wird das Recht des Gesellschafters auf Eintragung in die Gesellschafterliste vereinzelt ebenso mit der Eintragungspflicht und der Legitimationswirkung begründet.[486]

Dieser „kombinierten Herleitung" folgt auch diese Betrachtung. Primärer Anknüpfungspunkt der parallelen Herleitung des Rechts des Gesellschafters auf Einreichung der Gesellschafterliste ist die Eintragungspflicht nach § 40 Abs. 1 S. 1 GmbHG. Der Zweck dieser Eintragungspflicht erschöpft sich wiederrum nicht in dem Informationsgehalt der Offenlegung der Beteiligungsverhältnisse, sondern schützt sowohl die Gesellschaft als auch die aktuellen, vergangenen und zukünftigen Gesellschafter vor dem Hintergrund der Legitimationswirkung.[487] § 40 Abs. 3 GmbHG verdeutlicht die Intention des Gesetzgebers aktuelle und potenzielle Gesellschaftsgläubiger und betroffene Gesellschafter vor dem Hintergrund der Legitimationswirkung der Listeneintragung gemäß § 16 Abs. 1 S. 1 GmbHG zu schützen.[488] Dieser Schadensersatzpflicht nach § 40 Abs. 3 GmbH ist ein „primärrechtlicher Erfüllungsanspruch" immanent.[489]

Die Mitteilungspflicht der Vereinigung zum Transparenzregister gemäß § 20 Abs. 1 S. 1 GwG bezweckt hingegen keinen Schutz der Vereinigungen, der Anteilsinhaber oder der wirtschaftlich Berechtigten, sondern ausschließlich

---

482 BT-Drucks. 16/6140, S. 38.

483 BT-Drucks. 16/6140, S. 38.

484 *Altmeppen*, GmbHG, § 16 Rn. 51; MüKoGmbHG/*Heidinger*, GmbHG, § 16 Rn. 45.

485 MüKoGmbHG/*Heidinger*, GmbHG, § 40 Rn. 147; Lutter/Hommelhoff/*Bayer*, GmbHG, § 40 Rn. 58; *Wicke*, GmbHG, § 40 Rn. 8; *Altmeppen*, GmbHG, § 40 Rn. 23; BeckOK GmbHG/*Heilmeier*, GmbHG, § 40 Rn. 196 ff.; Scholz/*Seibt*, § 40 Rn. 67.

486 OLG Jena, NZG 2014, 902 (903).

487 *Wicke*, GmbHG, § 40 Rn. 1; vgl. MüKoGmbHG/*Heidinger*, GmbHG, § 16 Rn. 14; gleiches gilt für die Regelung des § 67 AktG: vgl. MüKoAktG/*Bayer*, AktG, § 67 Rn. 1; Koch/*Koch*, AktG, § 67 Rn. 1.

488 *Altmeppen*, GmbHG, § 40 Rn. 1; BeckOK GmbHG/*Heilmeier*, GmbHG, § 40 Rn. 8.

489 OLG Hamm, NZG 2014, 783 (784).

die Informationsbeschaffung für das Transparenzregister.[490] Entsprechend ist eine Verletzung der Pflichten nach § 20 Abs. 1 GwG lediglich bußgeldbewährt und begründet keinen Schadensersatzanspruch.[491]

Zudem steht einer zu Unrecht als wirtschaftlich Berechtigten im Transparenzregister eingetragenen beziehungsweise nicht eingetragenen Person die Möglichkeit zur Verfügung gemäß § 53 Abs. 1 GwG die Aufsichtsbehörden hierauf hinzuweisen und so deren Aufklärungstätigkeit zu veranlassen. § 53 Abs. 1 GwG hat den Zweck eine Verletzung der Transparenzpflichten nach § 20 Abs. 1 GwG aufzudecken und zu korrigieren.[492]

Ein Anspruch des wirtschaftlich Berechtigten oder geldwäscherechtlich kontrollierten Gesellschafters auf Eintragung, Eintragsaktualisierung oder Eintragskorrektur im Transparenzregister ist mithin abzulehnen.

E. Exkurs: Mitteilungsfiktion § 20 Abs. 2 S. 1 GwG a. F.

Nach § 20 Abs. 2 GwG a. F. galt die Mitteilungspflicht als erfüllt, wenn sich die nach § 19 Abs. 1 S. 1 Nr. 1 bis Nr. 4 GwG erforderlichen Angaben zum wirtschaftlich Berechtigten aus den in § 22 Abs. 1 GwG aufgeführten Dokumenten und Eintragungen ergaben, welche über die in § 20 Abs. 2 S. 1 GwG a. F. aufgeführten Register abrufbar sind.[493] Die Mitteilungsfiktion befreite die Vereinigungen nicht von der Einholungs-, Archivierungs- und Aktualisierungspflicht aus § 20 Abs. 1 S. 1 GwG a. F.[494]

Ziel der Normierung einer derartigen Mitteilungsfiktion war es den bürokratischen Aufwand für die verpflichteten Vereinigungen auf einen

---

490 BT-Drucks. 18/11555, S. 127; Zentes/Glaab/*v. Schweinitz/Pichler*, GwG, § 20 Rn. 5 f.; BeckOK GwG/*Korte*, GwG, § 20 Rn. 2; Detaillierte Ausführungen zu dem Schutzzweckt des § 20 Abs. 1 GwG finden sich weiter in Kapitel 2 G. II. 1. b und Kapitel 2 G. III.

491 Ausführlich betrachtet in Kapitel 2 G.

492 Vgl. BT-Drucks. 18/11555, S. 161; Herzog/*Herzog*, GwG, § 53 Rn. 2; BeckOK GwG/*Bayer*, GwG, § 53 Rn. 9.

493 BT-Drucks. 18/11555, S. 128; Assmann/Hütten, AG 2017, 449 (459); *Fisch*, NZG 2017, 408 (410); *Krais*, CCZ 2017, 98 (101); *Longrée/Pesch*, NZG 2017, 1081 (1083); *Rieg*, BB 2017, 2310 (2312); *Seibert/Bochmann/Cziupka*, GmbHR 2017, 1128 (1128); Herzog/*Figura*, GwG, § 20 Rn. 10; Zentes/Glaab/*v. Schweinitz/Pichler*, GwG, § 20 Rn. 70.

494 A. A. *Krais*, CCZ 2017, 266 (267); BeckOK GwG/*Korte*, 1. Ed. 01.08.2019, GwG, § 20 Rn. 35.

verhältnismäßigen Umfang zu beschränken und Mehrfachmeldungen zu vermeiden.[495] Zudem war dem Transparenzregister ursprünglich eine Portalfunktion zugeschrieben[496], dies verdeutlichte vor allem der Wortlaut des § 22 Abs. 1 GwG.[497] Ungeachtet der Umwandlung in ein Volldatenregister im Zuge des Transparenzregister- und Finanzinformationsgesetzes hat der Wortlaut des § 22 Abs. 1 GwG nur eine redaktionelle Novellierung erfahren.[498]

In der Handhabung erwies sich die Mitteilungsfunktion von Beginn an als problematisch.[499] Obgleich der Streichung der Mitteilungsfiktion und der Umwandlung des Transparenzregisters in ein Volldatenregister im Zuge des Transparenzregister- und Finanzinformationsgesetz soll auf die Mitteilungsfiktion summarisch eingegangen werden.[500]

Die Mitteilungsfiktion gemäß § 20 Abs. 2 S. 1 GwG a. F. gelangte unter drei wesentlichen Voraussetzung zur Anwendung: Die Angaben gemäß § 19 Abs. 1 Nr. 1 bis Nr. 4 GwG mussten sich aus den in § 22 Abs. 2 GwG aufgeführten Dokumenten und Eintragungen ergeben.[501] Nach § 20 Abs. 2 S. 1 GwG a. F. war die Angabe der Staatsangehörigkeit gemäß § 19 Abs. 1 Nr. 5 GwG ausdrücklich ausgenommen.[502] Diese Dokumente und Eintragungen mussten über eines der in § 20 Abs. 2 S. 1 GwG a. F. aufgeführten öffentlichen Register, namentlich dem Handelsregister, dem Vereinsregister, dem Partnerschaftsregister, dem

495 BT-Drucks. 18/11555, S. 128; *Assmann/Hütten*, AG 2017, 449 (459); *Fisch*, NZG 2017, 408 (410); *Krais*, CCZ 2017, 98 (101); *Rieg*, BB 2017, 2310 (2312); *Seibert/Bochmann/Cziupka*, GmbHR 2017, 1128 (1128); Herzog/*Figura*, GwG, § 20 Rn. 10; BeckOK GwG/*Korte*, 1. Ed. 01.08.2019, GwG, § 20 Rn. 31; Zentes/Glaab/*v. Schweinitz/Pichler*, GwG, § 20 Rn. 71.

496 BT-Drucks. 18/11555, S. 131.

497 BeckOK GwG/*Korte*, 1. Ed. 01.08.2019, GwG, § 22 Rn. 5 f.; Herzog/*Figura*, GwG, § 22 Rn. 1.

498 BT-Drucks. 19/28164, S. 50; BeckOK GwG/*Korte*, GwG, § 22 Rn. 3.

499 Vgl. *Assmann/Hütten*, AG 2017, 449 (459); *Fisch*, NZG 2017, 408 (410); *Krais*, CCZ 2017, 266 (267); Herzog/*Figura*, GwG, § 20 Rn. 10.

500 Angesichts dessen folgen an dieser Stelle keine weiteren Ausführungen zu der unbedingten Mitteilungsfiktion für börsennotiere Gesellschaften nach § 20 Abs. 2 S. 2 GwG a. F.

501 BeckOK GwG/*Korte*, 1. Ed. 01.08.2019, GwG, § 20 Rn. 31; Herzog/*Figura*, GwG, § 20 Rn. 10.

502 BT-Drucks. 18/11555, S. 87; Herzog/*Figura*, GwG, § 20 Rn. 10; Zentes/Glaab/*v. Schweinitz/Pichler*, GwG, § 20 Rn. 70.

Unternehmensregister oder dem Genossenschaftsregister, abrufbar sein.[503] Dritte Voraussetzung war die elektronische Abrufbarkeit.[504]

Mit Blick auf die GmbH waren die über das Handelsregister abrufbare Gesellschafterliste nach § 22 Abs. 1 Nr. 4 GwG und weitere Eintragungen im Handelsregister im Sinne von § 22 Abs. 1 Nr. 5 GwG relevante Informationsquellen.[505] Gemäß § 8 Abs. 5 GmbHG in Verbindung mit § 12 Abs. 2 HGB ist die Gesellschafterliste elektronisch einzureichen.[506]

Der Mindestinhalt der Gesellschafterliste ergibt sich aus § 40 Abs. 1 S. 1 bis S. 3, Abs. 2 GmbHG.[507] Zum Mindestinhalt der Gesellschafterliste gehören gemäß § 40 Abs. 1 S. 1 GmbHG die Nennbeträge und die laufenden Nummern der jeweiligen Geschäftsanteile der einzelnen Gesellschafter.[508] Die jeweiligen Inhaber der Geschäftsanteile müssen mitsamt aller zur Identifikation ihrer Person erforderlichen Angaben angegeben werden.[509] Neben dem Namen, dem Vornamen und dem Geburtsdatum umfasst dies auch den Wohnort des Gesellschafters, § 40 Abs. 1 S. 1 GmbHG.[510] Eine Angabe der Postanschrift mit Straße und Hausnummer ist grundsätzlich nicht erforderlich.[511] Diese Angaben sind nur ausnahmsweise in die

---

503 BeckOK GwG/*Korte*, 1. Ed. 01.08.2019, GwG, § 20 Rn. 31; Zentes/Glaab/*v. Schweinitz/Pichler*, GwG, § 20 Rn. 70 f.

504 BeckOK GwG/*Korte*, 1. Ed. 01.08.2019, GwG, § 20 Rn. 31; *Heß/Laschewski*, DStR 2019, 2151 (2152).

505 Vgl. BT-Drucks. 18/11555, S. 129; *Seibert/Bochmann/Cziupka*, GmbHR 2017, 1128 (1128); *Frank/Schaub*, DStR 2018, 1822 (1822); Zentes/Glaab/*v. Schweinitz/Pichler*, GwG, § 20 Rn. 79.

506 BT-Drucks. 16/960, S. 45; *Altmeppen*, GmbHG, § 8 Rn. 44; BeckOK GmbHG/*C. Jaeger*, GmbHG, § 8 Rn. 1; MüKoGmbHG/*Herrler*, GmbHG, § 8 Rn. 95.

507 MüKoGmbHG/*Heidinger*, GmbHG, § 40 Rn. 29; *Wicke*, GmbHG, § 40 Rn. 5; Scholz/*Seibt*, GmbHG, § 40 Rn. 14; Vgl. Noack/Servatius/Haas/*Servatius*, GmbHG, § 40 Rn. 8.

508 BT-Drucks. 16/6140, S. 34, 43; MüKoGmbHG/*Heidinger*, GmbHG, § 40 Rn. 31; *Wicke*, GmbHG, § 40 Rn. 5a; Scholz/*Seibt*, GmbHG, § 40 Rn. 23 f.; vgl. Noack/Servatius/Haas/*Servatius*, GmbHG, § 40 Rn. 13.

509 Vgl. BT-Drucks. 13/8444, S. 75; *Böhringer*, BWNotZ 2017, 61 (61); MüKoGmbHG/*Heidinger*, GmbHG, § 40 Rn. 11, 14.

510 *Böhringer*, BWNotZ 2017, 61 (61); MHLS/*Terlau*, GmbHG, § 40 Rn. 7; MüKoGmbHG/Heidinger, GmbHG, § 40 Rn. 30; *Wicke*, GmbHG, § 40 Rn. 5; *Altmeppen*, GmbHG, § 40 Rn. 13.

511 *Böhringer*, BWNotZ 2017, 61 (61); MHLS/*Terlau*, GmbHG, § 40 Rn. 7; MüKoGmbHG/*Heidinger*, GmbHG, § 40 Rn. 30; Wicke, GmbHG, § 40 Rn. 5; *Altmeppen*, GmbHG, § 40 Rn. 13.

Gesellschafterliste aufzunehmen, sofern dies zur Identitätsfeststellung erforderlich ist.[512]

Mit der Novellierung des § 40 GmbHG wurden die Anforderungen an den Mindestinhalt der Gesellschafterliste modifiziert.[513] Zu dem erforderlichen Mindestinhalt gehören nun auch die Angabe der durch den jeweiligen Nennbetrag eines Geschäftsanteils vermittelten jeweiligen prozentualen Beteiligung am Stammkapital gemäß § 40 Abs. 1 S. 1 GmbHG[514], erweiterte Angaben zu einer Gesellschaft, die selbst Gesellschafterin der GmbH ist gemäß § 40 Abs. 1 S. 2 GmbHG[515], sowie der Gesamtumfang der Beteiligung eines Gesellschafters, der mehrere Geschäftsanteile hält, als Prozentsatz im Verhältnis zum Stammkapital nach § 40 Abs. 1 S. 3 GmbHG.[516]

Die nach § 19 Abs. 1 GwG erforderlichen Angaben Vor- und Nachname (§ 19 Abs. 1 Nr. 1 GwG), Geburtsdatum (§ 19 Abs. 1 Nr. 2 GwG) und Wohnort (§ 19 Abs. 1 Nr. 3 GwG) ergaben sich mithin aus der GmbH-Gesellschafterliste § 40 Abs. 1 S. 1 GmbHG.[517] Es bedurfte jedoch der genaueren Betrachtung, in welchen Konstellationen Art und Umfang des wirtschaftlichen Interesses aus der GmbH-Gesellschafterliste ablesbar waren.[518]

---

512 *Böhringer,* BWNotZ 2017, 61 (61); MHLS/*Terlau*, GmbHG, § 40 Rn. 7; MüKoGmbHG/*Heidinger,* GmbHG, § 40 Rn. 30; *Wicke*, GmbHG, § 40 Rn. 5; *Altmeppen*, GmbHG, § 40 Rn. 13.

513 BT-Drucks. 18/11555, S. 172 f.; *Wachter,* GmbHR 2017, 1177 (1179 f.); Heckschen/Heidinger/*Blath/Heidinger,* Kapitel 2 Rn. 216; *Fell,* jM 2019, 46 (46); MüKoGmbHG/*Heidinger,* GmbHG, § 40 Rn. 5; *Wicke*, GmbHG, § 40 Rn. 2; Noack/Servatius/Haas/*Servatius*, GmbHG, § 40 Rn. 2.

514 BT-Drucks. 18/11555, S. 173 f.; *Böhringer,* BWNotZ 2017, 61 (62); *Wachter,* GmbHR 2017, 1177 (1186 ff.); *Frank/Schaub*, DStR 2018, 1822 (1822); Heckschen/Heidinger/*Blath/Heidinger,* Kapitel 2 Rn. 216; MüKoGmbHG/*Heidinger,* GmbHG, § 40 Rn. 13; Noack/Servatius/Haas/Servatius, GmbHG, § 40 Rn. 13a.

515 BT-Drucks. 18/11555, S. 172; *Böhringer,* BWNotZ 2017, 61 (61); *Wachter,* GmbHR 2017, 1177 (1180 ff.); *Frank/Schaub*, DStR 2018, 1822 (1822); MüKoGmbHG/*Heidinger,* GmbHG, § 40 Rn. 13; Noack/Servatius/Haas/Servatius, GmbHG, § 40 Rn. 112.

516 BT-Drucks. 18/11555, S. 174; *Böhringer,* BWNotZ 2017, 61 (62); *Wachter,* GmbHR 2017, 1177 (1186 ff.); *Frank/Schaub*, DStR 2018, 1822 (1822); Heckschen/Heidinger/*Blath/Heidinger,* Kapitel 2 Rn. 216; MüKoGmbHG/*Heidinger,* GmbHG, § 40 Rn. 13; Noack/Servatius/Haas/Servatius, GmbHG, § 40 Rn. 13a.

517 BT-Drucks. 18/11555, S. 92, 129, 173 f.; *Fisch*, NGZ 2017, 408 (410); *Krais*, CCZ 2017, 98 (101); *Heß/Laschewski*, DStR 2019, 2151 (2152); MüKoGmbHG/*Heidinger,* GmbHG, § 40 Rn. 13.

518 *Assmann/Hütten*, AG 2017, 449 (459); Vgl. *Fisch*, NGZ 2017, 408 (410), welcher kritisiert, dass die Regelung des § 20 Abs. 2 GwG a. F. übersieht, „dass sich die

I. Aussagekraft der gesellschafterbezogenen Beteiligungsquote

Die erforderlichen Angaben nach § 19 Abs. 1 Nr. 4 GwG zu der Art und dem Umfang des wirtschaftlichen Interesses können sich im Fall einer unmittelbaren wirtschaftlichen Berechtigung im Sinne des § 3 Abs. 2 S. 1 Nr. 1 GwG, wenn der wirtschaftlich Berechtigte mehr als 25 % der Kapitalanteile hält, ebenfalls aus der Gesellschafterliste ergeben.[519] Dieser Umstand ist aus der gesellschafterbezogenen Beteiligungsquote gemäß § 40 Abs. 1 S. 3 GmbHG ablesbar. Durch die gesellschafterbezogene Beteiligungsquote wird der Verschleierung einer wirtschaftlichen Berechtigung mittels Streubesitz und Kleinstbeteiligungen entgegengewirkt.[520] Allerdings muss der Einsichtnehmende den wirtschaftlich Berechtigten anhand der prozentualen Angaben selbst ermitteln. Eine Kennzeichnung des mit mehr als 25 % beteiligten Gesellschafters als wirtschaftlich Berechtigter der GmbH findet sich in der Gesellschafterliste nicht.

Die Aussage der gesellschafterbezogenen Beteiligungsquote zu der Art und dem Umfang des wirtschaftlichen Interesses ist auch nur dann wahrheitsgemäß, wenn keine mittelbare geldwäscherechtliche Kontrolle über Treuhandabreden, Unterbeteiligungen, stille Beteiligungen, Nießbrauch oder Stimmbindungsvereinbarungen ausgeübt wird.[521] Derartige Umstände bleiben bei der Angabe einer prozentualen Gesamtbeteiligungsquote unberücksichtigt.[522] Entsprechend der bisher herausgearbeiteten und vertretenen Erkenntnisse ist in diesen Fällen eine wirtschaftliche Berechtigung der unmittelbar mit mehr als 25 % beteiligten natürlichen Person gegebenenfalls zu widerlegen.[523]

In der Diskussion stand eine Heilung dieser Schwäche mittels Eintragungsfähigkeit weiterer Angaben in der Gesellschafterliste (sogenannter Kürangaben).[524] Der Diskurs um die Eintragungsfähigkeit von Verwaltungs- und

---

wirtschaftliche Berechtigung häufig nicht aus den Dokumenten der genannten öffentlichen Register herleiten lässt."; *Rieg*, BB 2017, 2310 (2312); Herzog/*Figura*, GwG, § 20 Rn. 11, 13.

519 BT-Drucks. 18/11555, S. 129; *Fisch*, NGZ 2017, 408 (410); *Longrée/Pesch*, NZG 2017, 1081 (1084); Zentes/Glaab/*v. Schweinitz/Pichler*, GwG, § 20 Rn. 79 f.

520 Vgl. BT-Drucks. 18/11555, S. 174.

521 *Assmann/Hütten*, AG 2017, 449 (459); *Windeknecht/Junginger*, DZWIR 2017, 551 (559).

522 *Assmann/Hütten*, AG 2017, 449 (459); *Rieg*, BB 2017, 2310 (2312) am Beispiel eines Poolvertrages; *Windeknecht/Junginger*, DZWIR 2017, 551 (559); *Wachter*, GmbHR 2017, 1177 (1188).

523 Siehe Kapitel 1 G.

524 *Fell*, jM 2019, 46 (49 f.); Vgl. Noack/Servatius/Haas/*Servatius*, GmbHG, § 40 Rn. 15a.

Verfügungsbeschränkungen sowie dinglicher Belastungen an Geschäftsanteilen wurde bereits vor der Novellierung des § 40 GmbHG durch das Gesetz zur Umsetzung der Vierten EU-Geldwäscherichtlinie geführt[525] und mit der Einführung der Mitteilungsfiktion lediglich um transparenzregisterrechtliche Aspekte erweitert. Diese Überlegungen erörtern die Abbildung derartiger Umstände in der Veränderungsspalte.[526] Gemäß § 2 GesLV, der Gesellschafterlistenverordnung vom 20. Juni 2018, kann der Gesellschafterliste bei Veränderungen der Angaben gemäß § 40 Abs. 1 GmbHG eine Veränderungsspalte beigefügt werden.[527] Mittels dieser Veränderungsspalte soll die historische Entwicklung der Beteiligung seit der zuletzt aufgenommenen Gesellschafterliste abgebildet werden.[528] Einzelne Stimmen fordern sogar eine separate Spalte für derartige relevante andere Inhalte.[529]

Beide Ansätze erfahren in der Literatur jedoch überwiegend Ablehnung, insbesondere im Hinblick auf eine obligatorische Eintragung etwaiger Kürangaben.[530]

Nach dem Wortlaut des § 2 Abs. 1 GesLV werden nur Veränderungen in der Person der Gesellschafter oder in dem Umfangs ihrer Beteiligung erfasst.[531] Entsprechend sind treuhänderische Übertragungen eintragungsfähig, der

525 *Lieder/Becker,* NotBZ 2018, 321 (324); *Miller,* NJW 2018, 2518 (2520); MüKoGmbHG/*Heidinger,* GmbHG, § 40 Rn. 46 f.; *Schmidt,* NZG 2021, 181 (184); Noack/Servatius/Haas/*Servatius,* GmbHG, § 40 Rn. 15; Ablehnend: BGH, NZG 2011, 1268 (1269); BGH, NZG 2015, 519 (519); *Altmeppen,* GmbHG, § 16 Rn. 28, 29; MüKoGmbHG/*Herrler,* GmbHG, § 8 Rn. 25; Befürwortend: *Jeep,* NJW 2012, 658 (660).

526 Lutter/Hommelhoff/*Bayer,* GmbHG, § 40 Rn. 41; Heckschen/Heidinger/*Heidinger,* Kapitel 13 Rn. 441; *Schmidt,* NZG 2021, 181 (184).

527 BR-Drucks. 105/18, S. 9; *Frank/Schaub,* DStR 2018, 1822 (1823); *Szalai,* GWR 2018, 250 (255).

528 BR-Drucks. 105/18, S. 9; *Frank/Schaub,* DStR 2018, 1822 (1823).

529 *Fell,* jM 2019, 46 (50); Heckschen/Heidinger/*Heidinger,* Kapitel 13 Rn. 444; Noack/Servatius/Haas/*Servatius,* GmbHG, § 40 Rn. 15a; Scholz/*Seibt,* GmbHG, § 16 Rn. 15a m. w. N.

530 *Lieder/Becker,* NotBZ 2018, 321 (327), ausdrücklich in Bezug auf abweichende Stimmrechtsregelungen; *Szalai,* GWR 2018, 250 (255); MüKoGmbHG/*Heidinger,* GmbHG, § 40 Rn. 49; Lutter/Hummelhoff/*Bayer,* GmbHG, § 40 Rn. 29; Heckschen/Heidinger/*Heidinger,* Kapitel 13 Rn. 441.

531 BR-Drucks. 105/18, S. 10; *Frank/Schaub,* DStR 2018, 1822 (1823); *Miller,* NJW 2018, 2518 (2521); MüKoGmbHG/*Heidinger,* GmbHG, § 40 Rn. 51, 88; Lutter/Hommelhoff/*Bayer,* GmbHG, § 40 Rn. 27.

Vermerk einer Vereinbarungstreuhand, bei welcher sich die Rechtsinhaberschaft nicht verändert, hingegen nicht.[532] Veränderungen betreffend eines Auseinanderfallens von Anteilsinhaberschaft und geldwäscherechtlicher Kontrolle über die Ausübung der aus der Anteilsinhaberschaft erwachsenden Mitgliedschaftsrechte werden von § 2 GesLV nicht erfasst. Mit Blick auf den Sinn und Zweck der Gesellschafterliste ist dies stringent. Idealtypisch soll aus der Gesellschafterliste eine jede Veränderung im Gesellschafterbestand zeitnah und korrekt erkennbar sein.[533] Denn die Eintragung in die Gesellschafterliste ist Vorrausetzung für die Rechtsbeziehungen in dem Verhältnis von Gesellschafter und GmbH einerseits und dem gutgläubigen Erwerb an einem Geschäftsanteil andererseits.[534] Ein Auseinanderfallen von Anteilsinhaberschaft und geldwäscherechtlicher Kontrolle über die Ausübung der aus der Anteilsinhaberschaft erwachsenden Mitgliedschaftsrechte hat keine Bedeutung für die Legitimation im Sinne des § 16 GmbHG. Die Gesellschafterliste hat die Transparenz der Beteiligungsverhältnisse und die unzweifelhafte Zuordnung von Geschäftsanteilen zu ihren Anteilsinhabern zum Ziel.[535] Im Gegensatz dazu soll das Transparenzregister geldwäscherechtliche Kontrollstrukturen transparent offenlegen, hinsichtlich welcher die Beteiligungsstrukturen zwar von Bedeutung sein können, jedoch nicht ausschließlich heranzuziehen sind.

Die transparenzregisterrechtliche Aussagekraft der gesellschafterbezogenen Beteiligungsquote erschöpft sich in der unmittelbaren wirtschaftlichen Berechtigung im Sinne des § 3 Abs. 2 S. 1 Nr. 1 GwG. Wenn sich das wirtschaftliche Interesse aus etwa anderem als dem Kapitalanteil ergab, blieb die Pflicht einer Meldung nach § 20 Abs. 1 S. 1 GwG zum Transparenzregister bestehen.[536]

---

532 MüKoGmbHG/*Heidinger*, GmbHG, § 40 Rn. 91; Lutter/Hommelhoff/*Bayer*, GmbHG, § 40 Rn. 34.

533 BR-Drucks. 105/18, S. 9; MüKoGmbHG/*Heidinger*, GmbHG, § 40 Rn. 89; MüKoGmbHG/*Heidinger*, GmbHG, § 40 Rn. 5; *Wicke*, GmbHG, § 40 Rn. 5c; *Altmeppen*, GmbHG, § 40 Rn. 12.

534 BT-Drucks. 16/6140, S. 37; MüKoGmbHG/*Heidinger*, GmbHG, § 40 Rn. 2, 26; *Wicke*, GmbHG, § 16 Rn. 1; *Altmeppen*, GmbHG, § 16 Rn. 5; Noack/Servatius/Haas/Servatius, GmbHG, § 16 Rn. 2.

535 BT-Drucks. 16/6140, S. 26, 37; Noack/Servatius/Haas/Servatius, GmbHG, § 16 Rn. 2.

536 *Fisch*, NGZ 2017, 408 (410), *Lieder/Becker*, NotBZ 2018, 321 (327); vgl. Zentes/Glaab/*v. Schweinitz/Pichler*, GwG, § 20 Rn. 79 f.

II. Statutarische Sonderrechte

In der Satzung normierte, vom Regelfall abweichende und kontrollvermittelnde Regelungen, beispielsweise Mehrstimmrechte, Vetorechte oder Benennungsrechte, lassen sich weder aus der Gesellschafterliste noch aus den Eintragungen im Handelsregister ablesen. Der Gesellschaftsvertrag der GmbH ergibt sich „nur“ aus dem Registerordner, § 9 Abs. 1 HRV.[537] Der Gesellschaftsvertrag einer GmbH ist zwar über das Handelsregister abrufbar, jedoch nicht Bestandteil der Registereintragung, vgl. § 10 Abs. 1 GmbHG.[538] In diesen Fällen greift die Mitteilungsfiktion folglich nicht.[539] Es bedarf ergänzender Meldungen zum Transparenzregister.[540]

III. Zusammenschau mehrerer Register bei Beteiligungsketten

In der Diskussion stand zudem, ob es den Anforderungen des § 20 Abs. 2 S. 1 GwG a. F. genügt, wenn sich der wirtschaftlich Berechtigte bei Beteiligungsketten erst aus der Zusammenschau mehrerer Register ergibt.[541]

Der Wortlaut des § 20 Abs. 2 S. 1 GwG a. F. eröffnete durchaus die Möglichkeit einer kombinierten Registerschau. So konnten sich die Angaben zu dem wirtschaftlich Berechtigten ausdrücklich aus Dokumenten und Eintragungen, also einer Mehrzahl dergleichen, ergeben. Die Gesetzesbegründung zu § 20 Abs. 2 GwG a. F. übersieht die Problematik der kombinierten Registerschau. Der Sinn und Zweck der Mitteilungsfiktion, eine verhältnismäßige und geringstmögliche Belastung der Wirtschaft durch die neuen Transparenzpflichten des § 20 GwG[542], würde durch ein derartiges Verständnis gefördert. In der Gesamtbetrachtung war dem jedoch der Sinn und Zweck des Transparenzregisters, nämlich die Erhöhung der Transparenz zur Verhinderung des Missbrauchs von Unternehmen zum Zweck der Geldwäsche und Terrorismusfinanzierung[543],

537 Krafka/Krafka, Registerrecht, Teil 1 Erster Abschnitt B. II. 2 Rn. 44.

538 *Rieg*, BB 2017, 2310 (2316).

539 *Rieg*, BB 2017, 2310 (2316); Zentes/Glaab/*v. Schweinitz/Pichler*, GwG, § 20 Rn. 80.

540 *Rieg*, BB 2017, 2310 (2316); Zentes/Glaab/*v. Schweinitz/Pichler*, GwG, § 20 Rn. 80.

541 *Assmann/Hütten*, AG 2017, 449 (459); *Krais*, CCZ 2017 266 (267); *Rieg*, BB 2017, 2310 (2312); BeckOK GwG/*Korte,* 1. Ed. 01.08.2019, GwG, § 20 Rn. 38; Herzog/*Figura*, GwG, § 20 Rn. 11; Zentes/Glaab/*v. Schweinitz/Pichler*, GwG, § 20 Rn. 98 f.

542 BT-Drucks. 18/11555, S. 128; *Assmann/Hütten*, AG 2017, 449 (459); *Krais*, CCZ 2017 266 (267); *Windknecht/Junginger*, DZWIR 2017, 551 (555); BeckOK GwG/*Korte,* 1. Ed. 01.08.2019, GwG, § 20 Rn. 38.

543 BT-Drucks. 18/11555, S. 89; Zentes/Glaab/*v. Schweinitz/Pichler*, GwG, § 20 Rn. 98.

entgegenzuhalten. Ein entsprechend weites Verständnis des Anwendungsbereiches der Mitteilungsfiktion würde Verschleierungsmöglichkeiten begünstigen.[544]

Beide Ansichten argumentieren mit dem Kreis der Einsichtnehmenden: Die befürwortende Ansicht[545] führte an, dass es sich in der Regel um verständige Einsichtsnehmende handele, denen der Ermittlungsaufwand mittels mehrerer Registereinträge zugemutet werden kann.[546] Die ablehnende Ansicht[547] gab hingegen zu bedenken, dass die Einsichtsberechtigten, mit Ausnahme der Behörden, regelmäßig nicht über das notwendige juristische Fachwissen verfügen, um komplexe Gesellschaftsstrukturen durchblicken zu können.[548]

F. Aufklärungspflicht

Die Transparenzpflichten der Vereinigung schaffen eine neue Informationslage: Im Zusammenhang mit der Erfüllung ihrer Transparenzpflichten ergibt sich für die Vereinigung ein umfassendes und deutliches Bild der eigenen Kontrollstrukturen. Die Vereinigung erhält im Rahmen ihrer Ermittlungen unmittelbaren Zugang zu Informationen über Einflussfaktoren, die bisher im Verborgenen geblieben sind. Den Gesellschaftern bleibt dieses Wissen zunächst vorenthalten.

Es stellt sich die Frage, ob (Mit-)Gesellschafter über ihnen bisher unbekannte wirtschaftliche Berechtigungen aufzuklären sind oder ob das Einsichtnahmerecht des § 23 GwG eine ausreichende Informationschance bietet.

Auch sehen die Regelungen über die Transparenzpflichten an mehreren Stellen vor, dass Mitteilungs- und Auskunftspflichten entfallen, wenn die Angaben zum wirtschaftlich Berechtigten bereits aus anderen Quellen bekannt sind, vgl. § 20 Abs. 3a S. 3 GwG.[549] Es ist mithin denkbar, dass die notwendigen Informationen der Gesellschaft ohne die Mitwirkung oder das Wissen

544 *Assmann/Hütten*, AG 2017, 449 (460); *Krais*, CCZ 2017 266 (267); vgl. Zentes/Glaab/*v. Schweinitz/Pichler*, GwG, § 20 Rn. 99.

545 *Rieg*, BB 2017, 2310 (2312); *Seibert/Bochmann/Cziupka*, GmbHR 2017, 1128 (1129); BVA, FAQ, Stand 9. Februar 2021, Teil 1 A. IV, S. 17.

546 Longrée/Pesch, NZG 2017, 1081 (1086).

547 *Krais,* CCZ 2017, 266 (267); *Assmann/Hütten,* AG 2017, 449 (459); Zentes/Glaab/*v. Schweinitz/Pichler*, GwG, § 20 Rn. 97 ff.

548 BeckOK GwG/*Korte,* 1. Ed. 01.08.2019, GwG, § 20 Rn. 38; Zentes/Glaab/*v. Schweinitz/Pichler*, GwG, § 20 Rn. 99.

549 BT-Drucks. 19/13827, S. 88; Herzog/*Figura*, GwG, § 20 Rn. 28; BeckOK GwG/*Korte*, GwG, § 20 Rn. 72.

des betroffenen wirtschaftlich Berechtigten oder Gesellschafters zur Kenntnis gelangt sind. Es gilt der Frage nachzugehen, ob eine Aufklärung des hiervon betroffenen wirtschaftlichen Berechtigten über die durch die Gesellschaft erfolgte Qualifikation als wirtschaftlich Berechtigter und die an das Transparenzregister übermittelten Angaben notwendig wird.

Eine originäre, präventive und proaktive Aufklärungspflicht der Vereinigung ist im Ergebnis jedoch zu verneinen.

Als Anknüpfungspunkt einer derartigen Aufklärungspflicht käme die gesellschaftsrechtliche Treuepflicht in Betracht. Die gesellschaftsrechtliche Treuepflicht besteht nicht nur im Verhältnis der Gesellschafter zu der Gesellschaft und der Gesellschafter untereinander, sondern verpflichtet ebenso die Gesellschaft gegenüber ihren Gesellschaftern.[550] Die Treuepflicht dient grundsätzlich dem Schutz legitimer Erwartungen aller an der Gesellschaft Beteiligten und ist vorwiegend auf die mitgliedschaftlichen Interessen gerichtet.[551] Die Treuepflicht zeigt sich als Schranke des Mehrheitsrechts und als Förderpflicht.[552] Eine Aufklärungspflicht über wirtschaftliche Berechtigte der Gesellschaft wäre eine durchaus charakteristische Ausprägung der Treuepflicht. Da die wirtschaftliche Berechtigung ein gewisses Maß an Kontrolle voraussetzt, hilft die Aufklärung den übrigen einflussschwächeren Gesellschaftern und fördert eine Informationsparität.

Eine Aufklärung über die inneren Machtverhältnisse dient vor allem dem Individualinteresse der weniger einflussstarken Gesellschafter. Dies steht der Annahme einer Aufklärungspflicht nicht zwangsläufig entgegen. So ist im Rahmen des § 43 GmbHG, welcher die für den Geschäftsführer maßgeblichen Sorgfaltsstandards normiert[553], anerkannt, dass der Geschäftsführer auch den Individualrechten des Gesellschafters, die gegenüber der GmbH bestehen, gerecht werden muss.[554]

---

550 BGH, NJW 1992, 368 (369); BeckOK GmbHG/*Wilhelmi*, GmbHG, § 13 Rn. 180; MüKoGmbHG/*Merkt*, GmbHG, § 13 Rn. 106; Noack/Servatius/Haas/*Fastrich*, GmbHG, § 13 Rn. 20; Scholz/*Seibt*, GmbHG, § 13 Rn. 50.

551 BeckOK GmbHG/*Wilhelmi*, GmbHG, § 13 Rn. 182; Noack/Servatius/Haas/*Fastrich*, GmbHG, § 13 Rn. 21; Scholz/*Seibt*, GmbHG, § 13 Rn. 51.

552 Noack/Servatius/Haas/*Fastrich*, GmbHG, § 13 Rn. 24.

553 *Altmeppen*, GmbHG, § 43 Rn. 1; BeckOK GmbHG/*Pöschke*, GmbHG, § 43 Rn. 1; MüKoGmbHG/*Fleischer*, GmbHG, § 43 Rn. 1; Noack/Servatius/Haas/*Beurskens*, GmbHG, § 43 Rn. 1; Scholz/*Seibt*, GmbHG, § 43 Rn. 1.

554 *Altmeppen*, GmbHG, § 43 Rn. 35.

Eine anlasslose, proaktive Aufklärungspflicht würde vor dem Hintergrund des § 23 GwG und des § 51a GmbHG jedoch zu weit gehen.

I. Auskunfts- und Einsichtsrecht nach § 51a GmbHG

§ 51a GmbHG normiert das Recht eines Gesellschafters auf umfassende Information über die Angelegenheiten der Gesellschaft und Einsicht in die Unterlagen unabhängig von einem bestimmten Anlass.[555] Begrenzt wird dieses individuelle Recht des Gesellschafters durch das Missbrauchsverbot und den Verhältnismäßigkeitsgrundsatz, § 51a Abs. 2 GwG.[556] Der Terminus „Angelegenheiten der Gesellschaft" ist sehr weitgreifend zu verstehen, lediglich rein private Angelegenheiten der Beteiligten sind ausgeschlossen.[557] Die wirtschaftlichen Berechtigungen an einer GmbH, sowie die erhobenen und an das Transparenzregister übermittelten Angaben zu den wirtschaftlich Berechtigten werden folglich von dem Anwendungsbereich des § 51a Abs. 1 GmbHG erfasst. Ebenso sind die im Rahmen der Erfüllung der Transparenzpflichten des § 20 Abs. 1 S. 1 GwG von der GmbH gesammelten Daten tauglicher Gegenstand des Einsichtsrechtes des § 51a Abs. 1 GmbHG. Die Auskunft über wirtschaftlich Berechtigte der Gesellschaft und Einsicht der gesammelten Angaben zu den wirtschaftlich Berechtigten sind dem Gesellschafter auf dessen Verlangen hin unverzüglich zu gewähren.[558]

---

555 BT-Drucks. 8/1347, S. 44; BGH, NJW 1997, 1985 (1987); BGH, NZG 2019, 505 (510); *Wicke*, GmbHG, § 51a Rn. 1.

556 BT-Drucks. 8/1347, S. 44; BT-Drucks. 8/3908, S. 76; BGH, NZG 2019, 505 (510); *Wicke*, GmbHG, § 51a Rn. 1; BeckOK GmbHG/*Schindler*, GmbHG, § 51a Rn. 36, 44; Noack/Servatius/Haas/*Noack*, GmbHG, § 51a Rn. 31, 43.

557 BGH, NJW 1997, 1985 (1987); MüKoGmbHG/*Hillmann*, GmbHG, § 51a Rn. 26; Scholz/*Schmidt*, GmbHG, § 13 Rn. 19; *Wicke*, GmbHG, § 51a Rn. 3; *Altmeppen*, GmbHG, § 51a Rn. 6; BeckOK GmbHG/*Schindler*, GmbHG, § 51a Rn. 18; Noack/Servatius/Haas/*Noack*, GmbHG, § 51a Rn. 10.

558 Zur „unverzüglichen" Auskunftsgewährung BT-Drucks. 8/3908, S. 75; MüKoGmbHG/*Hillmann*, GmbHG, § 51a Rn. 47; *Wicke*, GmbHG, § 51a Rn. 7; BeckOK GmbHG/*Schindler*, GmbHG, § 51a Rn. 24; Noack/Servatius/Haas/*Noack*, GmbHG, § 51a Rn. 17.

II. Auskunfts- und Einsichtsrecht des wirtschaftlich berechtigten Nichtgesellschafters analog § 51a GmbHG

Der Auskunfts- und Einsichtsanspruch gemäß § 51a GmbHG ist ein mitgliedschaftliches Recht.[559] Anspruchsberechtigt ist der Gesellschafter der GmbH.[560] Eine analoge Anwendung des § 51a GmbHG auf Nichtgesellschafter wie Treugeber, Unterbeteiligte, stille Gesellschafter und Nießbraucher wurde bisher verneint.[561] Auch eine analoge Anwendung auf den wirtschaftlich Berechtigten, der selbst nicht Gesellschafter der betrachteten GmbH ist, ist abzulehnen. Es fehlt sowohl an einer vergleichbaren Interessenlage, als auch an einer planwidrigen Regelungslücke.

Zweck des § 51a GmbHG ist das Schaffen einer Informationsgrundlage für die sachgemäße Ausübung der Mitgliedschaftsrechte und die verantwortungsbewusste Beteiligung an der organschaftlichen Willensbildung.[562] Bei einer mittelbaren wirtschaftlichen Berechtigung stehen dem wirtschaftlich Berechtigten in der Regel entsprechende Weisungsrechte hinsichtlich der Art und Weise der Ausübung der Mitgliedschaftsrechte gegenüber dem Gesellschafter zu.[563] Die unmittelbare Ausübung der Mitgliedschaftsrechte erfolgt jedoch weiterhin durch den Gesellschafter selbst. Der wirtschaftlich berechtigte Nichtgesellschafter kann den kontrollierten Gesellschafter anweisen, entsprechend von seinem Auskunfts- und Einsichtsrecht gemäß § 51a GmbHG Gebrauch zu machen und ihm die gewünschten Informationen zu verschaffen. Darüber hinaus kann der wirtschaftlich berechtigte Nichtgesellschafter nach § 23 GwG selbst Einsicht in das Transparenzregister nehmen.

---

559 MüKoGmbHG/*Hillmann*, GmbHG, § 51a Rn. 15; *Altmeppen*, GmbHG, § 51a Rn. 11; BeckOK GmbHG/*Schindler*, GmbHG, § 51a Rn. 8; Noack/Servatius/Haas/*Noack*, GmbHG, § 51a Rn. 5.

560 BT-Drucks. 8/1347, S. 44; MüKoGmbHG/*Hillmann*, GmbHG, § 51a Rn. 14; *Altmeppen*, GmbHG, § 51a Rn. 11; BeckOK GmbHG/*Schindler*, GmbHG, § 51a Rn. 8; Noack/Servatius/Haas/*Noack*, GmbHG, § 51a Rn. 5.

561 MüKoGmbHG/*Hillmann*, GmbHG, § 51a Rn. 21 zu Nießbrauch, Rn. 22 zu Treuhandverhältnissen; *Wicke*, GmbHG, § 51a Rn. 5; *Altmeppen*, GmbHG, § 51a Rn. 12; BeckOK GmbHG/*Schindler*, GmbHG, § 51a Rn. 10 ff.

562 BT-Drucks. 8/1347, S. 44; MüKoGmbHG/*Hillmann*, GmbHG, § 51a Rn. 5; *Altmeppen*, GmbHG, § 51a Rn. 1.

563 Siehe Kapitel 1 C. II bis VI und D. I.

III. Einsichtnahmerecht des § 23 GwG

Wem unter welchen Voraussetzungen und in welchem Umfang Zugang zu den Angaben im Transparenzregister gewährt wird, regelt § 23 GwG.[564] § 23 GwG dient dem Ausgleich des Interesses des wirtschaftlich Berechtigten an der Geheimhaltung seiner Daten einerseits und dem Interesse der Auskunftssuchenden an der Offenlegung dieser Daten andererseits.[565] Konkretisiert werden die in § 23 GwG geregelten Zugangsvoraussetzungen in der Transparenzregistereinsichtnahmeverordnung vom 19. Dezember 2017 (TrEinV), welche aufgrund des § 23 Abs. 5 GwG a. F. erlassen wurde.[566]

§ 23 GwG sieht eine gestaffelte Einsichtnahme je nach der Funktion des Einsichtnehmenden vor.[567] Auf der Grundlage des § 23 Abs. 1 S. 1 Nr. 1 GwG wird zunächst bestimmten Behörden, Gerichten, Körperschaften und Anstalten des öffentlichen Rechts Zugang zu den Angaben im Transparenzregister gewährt, jedoch nur soweit dies zur Erfüllung ihrer gesetzlichen Aufgaben erforderlich ist.[568] Die nach § 2 Abs. 1 GwG Verpflichten haben gemäß § 23 Abs. 1 S. 1 Nr. 2 GwG ebenfalls Zugang zu den Angaben im Transparenzregister, sofern die Einsichtnahme der Erfüllung ihrer Sorgfaltspflichten im Sinne des § 10 Abs. 3 GwG dient.[569]

Das Transparenzregister war ursprünglich nicht als öffentliches Register ausgestaltet.[570] Der Zugang zu den vorgehaltenen Informationen über den wirtschaftlich Berechtigten der verpflichteten juristischen Personen und Personengesellschaften war nur einer bestimmten Personengruppe mit einem konkreten

---

564 BT-Drucks. 18/11555, S. 132; Zentes/Glaab/*v. Schweinitz/Pinkernell*, GwG, § 23 Rn. 1; BeckOK GwG/*Korte*, GwG, § 23 Rn. 1.

565 BeckOK GwG/*Korte*, GwG, § 23 Rn. 2.

566 Die Regelung des § 23 Abs. 5 GwG a. F. wurde in § 23 Abs. 7 GwG übernommen, BT-Drucks. 19/28164, S. 16.

567 BT-Drucks. 18/11555, S. 132; Herzog/*Figura*, GwG, § 23 Rn. 1; Zentes/Glaab/*v. Schweinitz/Pinkernell*, GwG, § 23 Rn. 7; *Rubner/Pospiech*, NJW-Spezial 2021, 463 (464); BeckOK GwG/*Korte*, GwG, § 23 Rn. 12.

568 BT-Drucks. 18/11555, S. 132; Herzog/*Figura*, GwG, § 23 Rn. 3; *Reuter*, NZG 2020, 178 (180); Zentes/Glaab/*v. Schweinitz/Pinkernell*, GwG, § 23 Rn. 26 ff.; BeckOK GwG/*Korte*, GwG, § 23 Rn. 17.

569 BT-Drucks. 18/11555, S. 132 f.; *Reuter*, NZG 2020, 178 (180); Zentes/Glaab/*v. Schweinitz/Pinkernell*, GwG, § 23 Rn. 33 ff.

570 BT-Drucks. 19/13827, S. 90; Herzog/*Figura*, GwG, § 23 Rn. 5; Zentes/Glaab/*v. Schweinitz/Pinkernell*, GwG, § 23 Rn. 36; BeckOK GwG/*Korte*, GwG, § 23 Rn. 20.

berechtigten Interesse vorbehalten, § 23 Abs. 1 S. 1 Nr. 3 GwG a. F.[571] Im Zuge der Umsetzung des Art. 1 Ziffer 15 lit. c) Fünfte EU-Geldwäscherichtlinie wird nun der Öffentlichkeit gemäß § 23 Abs. 1 Nr. 3 GwG Zugang zu den Angaben im Transparenzregister gewährt.[572] Ein berechtigtes Interesse ist nicht länger Voraussetzung einer Einsichtnahme.[573] Zweck der Öffnung ist eine größere Kontrolle der Informationen durch die Zivilgesellschaft, die Stärkung des Vertrauens in das Finanzsystem und die Integrität der Geschäftstätigkeit.[574]

Der Europäische Gerichtshof hat mit Urteil vom 22. November 2022, Az. C-37/20, C-601/20, entschieden, dass der uneingeschränkte Zugang der Öffentlichkeit zu den Informationen über den wirtschaftlichen Eigentümer einen nicht gerechtfertigten Eingriff in Art. 7 GRCh, dem Recht auf Achtung des Privat- und Familienlebens, und in Art. 8 GRCh, dem Recht auf Schutz personenbezogener Daten darstelle und Art. 1 Ziffer 15 lit. c) Fünfte EU-Geldwäscherichtlinie insoweit ungültig ist.[575] Der Bundesanzeiger Verlag hat in seiner Funktion als registerführende Stelle am 12. Dezember 2022 einen entsprechenden Hinweis auf der Internetseite des Transparenzregisters veröffentlicht und ermöglicht eine Einsichtnahme im Wege einer unionsrechtskonformen Auslegung des § 23 Abs. 1 Nr. 3 GwG nur noch in Fällen, in denen das berechtigte Interesse an einer Einsichtnahme durch Mitglieder der Öffentlichkeit dargelegt werden kann.[576]

Ein derartiges berechtigtes Interesse wird bei einem wirtschaftlich berechtigten Nichtgesellschafter, der Auskunft darüber erhalten möchte, ob und welche Angaben zu seiner eigenen Person von der Vereinigung gemeldet wurden, gleichwohl anzunehmen sein. Folglich kann auch der wirtschaftlich berechtigte Nichtgesellschafter Einsicht in die zu seiner wirtschaftlichen Berechtigung an das Transparenzregister übermittelten Daten erhalten.

---

571 BT-Drucks. 18/11555, S. 133; BeckOK GwG/Korte, 1. Ed. 01.08.2019, GwG, § 23 Rn. 19; Herzog/*Figura*, GwG, § 23 Rn. 5; Zentes/Glaab/*v. Schweinitz/Pinkernell*, GwG, § 23 Rn. 36.

572 BT-Drucks. 19/13827, S. 90; Zentes/Glaab/*v. Schweinitz/Pinkernell*, GwG, § 23 Rn. 19.

573 Zentes/Glaab/*v. Schweinitz/Pinkernell*, GwG, § 23 Rn. 19; *Reuter*, NZG 2020, 178 (180).

574 Erwägungsgrund (30) Richtlinie 2018/843/EU; *Reuter*, NZG 2020, 178 (180).

575 EuGH, Urteil vom 22. November 2022, Az. C-37/20, C-601/20, Rn. 76, 88.

576 https://www.transparenzregister.de/treg/de/aktuell?1#N13, zuletzt abgerufen am 19.12.2022.

G. Folgen einer Pflichtverletzung

§ 20 GwG etabliert einen umfangreichen Pflichtenkatalog. Die Möglichkeiten diese Pflichten zu verletzen sind vielfältig. Es drohen neben Bußgeldern neue, nicht unerhebliche Haftungsrisiken für die Gesellschaft.[577] Eine zu betrachtende Möglichkeit ist die Weitergabe der Haftungsfolgen an handelnde oder mitverantwortliche Beteiligte über Bußgeldregress und Schadensersatzansprüche.

I. Bußgeldbewehrte Pflichtverletzungen

Die Verletzung der Transparenzpflichten gemäß § 20 Abs. 1 S. 1 GwG durch die verpflichtete Vereinigung stellt eine Ordnungswidrigkeit dar und ist entsprechend bußgeldbewehrt, § 56 Abs. 1 S. 1 Nr. 55, S. 2, Abs. 3 GwG.[578] Ein Verstoß gegen die Auskunftsverlangungspflicht des § 20 Abs. 3a GwG ist zudem eine Ordnungswidrigkeit nach § 56 Abs. 1 S. 1 Nr. 59 GwG, ebenso das Unterlassen der Dokumentation gemäß § 55 Abs. 1 S. 1 Nr. 60 GwG.[579] Normadressat des § 56 GwG ist die verpflichtete Vereinigung selbst, vgl. § 30 Abs. 1 OWiG.[580] Gemäß § 9 Abs. 1 OWiG können die Geschäftsführer für Gesetzesverstöße ihrer Vereinigung auch persönlich mit Bußgeldern belangt werden.[581] Auf subjektiver Tatbestandsebene setzt § 56 Abs. 1 GwG Vorsatz oder Leichtfertigkeit voraus.[582] Zudem muss die Pflichtverletzung dem Handelnden vorwerfbar sein.[583]

Gemäß § 56 Abs. 1 S. 2 GwG kann die vorsätzliche Begehung der Ordnungswidrigkeit mit einer Geldbuße von bis zu 150.000,00 € und im Übrigen mit

577 BT-Drucks. 18/11555, S. 127; vgl. auch *Bochmann*, DB 2017, 1310 (1313) zu der Folge der Verletzung geldwäscherechtlicher Compliance-Pflichten.

578 *Fuchs/Lakenberg*, NJW-Spezial 2017, 463 (463); *Longrée/Pesch*, NZG 2017, 1081 (1083); Zentes/Glaab/*v. Schweinitz/Breit,* GwG, § 56 Rn. 69; BeckOK GwG/*Pelz*, GwG, § 56 Rn. 75.

579 Zentes/Glaab/*v. Schweinitz/Breit,* GwG, § 56 Rn. 72; BeckOK GwG/*Pelz,* GwG, § 56 Rn. 83, 84.

580 Herzog/*Barreto da Rosa*, GwG, § 56 Rn. 5; Zentes/Glaab/*v. Schweinitz/Breit,* GwG, § 56 Rn. 16; BeckOK GwG/*Pelz*, GwG, § 56 Rn. 5.

581 *Bochmann*, DB 2017, 1310 (1314); KK OWiG/*Rogall*, OWiG, § 9 Rn. 44; BeckOK OWiG/*Valerius*, OWiG, § 9 Rn. 12.

582 Herzog/*Barreto da Rosa*, GwG, § 56 Rn. 8; Zentes/Glaab/*v. Schweinitz/Breit,* GwG, § 56 Rn. 26; BeckOK GwG/*Pelz*, GwG, § 56 Rn. 118.

583 KK OWiG/*Rogall*, OWiG, Einleitung Rn. 170; Herzog/*Barreto da Rosa*, GwG, § 56 Rn. 8; BeckOK OWiG/*Gerhold*, OWiG, Einleitung zum OWiG Rn. 33.

einer Geldbuße von bis zu 100.000,00 € geahndet werden.[584] Bei schwerwiegenden, wiederholten oder systematischen Pflichtverletzungen kann die Geldbuße gemäß § 56 Abs. 3 S. 1 GwG sogar bis zu 1.000.000,00 € oder bis zu dem Zweifachen des aus dem Verstoß gezogenen Vorteils betragen.[585] Sofern die nach § 20 Abs. 1 S. 1 GwG verpflichtete Vereinigung zugleich auch Verpflichtete im Sinne des § 2 Abs. 1 Nr. 1 bis Nr. 3, Nr. 6 bis Nr. 9 GwG ist, eröffnet § 56 Abs. 3 S. 4 GwG einen erhöhten Bußgeldrahmen.[586] Compliance-Bemühungen sind zumindest bei der Bemessung des von staatlicher Seite gegen das Unternehmen verhängten Bußgeldes zu berücksichtigen.[587] In diesem Zusammenhang werden nochmals die Verwendung der entwickelten Musterbögen und eine turnusmäßige aktive Abfrage der Angaben zu den wirtschaftlichen Berechtigungen empfohlen.[588]

II. Bußgeldregress

In diesem Zusammenhang gilt es zu klären, ob eine sanktionierte Vereinigung die verantwortlich handelnden Personen in Regress nehmen kann. Da es sich bei Regressfähigkeit von Bußgeldsanktionen um eine anspruchsübergreifende Problematik handelt, wird zunächst ein Blick auf die möglichen Anspruchsgrundlagen geworfen, bevor Bußgeldsanktionen im Anschluss als ersatzfähige Schadenspositionen diskutiert werden.

1. Anspruchsgrundlagen

a. Regressansprüche gegen die Geschäftsführung

Auf der Grundlage von § 43 Abs. 2 GmbHG kann die Geschäftsführung, insbesondere das Mitglied der Geschäftsführung, das gemäß § 4 Abs. 3 S. 1 GwG für den Bereich der Geldwäsche verantwortlich ist[589], für den Ersatz von Schäden,

---

584 *Fuchs/Lakenberg*, NJW-Spezial 2017, 463 (463); *Longrée/Pesch*, NZG 2017, 1081 (1083); Herzog/*Barreto da Rosa*, GwG, § 56 Rn. 106 f.; BeckOK GwG/*Pelz*, GwG, § 56 Rn. 124, 125.

585 *Fuchs/Lakenberg*, NJW-Spezial 2017, 463 (463); Herzog/*Barreto da Rosa*, GwG, § 56 Rn. 106 f.; BeckOK GwG/*Pelz*, GwG, § 56 Rn. 124, 126.

586 Herzog/*Barreto da Rosa*, GwG, § 56 Rn. 111 f.; BeckOK GwG/*Pelz*, GwG, § 56 Rn. 134 f.

587 BGH, Urteil vom 09.05.2017, Az. 1 StR 265/16; *Baur/Holle*, NZG 2018, 14 (14).

588 Siehe Kapitel 2 A. III. 2. und IV. 2.

589 BeckOK GwG/*Pelz*, GwG, § 56 Rn. 5a.

die durch eine schuldhafte Verletzung ihrer Sorgfaltspflichten im Sinne des § 43 Abs. 1 GmbHG entstanden sind, in Anspruch genommen werden.[590]

Erste Voraussetzung eines derartigen Schadensersatzanspruches ist eine entsprechende Pflichtverletzung.[591] Maßgeblich für die Annahme einer Pflichtverletzung ist die in § 43 Abs. 1 GmbHG normierte Sorgfaltspflicht:[592] Die Geschäftsführung hat die Gesellschaft zu fördern, Schaden von ihr abzuwenden und dies unter Einhaltung sämtlicher gesetzlicher Vorgaben, der Regelungen des Gesellschaftsvertrages, der für die Geschäftsführung verbindlichen Beschlüsse anderer Gesellschaftsorgane und unter Berücksichtigung öffentlicher Interessen.[593] Wesentliches Element der geschuldeten Sorgfaltspflicht ist also eine Legalitätspflicht.[594] Eine ordentliche Geschäftsperson hält zwingende gesetzliche Vorgaben ein, dabei ist es irrelevant, ob sich die Norm an die Geschäftsperson selbst oder an die Gesellschaft richtet.[595] Entsprechend werden im Rahmen des § 43 Abs. 1 GmbHG die Transparenzpflichten des § 20 Abs. 1 S. 1 GwG erfasst. In Betracht kommen Pflichtverletzungen dergestalt, dass die Angaben zu den wirtschaftlich Berechtigten der GmbH nicht eingeholt; nicht auf aktuellem Stand gehalten; nicht richtig, nicht vollständig oder gar nicht aufbewahrt; gar nicht, nicht richtig, nicht vollständig oder nicht rechtzeitig an das Transparenzregister übermittelt wurden.[596] Auch eine Verletzung der Pflichten nach § 20 Abs. 3a S. 1 und S. 4 GwG, das Auskunftsersuchen bei den Anteilseignern und dessen Dokumentation, genügt den Anforderungen einer

---

590 LAG Düsseldorf vom 20.01.2015, Az. 16 Sa 495/14, S. 29; Scholz/*Verse*, GmbHG, § 43 Rn. 255.

591 MüKoGmbHG/*Fleischer*, GmbHG, § 43 Rn. 245; *Wicke*, GmbHG, § 43 Rn. 8; Noack/Servatius/Haas/*Beurskens*, GmbHG, § 43 Rn. 45; Scholz/*Verse*, GmbHG, § 43 Rn. 256.

592 MüKoGmbHG/*Fleischer*, GmbHG, § 43 Rn. 245; *Altmeppen*, GmbHG, § 43 Rn. 3; Noack/Servatius/Haas/*Beurskens*, GmbHG, § 43 Rn. 44; Scholz/*Verse*, GmbHG, § 43 Rn. 256.

593 *Wicke*, GmbHG, § 43 Rn. 4 ff.; *Altmeppen*, GmbHG, § 43 Rn. 6 ff.; BeckOK GmbHG/*Pöschke*, GmbHG, § 43 Rn. 44; Noack/Servatius/Haas/*Beurskens*, GmbHG, § 43 Rn. 10 ff.; Scholz/*Verse*, GmbHG, § 43 Rn. 49 ff.

594 MüKoGmbHG/*Fleischer*, GmbHG, § 43 Rn. 21; *Wicke*, GmbHG, § 43 Rn. 5; *Altmeppen*, GmbHG, § 43 Rn. 6; Noack/Servatius/Haas/*Beurskens*, GmbHG, § 43 Rn. 10.

595 BGH, NJW 1997, 130 (131); MüKoGmbHG/*Fleischer*, GmbHG, § 43 Rn. 30; *Wicke*, GmbHG, § 43 Rn. 5; Noack/Servatius/Haas/*Beurskens*, GmbHG, § 43 Rn. 10 f.; Scholz/*Verse*, GmbHG, § 43 Rn. 106.

596 Vgl. § 56 Abs. 1 S. 1 Nr. 55 GwG.

Sorgfaltspflichtverletzung nach § 43 Abs. 2 GmbHG.[597] Gleichermaßen stellt die unterlassene Berichtigung unrichtiger Mitteilungen nach § 20 Abs. 1 GwG eine Sorgfaltspflichtverletzung im Sinne des § 43 Abs. 2, Abs. 1 GmbHG dar. Der Geschäftsführer muss die Pflichtverletzung vorsätzlich oder zumindest fahrlässig verschuldet haben.[598] Der Sorgfaltspflichtverstoß, in diesem Fall ein Verstoß gegen eine der, die Vereinigung treffenden Transparenzpflichten des § 20 GwG, muss für den geltend gemachten Schaden, die bußgeldbedingte Vermögenseinbuße adäquat kausal sein.[599]

Eine Haftung des Geschäftsführers aus dem Anstellungsvertrag gemäß §§ 280 Abs. 1, 249 Abs. 1 BGB wird von § 43 Abs. 2 GmbHG als lex specialis konsumiert.[600] Ist die geschäftsführende Person zugleich Gesellschafter der GmbH, kommt neben der Haftung nach § 43 Abs. 2 GmbHG jedoch ein Anspruch wegen Verletzung der gesellschafterlichen Treuepflicht in Betracht.[601]

Ein Regressanspruch gemäß § 823 Abs. 1 BGB aufgrund einer Verletzung des Rechts am eingerichteten und ausgeübten Gewerbebetrieb kommt hingegen nicht in Betracht. Ein Schadensersatzanspruch aufgrund einer Verletzung des Rechts am eingerichteten und ausgeübten Gewerbebetrieb setzt einen unmittelbaren Eingriff in den betrieblichen Tätigkeitsbereich, den betrieblichen Organismus oder die unternehmerische Entscheidungsfreiheit voraus.[602] Eine Vermögensbeeinträchtigung, wie in diesem Fall durch die Geldbuße verursacht, reicht nicht aus um eine Haftung nach § 823 Abs. 1 BGB aufgrund einer Verletzung des Rechtes am eingerichteten und ausgeübten Gewerbebetrieb zu begründen.[603] Darüber hinaus ist der Anspruch gemäß § 823 Abs. 1

---

597 Vgl. § 56 Abs. 1 S. 1 Nr. 59, Nr. 60 GwG.

598 MüKoGmbHG/*Fleischer*, GmbHG, § 43 Rn. 255; *Wicke*, GmbHG, § 43 Rn. 8; BeckOK GmbHG/*Pöschke*, GmbHG, § 43 Rn. 286; Scholz/*Verse*, GmbHG, § 43 Rn. 268.

599 MüKoGmbHG/*Fleischer*, GmbHG, § 43 Rn. 256; *Wicke*, GmbHG, § 43 Rn. 8; Noack/Servatius/Haas/*Beurskens*, GmbHG, § 43 Rn. 55; Scholz/*Verse*, GmbHG, § 43 Rn. 315 ff.

600 BGH, NJW-RR 1989, 1255 (1256); MüKoGmbHG/*Fleischer*, GmbHG, § 43 Rn. 8; *Wicke*, GmbHG, § 43 Rn. 2; *Altmeppen*, GmbHG, § 43 Rn. 2.

601 BGH, NJW-RR 1989, 1255 (1255); MüKoGmbHG/*Fleischer*, GmbHG, § 43 Rn. 8; *Wicke*, GmbHG, § 43 Rn. 2; siehe Ausführung zu den Regressansprüchen gegen Anteilsinhaber in Kapitel 2 G. II. 1. b.

602 BGH, NJW 1998, 2141 (2143); MüKoBGB/*Wagner*, BGB, § 823 Rn. 369; BeckOK BGB/*Förster*, BGB, § 823 Rn. 185.

603 Vgl. BGH, NJW 1959, 479 (481); BeckOK BGB/*Förster*, BGB, § 823 Rn. 184, 192.

BGB bei Verletzungen des Rechtes am eingerichteten und ausgeübten Gewerbebetrieb subsidiär zu spezialgesetzlichen Vorschriften und würde damit von der Haftung des Geschäftsführers gemäß § 43 Abs. 2 GmbHG verdrängt.[604]

Auch ein Schadensersatzanspruch der sanktionierten Gesellschaft gegen den Geschäftsführer gemäß § 823 Abs. 2 BGB in Verbindung mit § 20 Abs. 1 GwG kommt nicht in Betracht. Zwar werden Vermögensschäden von § 823 Abs. 2 BGB grundsätzlich erfasst[605], die Vereinigung ist nach § 20 Abs. 1 GwG jedoch die Verpflichtete und kann nicht zugleich Geschütze im Rahmen des Schutzgesetzes sein, denn § 823 Abs. 2 BGB verlangt ausdrücklich den Schutz eines anderen.

b. Regressansprüche gegen den Anteilsinhaber

Möglicherweise ist auch ein Regressanspruch gegen einen Anteilsinhaber anzunehmen. In Betracht kommt ein Anspruch gemäß §§ 280 Abs. 1, 249 BGB in Verbindung mit den Treuepflichten der Gesellschafter.

Ein derartiger Regressanspruch setzt eine Pflichtverletzung durch den betroffenen Anteilseigner voraus.[606] Es ist allgemein anerkannt, dass die Gesellschafter eine Treuepflicht gegenüber der Gesellschaft (und auch gegenüber den übrigen Gesellschaftern) trifft.[607] Die Treuepflicht hat den Zweck legitime Erwartungen der am Rechtsverhältnis Beteiligten zu schützen.[608] Dies erfasst auch die Pflicht Schaden von der Gesellschaft abzuwenden.[609] Dem folgend ist, wie bei dem Geschäftsführer im Rahmen des § 43 GmbHG anerkannt[610], auch eine Legalitätspflicht der Gesellschafter als Ausfluss der Treuepflicht anzunehmen. Den Gesellschaftern ist

---

604 *Wicke*, GmbHG, § 43 Rn. 2; Noack/Servatius/Haas/*Beurskens*, GmbHG, § 43 Rn. 112.

605 MüKoBGB/*Wagner*, BGB, § 823 Rn. 534, 614 m. w. N.; BeckOK BGB/*Förster*, BGB, § 823 Rn. 267.

606 *Altmeppen*, GmbHG, § 13 Rn. 41; BeckOK GmbHG/*Wilhelmi*, GmbHG, § 13 Rn. 190; vgl. BeckOK BGB/*Lorenz*, BGB § 280 Rn. 1; MüKoGmbHG/*Merkt*, GmbHG, § 13 Rn. 211; vgl. MüKoBGB/*Ernst*, BGB § 280 Rn. 1.

607 *Wicke*, GmbHG, § 13 Rn. 19; BeckOK GmbHG/*Wilhelmi*, GmbHG, § 13 Rn. 179; MüKoGmbHG/*Merkt*, GmbHG, § 13 Rn. 106, 107; Noack/Servatius/Haas/*Fastrich*, GmbHG, § 43 Rn. 20.

608 BGH, NJW 2019, 1289 (1290) m. w. N.; BeckOK GmbHG/*Wilhelmi*, GmbHG, § 13 Rn. 182; Noack/Servatius/Haas/*Fastrich*, GmbHG, § 43 Rn. 21.

609 *Wicke*, GmbHG, § 13 Rn. 19; MüKoGmbHG/*Merkt*, GmbHG, § 13 Rn. 93.

610 Siehe die Ausführungen zur Legalitätspflicht der Geschäftsführung in Kapitel 2 G. 1. a.

zuzumuten, dass sie sämtliche gesetzlich normierte Pflichten, die sie in ihrer Stellung als Gesellschafter treffen, einhalten.

In Betracht kommt eine Verletzung der Legalitätspflicht bei einer entsprechenden Verletzung der Pflichten aus § 20 Abs. 3 S. 2 GwG: Der Anteilseigner stellt der Gesellschaft keine, fehlerhafte, veraltete oder nur unvollständige Angaben zu einer wirtschaftlichen Berechtigung zur Verfügung[611], welche die Gesellschaft im Rahmen der Erfüllung ihrer Transparenzpflichten an die registerführende Stelle übermittelt. Gleiches gilt, wenn die Anteilseigner entgegen ihrer Pflicht aus § 20 Abs. 3a S. 2 GwG nicht auf ein Auskunftsersuchen der Gesellschaft reagieren oder entgegen ihrer Verpflichtung nach § 20 Abs. 3b GwG Änderungen in der Person des wirtschaftlich Berechtigten nicht rechtzeitig mitteilen.[612] Die vom Anteilseigner im Sinne des § 276 BGB zu vertretene Pflichtverletzung muss entsprechend ursächlich für die Vermögenseinbuße durch das verhängte Bußgeld sein.[613] Die Gesellschaft muss sich ein entsprechendes Mitverschulden im Sinne des § 254 BGB anrechnen lassen.[614] Ein solches wird im Regelfall vorliegen, denn bei ausschließlicher Pflichtverletzung durch den Anteilseigner wird sich die Gesellschaft unter Vorlage der gemäß § 20 Abs. 1 S. 1, Abs. 3a S. 4 GwG dokumentierten Informationsbeschaffung und Datenpflege sowie unter Darlegung der implementierten Compliance-Mechanismen von dem Vorwurf der leichtfertigen oder vorsätzlichen Pflichtverletzung hinsichtlich des eigenen Tatvorwurfes im Vorfeld exkulpieren können.

Vor dem Hintergrund einer möglichen eigenen und für die Sanktionierung der Gesellschaft mitursächlichen Verletzung der Pflichten nach §§ 20 Abs. 3 S. 2, Abs. 3a S. 2, Abs. 3b GwG durch den Anteilseigner ist des Weiteren an einen Schadensersatzanspruch der Gesellschaft gegen den Anteilseigner gemäß § 823 Abs. 2 BGB in Verbindung mit §§ 20 Abs. 3 S. 2, Abs. 3a S. 2, Abs. 3b GwG zu denken. Hier stellt sich die Frage, ob die im GwG normierten Transparenzpflichten Schutzgesetzcharakter im Sinne des § 823 Abs. 2 BGB haben. Jede Rechtsnorm ist ein taugliches Schutzgesetz im Sinne des § 823 Abs. 2 BGB, wenn die Norm zumindest auch den Einzelnen oder einen konkreten Personenkreis gegen die Verletzung eines bestimmten Rechtsgutes schützen

---

611 Vgl. § 56 Abs. 2 S. 1 Nr. 58 GwG.

612 Vgl. § 56 Abs. 2 S. 1 Nr. 59 GwG.

613 BeckOK BGB/*Flume*, BGB, § 249 Rn. 279; Vgl. BeckOK BGB/*Lorenz*, BGB § 280 Rn. 31; MüKoBGB/*Oetker*, BGB, § 249 Rn. 103; Vgl. MüKoBGB/*Ernst*, BGB § 280 Rn. 24.

614 Vgl. MüKoBGB/*Oetker*, BGB, § 254 Rn. 2.

soll.[615] Sinn und Zweck des § 20 GwG ist die Informationsbeschaffung für das Transparenzregister.[616] Durch das Transparenzregister soll es ermöglicht werden, die natürlichen Personen, die hinter dem Netzwerk von Gesellschaften stehen, diese kontrollieren und aus ihnen den wirtschaftlichen Nutzen ziehen, zu identifizieren[617] und diese Informationen gesammelt zugänglich zu machen, § 18 Abs. 1 GwG. Hiermit bezweckt der Gesetzgeber die Verhinderung des Missbrauchs von Unternehmen zu Geldwäschezwecken und eine effektivere Bekämpfung von Geldwäsche.[618] Die Mitteilungspflicht des Anteilsinhabers wurde als Gegenstück zu der Mitteilungspflicht der Vereinigung vor dem Hintergrund geschaffen, dass die Anteilsinhaber naturgemäß über die Kenntnis verfügen, ob sie selbst wirtschaftlich Berechtigte sind oder von einem wirtschaftlich Berechtigten unmittelbar kontrolliert werden.[619] Das Ausnutzen dieser Informationsnähe soll den Informationsfluss an das Transparenzregister fördern.[620] In Ergänzung verpflichtet § 20 Abs. 3a GwG denjenigen Anteilsinhaber, der weder selbst wirtschaftlich Berechtigter ist, noch von einem wirtschaftlich Berechtigten unmittelbar kontrolliert wird, dies der Vereinigung auf Nachfrage gemäß § 20 Abs. 3a S. 2 GwG mitzuteilen.[621] Die Regelung des § 20 Abs. 3b GwG bezweckt, dass auch wenn der wirtschaftlich Berechtigte es versäumt seiner eigenen transparenzrechtlichen Mitteilungspflicht nachzukommen, die Transparenz zum wirtschaftlich Berechtigten aufrechterhalten wird.[622] Diese beiden Normen dienen folglich der Informationssicherung.

Dass die nach § 20 Abs. 1 S. 1 GwG verpflichteten Vereinigungen von der Erfüllung der Transparenzpflichten durch die Anteilsinhaber profitieren, reicht für die Annahme eines Schutzzweckes der Normen nicht aus. Der Individualschutz muss von der Norm bezweckt sein und darf nicht nur als Reflex durch

615 BGH, NJW 1954, 675 (675); BeckOK BGB/*Förster*, BGB, § 823 Rn. 276; MüKoBGB/*Wagner*, BGB § 823 Rn. 563.

616 Zentes/Glaab/*v. Schweinitz/Pichler*, GwG, § 20 Rn. 5 f.; BeckOK GwG/*Korte*, GwG, § 20 Rn. 2.

617 Erwägungsgründe (12), (13) und (14) Richtlinie 2015/849/EU; *Fisch*, NZG 2017, 408 (408).

618 BT-Drucks. 18/11555, S. 89, 125; Zentes/Glaab/*v. Schweinitz/Pichler*, GwG § 20 Rn. 98.

619 BT-Drucks. 18/11555, S. 129; *Assmann/Hütten*, AG 2017, 449 (461); *Krais*, CCZ 2017, 98 (101); Zentes/Glaab/*v. Schweinitz/Pichler*, GwG, § 20 Rn. 106; BeckOK GwG/*Korte*, GwG, § 20 Rn. 59.

620 Vgl. BT-Drucks. 18/11555, S. 129.

621 BT-Drucks. 19/13827, S. 87 f.

622 BT-Drucks. 19/13827, S. 88.

die Befolgung der Norm eintreten.[623] Die Transparenzpflichten der Anteilsinhaber bezwecken gerade nicht den Schutz der Gesellschaft vor fehlerhaften, veralteten, unvollständigen oder fehlenden Informationen oder vor der „Gefahr" eigener Pflichtverletzungen. Die in § 20 GwG normierten Transparenzpflichten der Anteilseigner bezwecken primär die Informationsbeschaffung für die Abbildung transparenter Beteiligungsstrukturen der nach § 20 Abs. 1 S. 1 GwG verpflichteten Vereinigungen im Transparenzregister und sind mithin keine Schutzgesetze im Sinne des § 823 Abs. 2 GwG.

c. *Regressansprüche gegen den wirtschaftlich Berechtigten*

Eine entsprechende Treue- und Legalitätspflicht des wirtschaftlich Berechtigten, der nicht unmittelbar als Anteilsinhaber an der Gesellschaft beteiligt ist, besteht mangels gesellschaftsrechtlicher Beziehung zwischen der Gesellschaft und dem wirtschaftlich Berechtigten Dritten nicht. Eine vertragliche Haftung des wirtschaftlich Berechtigten ist lediglich über einen Regress entlang der Kontrollkette zu erreichen. Die Gesellschaft selbst kann sich an ihren Anteilseigner halten[624], während dieser eine Haftung seines wirtschaftlich Berechtigten aus der Kontrollvermittlungsabrede gemäß §§ 280 Abs. 1, 249 BGB geltend machen kann.

Da das GwG ferner in § 20 Abs. 3 S. 1 GwG eine originäre Mitteilungspflicht des wirtschaftlich Berechtigten festlegt, ist hier gleichfalls an einen Schadensersatzanspruch gemäß § 823 Abs. 2 BGB in Verbindung mit § 20 Abs. 3 S. 1 GwG zu denken. Im Ergebnis ist jedoch korrespondierend zu den obigen Ausführungen die Schutzgesetzqualität des § 20 Abs. 3 S. 1 GwG abzulehnen.[625] Obwohl die normierte Mitteilungspflicht des wirtschaftlich Berechtigten gegenüber der verpflichteten Vereinigung eine rechtliche Beziehung zwischen der Vereinigung und demjenigen wirtschaftlich Berechtigten schafft, der gerade nicht aufgrund gesellschaftsrechtlicher und schuldrechtlicher Abreden unmittelbar mit der Vereinigung verknüpft ist[626], dient dies nicht dem Schutz der verpflichteten Vereinigung. Durch die Einführung der Mitteilungspflicht des wirtschaftlich Berechtigten soll die Umgehung der Angabepflichten durch mittelbare und/oder mehrteilig

---

623 BGH, NJW 2008, 2245 (2249); BeckOK BGB/*Förster*, BGB, § 823 Rn. 276; MüKoBGB/*Wagner*, BGB, § 823 Rn. 563.

624 Siehe die vorangegangenen Ausführungen in Kapitel 2 G. II. 1. b.

625 Siehe zu den Anforderungen an die Schutzgesetzqualität einer Norm die Ausführungen in Kapitel 2 G. II. 1. b.

626 Im Detail zu der Durchsetzung siehe Kapitel 2 A. IV. 2. sowie Kapitel 2 H. III zum Bußgeldregress und zu weiteren Haftungsansprüchen.

vermittelte wirtschaftliche Berechtigungen erschwert werden.[627] Der Gesetzgeber bezweckte in Umsetzung der unionsrechtlichen Vorgaben lediglich teilweise Verlagerung der Pflicht zur Informationsmitteilung vom Anteilsinhaber auf den wirtschaftlich Berechtigten.[628]

2. *Bußgelder als ersatzfähige Schadensposition*

Ob es sich bei einer Geldbuße um einen ersatzfähigen Schaden im Rahmen eines zivilrechtlichen Schadensersatzanspruches handelt, ist umstritten und wurde bisher vor allem im Hinblick auf bußgeldbewehrte Kartellrechtsverstöße diskutiert.[629] Für sämtliche Schadensersatzansprüche sind grundsätzlich die §§ 249 ff. BGB maßgeblich.[630] Eine Geldbuße erweist sich in der Regel als mittelbarer Vermögensschaden im Sinne des § 249 BGB.[631] Neben adäquater und äquivalenter Kausalität setzt die Ersatzfähigkeit eines jeden Schadens voraus, dass dieser unter den Schutzzweck der verletzten Norm fällt.[632]

§ 43 Abs. 2 GmbHG statuiert eine allgemeine Anspruchsgrundlage der GmbH für Schäden, die dieser aus einem pflichtwidrigen und schuldhaften Handeln der Geschäftsführer in Ausübung ihrer Funktion entstehen.[633] Als „haftungsrechtlicher Grundtatbestand"[634] nimmt § 43 Abs. 2 GmbHG keine Einschränkung hinsichtlich der Art der Pflichtwidrigkeit oder der Art des Schadens vor. Mittelbare Schäden sind im Rahmen des § 43 Abs. 2 GmbHG grundsätzlich ersatzfähig.[635] Gleiches gilt für mittelbare Vermögensschaden im Rahmen eines Anspruchs gemäß § 280 Abs. 1 BGB in Verbindung mit der Treuepflicht der Gesellschafter.

---

627 Vgl. konkret bezüglich Treuhandstrukturen BT-Drucks. 18/11555, S. 130.

628 BT-Drucks. 19/13827, S. 87.

629 *Bayer/Scholz*, GmbHR 2015, 449 (449); *Thomas*, NZG 2015, 1409 (1409); *Grunewald*, NZG 2016, 1121 (1121); *Grau/Dust*, ZRP 2020, 134 (134); BeckOK GmbHG/*Pöschke*, GmbHG, § 43 Rn. 309.2.; Scholz/*Verse*, GmbHG, § 43 Rn. 304.

630 BeckOK BGB/*Flume*, BGB, § 249 Rn. 1; MüKoBGB/*Oetker*, BGB, § 249 Rn. 1 f.

631 Vgl. MüKoBGB/*Oetker*, BGB, § 249 Rn. 99 f.

632 BGH, NJW 1958, 1041 (1042); BeckOK BGB/*Flume*, BGB, § 249 Rn. 283; MüKoBGB/*Oetker*, BGB, § 249 Rn. 124.

633 MüKoGmbHG/*Fleischer*, GmbHG, § 43 Rn. 1; *Wicke*, GmbHG, § 43 Rn. 1; *Altmeppen*, GmbHG, § 43 Rn. 37; BeckOK GmbHG/*Pöschke*, GmbHG, § 43 Rn. 306.

634 BeckOK GmbHG/*Pöschke*, GmbHG, § 43 Rn. 2; Scholz/*Verse*, GmbHG, § 43 Rn. 1.

635 Der Schadensbegriff des § 43 Abs. 2 GmbHG ist der des allgemeinen Schadensrechts nach §§ 249 ff. BGB: MüKoGmbHG/*Fleischer*, GmbHG, § 43 Rn. 261; BeckOK GmbHG/*Pöschke*, GmbHG, § 43 Rn. 306; Scholz/*Verse*, GmbHG, § 43 Rn. 297.

Nun wird vorliegend jedoch nicht irgendein mittelbarer Vermögenschaden betrachtet, sondern eben eine Geldbuße, also eine staatliche Reaktion auf ein rechtswidriges, vorwerfbares Verhalten (vgl. § 1 Abs. 1 OWiG).[636] Hieraus folgt die Überlegung, ob die Ersatzfähigkeit von Geldbußen mit dem repressiven und präventiven Sanktionszweck der Bußgeldvorschriften im Allgemeinen und des § 56 GwG im Speziellen vereinbar wäre.

Der Sanktionszweck wird nur durch die Buße als Zufügung eines geldwerten Übels beim Adressaten erreicht.[637] § 56 GwG nimmt Bezug auf die konkret normierten Transparenzpflichten, wonach tauglicher Täter der bußgeldbewehrten Ordnungswidrigkeit der Normadressat der verpflichtenden Norm ist.[638] Im Fall der Ahndung einer Ordnungswidrigkeit gemäß § 56 Abs. 1 Nr. 55 GwG wird die Geldbuße folglich gegen die nach § 20 Abs. 1 GwG verpflichtete Vereinigung selbst verhängt.[639]

Die Vertreter der einen Bußgeldregress befürwortenden Ansicht[640] führen an dieser Stelle an, die juristische Person selbst sei schuldunfähig, denn im Sinne des § 31 BGB könne nur ihr Organ schuldhaft handeln.[641] Daher führe ein Regress der juristischen Person bei dem schuldhaft handelnden Organmitglied, das den Bußgeldtatbestand verwirklicht hat, im Innenverhältnis gerade den gebotenen Ausgleich herbei.[642] Dem ist entgegenzuhalten, dass das Ordnungswidrigkeitenrecht ein Nebeneinander der Haftung des Handelnden nach §§ 1 ff. OWiG, des Verantwortlichen gemäß § 130 OWiG und der juristischen Person im Sinne des § 30 OWiG anerkennt. Der Sinn einer Verpflichtung und Sanktionierung von Unternehmen wäre redundant, wenn die Sanktion

---

636 *Thomas*, NZG 2015, 1409 (1411); vgl. KK-OWiG/*Rogall*, 5. Auflage 2018, OWiG, § 1 Rn. 9.

637 *Thomas*, NZG 2015, 1409 (1411); *Grunewald*, NZG 2016, 1121 (1122): Vgl. MüKoStGB/*Radtke*, StGB, § 40 Rn. 11.

638 Herzog/*Barreto da Rosa*, GwG, § 56 Rn. 5; Zentes/Glaab/*v. Schweinitz/Breit*, GwG, § 56 Rn. 16; BeckOK GwG/*Pelz*, GwG, § 56 Rn. 5.

639 Herzog/*Barreto da Rosa*, GwG, § 56 Rn. 5; Zentes/Glaab/*v. Schweinitz/Breit*, GwG, § 56 Rn. 16; BeckOK GwG/*Pelz*, GwG, § 56 Rn. 5.

640 *Grau/Dust*, ZRP 2020, 134 (134); *Altmeppen*, GmbHG, § 43 Rn. 104; BeckOK GmbHG/*Pöschke*, GmbHG, § 43 Rn. 309.4; Noack/Servatius/Haas/*Beurskens*, GmbHG, § 43 Rn. 50.

641 *Altmeppen*, GmbHG, § 43 Rn. 104.

642 *Altmeppen*, GmbHG, § 43 Rn. 104.

prinzipiell an die handelnde oder verantwortliche natürliche Person weitergereicht werden könnte.[643]

Der Sanktionszweck ist zugleich Legitimation für die Verhängung des Bußgelds, denn jeder Eingriff des Staates bedarf eines legitimen Zwecks als Maßstab für die Verhältnismäßigkeit des gegenständlichen staatlich regulierenden Tätigwerdens.[644] Durch die Annahme einer grundsätzlichen Regressfähigkeit der Geldbuße würde die Sanktionswirkung beim eigentlich sanktionierten Unternehmen entfallen und der staatliche Eingriff gegenüber dem Unternehmen zwecklos.[645] Die Unternehmensgeldbuße hat mithin ausdrücklich den Zweck das Unternehmen selbst zu treffen.[646]

Hinsichtlich des Schuldvorwurfes ist weiter anzuführen, dass Unternehmenssanktionen gerade vor Rechtsverletzungen schützen sollen, die der juristischen Person selbst zuzurechnen sind.[647] Das Unternehmen trifft den Vorwurf des Organisationsverschuldens in Form einer nicht ausreichenden Kontrolle der eigenen, für sie handelnden Organe.[648] Die Ordnungswidrigkeit kann im Einzelfall auf strukturelle Umstände beziehungsweise defizitäre Rahmenbedingungen des Unternehmens zurückzuführen sein, welche die Geschäftsführung nicht beeinflussen konnte.[649] Derartige Umstände finden auch im Rahmen der Risikoverteilung zwischen Gesellschaft und Geschäftsführung, die § 43 GmbHG vornimmt, Berücksichtigung.[650]

Auch die vom Gesetzgeber etablierten unterschiedlichen Bemessungsgrundlagen für die Höhe der Geldbuße sprechen gegen die Annahme einer

---

643 Zu diesem Schluss kommt auch *Thomas*, NZG 2015, 1409 (1412); *Grunewald*, NZG 2016, 1121 (1122); LAG Düsseldorf, Teilurteil vom 20.01.2015, Az. 16 Sa 495/14, S. 29; Scholz/*Verse*, GmbHG, § 43 Rn. 310.

644 LAG Düsseldorf, Teilurteil vom 20.01.2015, Az. 16 Sa 495/14, S. 33; *Thomas*, NZG 2015, 1409 (1411); vgl. KK OWiG/*Mitsch*, OWiG, § 17 Rn. 4.

645 LAG Düsseldorf, Teilurteil vom 20.01.2015, Az. 16 Sa 495/14, S. 33; *Thomas*, NZG 2015, 1409 (1411); *Grunewald*, NZG 2016, 1121 (1122).

646 LAG Düsseldorf, Teilurteil vom 20.01.2015, Az. 16 Sa 495/14, S. 33; *Thomas*, NZG 2015, 1409 (1411); Scholz/*Verse*, GmbHG, § 43 Rn. 310; *Grunewald*, NZG 2016, 1121 (1122).

647 *Grau/Dust*, ZRP 2020, 134 (136); vgl. KK OWiG/*Mitsch*, OWiG, § 17 Rn. 9, 11; Scholz/*Verse*, GmbHG, § 43 Rn. 312.

648 LAG Düsseldorf, Teilurteil vom 20.01.2015, Az. 16 Sa 495/14, S. 33; *Grau/Dust*, ZRP 2020, 134 (137); KK OWiG/*Mitsch*, OWiG, § 17 Rn. 11; KK OWiG/*Rogall*, 5. Auflage 2018, OWiG, § 30 Rn. 17.

649 *Grau/Dust*, ZRP 2020, 134 (137); Scholz/*Verse*, GmbHG, § 43 Rn. 312.

650 *Grau/Dust*, ZRP 2020, 134 (137); Vgl. Scholz/*Verse*, GmbHG, § 43 Rn. 7.

Regressmöglichkeit von Bußgeldern.[651] Die Spezialgesetze, die eine Unternehmensordnungswidrigkeit vorsehen, normieren für gewöhnlich höhere, von § 17 Abs. 1 OWiG abweichende Bußgeldrahmen.[652] Außerdem erfolgt die Zumessung gemäß § 17 Abs. 3 OWiG bei einer Unternehmenssanktion anhand unternehmensbezogener Faktoren.[653] Diese umfassen unter anderem unternehmensweit etablierte Compliance Maßnahmen, aber auch einen Wiederholungvorwurf, der das Unternehmen selbst trifft, unbeachtlich eines etwaigen zwischenzeitlichen Geschäftsführerwechsels.[654] Diese individuelle Schuldzumessung im Ordnungswidrigkeitenrecht darf nicht in der Form zivilrechtlich korrigiert werden, dass die Strafe auf einen „wahren" Verantwortlichen abgewälzt werde.[655]

§ 56 GwG bezweckt die Einhaltung der Transparenzpflichten über einen wirksam verhältnismäßigen und abschreckenden Sanktionsmechanismus, sowie die Ermöglichung einer effizienten Aufsicht durch die zuständigen Aufsichtsbehörden.[656] Diese Präventionsziele würden bei Annahme einer Regressmöglichkeit nicht erreicht.[657] Ein Bußgeldregress würde ein unverhältnismäßiges Abwälzen der Sanktion auf die Geschäftsführung als Sündenbock ermöglichen und die Verschärfung der Sanktionsschwere aufgrund eines Wiederholungstatbestandes ins Leere laufen lassen.[658] Eine untragbare, von § 43 GmbHG nicht gedeckte Risikoverschiebung zu Lasten der Geschäftsführung wäre die Folge. Dies würde den Verdeckungsanreiz wider der Präventionsabsicht steigern und die Geschäftsführung zu risikoaversem Verhalten verleiten.[659]

Eine Geldbuße ist mithin kein ersatzfähiger Schaden im Rahmen eines zivilrechtlichen Schadensersatzanspruches.[660]

---

651 *Thomas*, NZG 2015, 1409 (1412).

652 *Baur/Holle*, NZG 2018, 14 (15); KK OWiG/*Rogall*, OWiG, § 30 Rn. 138.

653 *Thomas*, NZG 2015, 1409 (1412); Vgl. KK OWiG/*Rogall*, OWiG, § 30 Rn. 134.

654 *Thomas*, NZG 2015, 1409 (1412); detaillierter zum Meinungsstand der „Compliance Defense" *Baur/Holle*, NZG 2018, 14 (15); KK OWiG/*Rogall*, OWiG, § 30 Rn. 137.

655 LAG Düsseldorf, Teilurteil vom 20.01.2015, Az. 16 Sa 495/14, S. 33; *Thomas*, NZG 2015, 1409 (1412).

656 Erwägungsgrund (59) Richtlinie 2015/849/EU; BT-Drucks. 18/11555, S. 163.

657 Vgl. LAG Düsseldorf, Teilurteil vom 20.01.2015, Az. 16 Sa 495/14, S. 34.

658 LAG Düsseldorf, Teilurteil vom 20.01.2015, Az. 16 Sa 495/14, S. 32; Vgl. *Thomas*, NZG 2015, 1409 (1411).

659 *Wilhelmi*, NZG 2017, 681 (684).

660 Zu diesem Ergebnis kommen auch LAG Düsseldorf, Teilurteil vom 20.01.2015, Az. 16 Sa 495/14, S. 35; *Thomas*, NZG 2015, 1409 (1416); *Grunewald*, NZG 2016, 1121 (1124); Scholz/*Verse*, GmbHG, § 43 Rn. 310.

3. *Zwischenergebnis*

Das nach § 56 Abs. 1 Nr. 55, Nr. 59 oder Nr. 60, Abs. 2 GwG sanktionierte Unternehmen kann die Geldbuße nicht über einen Bußgeldregress von der Geschäftsführung oder den Gesellschaftern ersetzt verlangen. Andere kausale Schadenspositionen, wie beispielsweise die Folgekosten für die Ermittlung der richtigen Angaben oder des „wahren" wirtschaftlich Berechtigte, können hingegen gemäß § 43 Abs. 2 GmbHG gegen die Geschäftsführung und gemäß §§ 280 Abs. 1, 249 ff. BGB in Verbindung mit der Treuepflicht der Gesellschafter gegen die Gesellschafter geltend gemacht werden.

Auch Reputationsschäden sind in der Regel ersetzbare Vermögensschäden.[661] Jedoch wirken sich nicht alle Reputationsschäden auf das Vermögen der Gesellschaft aus.[662] Die sogenannten bloßen Reputationsschäden sind nicht ersatzfähig.[663] Bei der Ermittlung eines Reputationsvermögensschadens wird der abgezinste Wert aller künftigen Mehrkosten und Mindereinnahmen der Gesellschaft, die darauf beruhen, dass die Kapitalgeber oder potentiellen Vertragspartner an der Fähigkeit oder Bereitschaft der Gesellschaft zur Einhaltung ihrer impliziten Versprechen zur Gesetzestreue und Missbilligung von Geldwäsche und Terrorismusfinanzierung zweifeln, betrachtet (sogenannte Ökonomische Theorie des Reputationsvermögensschadens).[664] In der Praxis erfolgt die Bemessung bei nicht börsennotierten Gesellschaften unter Schätzung der Auswirkungen auf das operative Geschäft und auf die sonstige Vermögenslage.[665]

III. Haftung der Gesellschaft gegenüber den Gesellschaftern

Die Verletzung der Transparenzpflichten könnte weitere Haftungsrisiken gegenüber den Anteilseignern begründen. Vor dem Hintergrund der obigen Ausführungen zu den bußgeldbewehrten Pflichtverletzungen wäre an erster Stelle an einen Schadensersatzanspruch des Gesellschafters gegen die

---

661 *Klöhn/Schmolke*, NZG 2015, 689 (692); Vgl. MüKoHGB/*Mankowski*, CISG, Art. 74 Rn. 57 zu „goodwill-Schäden" als Folgeschäden.

662 *Klöhn/Schmolke*, NZG 2015, 689 (693).

663 *Klöhn/Schmolke*, NZG 2015, 689 (693); MüKoGmbHG/*Fleischer*, GmbHG, § 43 Rn. 263; OLG Braunschweig, AG 2022, 164 (164).

664 *Klöhn/Schmolke*, NZG 2015, 689 (692).

665 *Klöhn/Schmolke*, NZG 2015, 689 (693); OLG Braunschweig, AG 2022, 164 (167).

Gesellschaft gemäß §§ 280 Abs. 1, 249 ff. BGB in Verbindung mit der Treuepflicht zu denken.[666]

Ein Schadensersatzanspruch gemäß § 823 Abs. 1 BGB kommt nicht in Betracht. Das als sonstige Rechtsgut im Rahmen des § 823 Abs. 1 BGB anerkannte Recht am eingerichteten und ausgeübten Gewerbebetrieb erfasst nicht die Beteiligung an einer Kapitalgesellschaft, da es sich hierbei nicht um eine gewerbliche Tätigkeit im Sinne des § 823 Abs. 1 BGB handelt.[667]

Denkbar wäre aber ein Schadensersatzanspruch gemäß § 823 Abs. 2 BGB in Verbindung mit § 20 Abs. 1 GwG. Im Gegensatz zu § 823 Abs. 1 BGB werden Vermögensschäden von § 823 Abs. 2 BGB grundsätzlich erfasst.[668] Fraglich ist an dieser Stelle ebenfalls, ob es sich bei § 20 Abs. 1 GwG um ein Schutzgesetz im Sinne des § 823 Abs. 2 BGB handelt. Entsprechend der obigen Ausführungen zu dem im Ergebnis zu verneinenden Schutzgesetzcharakter der in § 20 GwG normierten Transparenzpflichten der Anteilseigner und wirtschaftlich Berechtigten sei auch an dieser Stelle auf den Informationsbeschaffungszweck des § 20 GwG für das Transparenzregister als Grundlage der transparenten Darstellung von Beteiligungsstrukturen im Rahmen des Transparenzregisters verwiesen.[669] § 20 Abs. 1 S. 1 GwG dient gleichermaßen primär der Zuführung der nach § 19 GwG erforderlichen Informationen zum Transparenzregister.[670] Nicht erkennbar ist eine Absicht des Gesetzgebers mittels der Identifizierungs- und Anzeigepflichten des GwG die Vermögensinteressen, der durch die Vortaten Geschädigten zu schützen.[671] Die Transparenz komplexer, gegebenenfalls bewusst verschleierter Beteiligungs- und Kontrollstrukturen begünstigt zwar die übrigen Gesellschafter und konkurrierenden Marktteilnehmer, dies folgt jedoch mittelbar aus der Einhaltung der Transparenzpflicht. Der

---

666 Wie bereits angeführt, besteht eine Treuepflicht auch in dem Verhältnis zwischen Gesellschaft und Gesellschaftern und umfasst eine Legalitätspflicht: *Wicke*, GmbHG, § 13 Rn. 19; BeckOK GmbHG/*Wilhelmi*, GmbHG, § 13 Rn. 179; MüKoGmbHG/*Merkt*, GmbHG, § 13 Rn. 106, 107; Noack/Servatius/Haas/*Fastrich*, GmbHG, § 43 Rn. 20.

667 *Möllers/Beutel*, NZG 2006, 338 (339); BeckOK BGB/*Förster*, BGB, § 823 Rn. 180.

668 MüKoBGB/*Wagner*, BGB, § 823 Rn. 534, 614 m. w. N.; BeckOK BGB/*Förster*, BGB, § 823 Rn. 267.

669 Siehe die entsprechenden Ausführungen zu dem Schutzgesetzcharakter des § 20 Abs. 3 S. 2 GwG bzw. § 20 Abs. 3a S. 2 GwG und § 20 Abs. 3b S. 1 GwG in Kapitel 2. G. II. 1. b., sowie die Ausführungen zu dem Schutzgesetzcharakter des § 20 Abs. 3 S. 1 GwG in Kapitel 2. G. II. 1. c.

670 Vgl. BT-Drucks. 18/11555, S. 125.

671 BGH, NJW 2008, 2245 (2249).

Individualschutz muss jedoch gerade von der Norm bezweckt sein und darf nicht nur als Reflex durch die Befolgung der Norm eintreten.[672] Ein vergleichender Blick auf die registerrechtlichen Mitteilungspflichten des § 40 GmbHG stützt die Ablehnung der Einordung des § 20 Abs. 1 GwG als Schutzgesetz im Sinne des § 823 Abs. 2 BGB. Durch die Einführung der Haftungsnorm des § 40 Abs. 3 GmbHG war der zuvor an dieser Stelle geführte Meinungsstreit, ob § 40 GmbHG ein Schutzgesetz im Sinne des § 823 Abs. 2 GmbHG sei, bedeutungslos geworden.[673] § 40 Abs. 3 GmbHG verdeutlicht die Intention des Gesetzgebers aktuelle und potenzielle Gesellschaftergläubiger und betroffene Gesellschafter vor dem Hintergrund der Legitimationswirkung der Listeneintragung gemäß § 16 Abs. 1 S. 1 GmbHG zu schützen.[674] Den Eintragungen im Transparenzregister fehlt es an einer entsprechenden Legitimationsfunktion im Rechtsverkehr. Ein Schutz etwaiger Gesellschafter oder Gesellschaftsgläubiger vor fehlerhaften Eintragungen im Transparenzregister erscheint vor diesem Hintergrund nicht erforderlich. Dem kann entgegengehalten werden, dass den Eintragungen im Transparenzregister schon eine gewisse Außenwirkung zukommt: Gemäß § 12 Abs. 3 S. 2, S. 3 GwG ist es ausreichend, dass der nach § 2 Abs. 1 GwG Verpflichtete zur Überprüfung der nach § 11 Abs. 5 GwG erhobenen Angaben zum wirtschaftlich Berechtigten Einsicht in das Transparenzregister nimmt und die dort vorgehaltenen Angaben mit den von ihm selbst ermittelten Angaben abgleicht.[675] Allerdings gilt dies nur sofern keine sonstigen Anhaltspunkte Zweifel an der Identität des wirtschaftlich Berechtigten begründen oder auf ein höheres Risiko der Geldwäsche oder der Terrorismusfinanzierung hindeuten, § 12 Abs. 3 S. 3 GwG.[676] Weiter statuiert das GwG ausdrücklich in § 18 Abs. 4 GwG, dass mit der Auskunft der registerführenden Stelle über Eintragungen im Transparenzregister keine Gewähr für die Richtigkeit und Vollständigkeit der übermittelten Angaben übernommen wird.[677] Eine Schutzintention des Gesetzgebers vor fehlerhaften Eintragungen im Transparenzregister ist mithin nicht erkennbar. Auch § 20 Abs. 1 GwG eignet sich folglich nicht als Schutzgesetz im Sinne des § 823 Abs. 2 GwG.

---

672 BGH, NJW 2008, 2245 (2249); BeckOK BGB/*Förster*, BGB, § 823 Rn. 276; MüKoBGB/*Wagner*, BGB § 823 Rn. 563.

673 *Wicke*, GmbHG, § 40 Rn. 18, *Altmeppen*, GmbHG, § 40 Rn. 48.

674 *Altmeppen*, GmbHG, § 40 Rn. 1; BeckOK GmbHG/*Heilmeier*, GmbHG, § 40 Rn. 8.

675 BeckOK GwG/*Frey*, GwG, § 12 Rn. 26 f.

676 BeckOK GwG/*Frey*, GwG, § 12 Rn. 26i.

677 BT-Drucks. 18/11555, S. 126.

Ein jedweder Schadensersatzanspruch des einzelnen Gesellschafters gegen die Gesellschaft setzt weiter voraus, dass dem Gesellschafter ein ersatzfähiger Schaden entstanden ist.[678] Durch die Geldbuße wird das Vermögen der GmbH gemindert.[679] Die mittelbare Verringerung des Wertes der Geschäftsanteile, der sogenannte Reflexschaden, ist jedoch kein ersatzfähiger Schaden des einzelnen Gesellschafters im Sinne des §§ 249 ff. BGB.[680] Entsteht dem Gesellschafter lediglich ein mittelbarer Schaden steht ihm nur in Ausnahmefällen ein eigener Anspruch zu, vor allem wenn der Gesellschafter einen zusätzlichen Schaden erlitten hat, der nicht nur den Schaden der Gesellschaft widerspiegelt oder sich der Anspruch auf die Verletzung gerade dem Gesellschafter gegenüber bestehender Sorgfaltspflichten stützt.[681] Dies wird bei einer Verletzung der Transparenzpflichten nach § 20 Abs. 1 S. 1 GwG durch die Gesellschaft in der Regel nicht anzunehmen sein.

IV. Name and Shame, § 57 GwG

Weitere Folge einer Verletzung der Transparenzpflichten des Geldwäscherechts ist das sogenannte Naming and Shaming: die Veröffentlichung von bestandskräftigen Maßnahmen und unanfechtbaren Bußgeldbescheiden, welche aufgrund eines Verstoßes geldwäscherechtlicher Pflichten verhängt wurden.[682]

In Umsetzung des Art. 60 der Vierten EU-Geldwäscherichtlinie normiert § 57 GwG, dass bestandskräftige Maßnahmen (im Sinne des § 51 Abs. 2 GwG)[683] und unanfechtbare Bußgeldbescheide von den zuständigen Aufsichts- und Verwaltungsbehörden und der Behörde nach § 56 Abs. 5 S. 2 GwG auf der jeweiligen behördlichen oder einer gemeinsamen Internetseite bekanntzugeben sind.[684] Nach der vorherigen Fassung des § 57 GwG wurde das BVA

678 Vgl. BeckOK BGB/*Lorenz*, BGB, § 280 Rn. 41; MüKoBGB/*Ernst*, BGB, § 280 Rn. 36.

679 Die Wirkung der Geldbuße als „geldwertes Übel" *Thomas,* NZG 2015, 1409 (1411); *Grunewald*, NZG 2016, 1121 (1122); Vgl. MüKoStGB/*Radtke*, StGB, § 40 Rn. 11.

680 BGH, Versäumnisurteil vom 14.05.2013, Az. II ZR 176/10 (KG); LAG Düsseldorf, Teilurteil vom 20.01.2015, Az. 16 Sa 460/14, S. 18.

681 BGH, Beschluss vom 28.01.2021, Az. III ZR 157/19; *Altmeppen*, GmbHG, § 13 Rn. 155.

682 BT-Drucks. 18/11555, S. 89, 165; Art. 60 Richtlinie 2015/849/EU; Herzog/*Herzog,* GwG, § 57 Rn. 1; Zentes/Glaab/*Wende*, GwG, § 57 Rn. 1; BeckOK GwG/*Pelz,* GwG, § 57 Rn. 1.

683 BeckOK GwG/*Pelz,* GwG, § 57 Rn. 5.

684 BT-Drucks. 18/11555, S. 89, 165; Zentes/Glaab/*Wende*, GwG, § 57 Rn. 5; BeckOK GwG/*Pelz,* GwG, § 57 Rn. 4, 6.

hiervon nicht erfasst, da das BVA keine Aufsichtsbehörde im Sinne des GwG ist.[685] Diese Regelungslücke wurde im Rahmen der Umsetzung der Fünften EU-Geldwäscherichtlinie durch den Zusatz in § 57 Abs. 1 S. 1 GwG geschlossen.[686] Opportunitätseinstellungen nach § 47 OWiG oder Verwarnungen nach § 56 OWiG sind nicht bekanntzugeben.[687] Unanfechtbare gerichtliche Entscheidungen, die eine Verhängung eines entsprechenden Bußgeldes zum Gegenstand haben, werden gemäß § 57 Abs. 1 S. 2 GwG ebenfalls von der Veröffentlichungspflicht des § 57 Abs. 1 S. 1 GwG erfasst.[688] Nach dem Gesetzeswortlaut ist erforderlich, dass die Adressaten der Maßnahme oder der Bußgeldentscheidung vor der Veröffentlichung zu unterrichten sind.[689]

§ 57 Abs. 1 S. 3 GwG regelt die Inhaltlichen Anforderungen an die Veröffentlichung. Die Bekanntmachung muss demnach die Art und den Charakter des Verstoßes und die für diesen Verstoß verantwortliche natürliche und juristische Person oder Personenvereinigung bezeichnen.[690] Einer Bekanntgabe der verhängten Sanktion bedarf es ebenso wenig wie einer Volltextveröffentlichung der Entscheidung.[691] § 57 Abs. 2 S. 1 GwG sieht die Möglichkeit einer Aufschiebung und § 57 Abs. 2 S. 2 GwG eine Anonymisierung der Bekanntmachung vor, soweit diese eine Verletzung des Persönlichkeitsrechts (§ 57 Abs. 2 S. 1 Nr. 1 Alt. 1 GwG) bedeuten würde oder aus sonstigen Gründen unverhältnismäßig wäre (§ 57 Abs. 2 S. 1 Nr. 1 Alt. 2 GwG).[692] Ebenso kommt eine Aufschiebung der Bekanntmachung in Betracht, wenn die Bekanntmachung die Stabilität der Finanzmärkte (§ 57 Abs. 2 S. 1 Nr. 2 GwG) oder laufende Ermittlungen

---

685 Herzog/*Herzog*, GwG, § 57 Rn. 4; *Reuter*, NZG 2020, 178 (182); BeckOK GwG/*Pelz*, GwG, § 57 Rn. 4.

686 BT-Drucks. 19/13827, S. 108; *Reuter*, NZG 2020, 178 (182); Zentes/Glaab/*Wende*, GwG, § 57 Rn. 5; BeckOK GwG/*Pelz*, GwG, § 57 Rn. 7.

687 BeckOK GwG/*Pelz*, GwG, § 57 Rn. 6.

688 BT-Drucks. 19/13827, S. 108; Herzog/*Herzog*, GwG, § 57 Rn. 3; Zentes/Glaab/*Wende*, GwG, § 57 Rn. 11; BeckOK GwG/*Pelz*, GwG, § 57 Rn. 11.

689 Art. 60 Abs. 1 Richtlinie 2015/849/EU setzt nach seinem Wortlaut die Unterrichtung der Betroffenen voraus; Herzog/*Herzog*, GwG, § 57 Rn. 6; Zentes/Glaab/*Wende*, GwG, § 57 Rn. 12; BeckOK GwG/*Pelz*, GwG, § 57 Rn. 13.

690 BT-Drucks. 18/11555, S. 165; Art. 60 Abs. 1 Richtlinie 2015/849/EU; BeckOK GwG/*Pelz*, GwG, § 57 Rn. 12.

691 BeckOK GwG/*Pelz*, GwG, § 57 Rn. 12a.

692 BT-Drucks. 18/11555, S. 165; in Umsetzung von Art. 60 Abs. 1 lit. a) und lit. b) Richtlinie 2015/849/EU; Zentes/Glaab/*Wende*, GwG, § 57 Rn. 16; BeckOK GwG/*Pelz*, GwG, § 57 Rn. 14 f.

(§ 57 Abs. 2 S. 1 Nr. 3 GwG) gefährden würde.[693] Sind eine Aufschiebung oder Anonymisierung der Bekanntmachung nicht ausreichend um die Stabilität der Finanzmärkte oder die Verhältnismäßigkeit sicherzustellen, darf die Bekanntmachung gemäß § 57 Abs. 3 GwG nicht erfolgen.[694] Erfolgt eine Bekanntmachung, so muss diese gemäß § 57 Abs. 4 GwG für fünf Jahre veröffentlicht bleiben.[695] Lediglich die personenbezogenen Daten sind nach § 57 Abs. 4 S. 2 GwG zu löschen, sobald diese Bekanntmachung nicht mehr erforderlich ist.[696]

Die Idee des § 57 GwG ist stringent: Nicht ausreichende Geldwäscheprävention wird als Wettbewerbsfaktor und Teilmotiv für die Begründung neuer beziehungsweise Unterhaltung bestehender Geschäftsbeziehungen begriffen.[697] Das öffentliche Enthüllen etwaiger Missstände oder Nachlässigkeiten bei der Geldwäscheprävention kann erhebliche Reputationsnachteile und eine entsprechende Beeinträchtigung der wirtschaftlichen Tätigkeit der Betroffenen zur Folge haben.[698] § 57 GwG bezweckt auf diese Weise die zusätzliche generalpräventive Wirkung durch die Veröffentlichung bestandskräftiger Bußgeldentscheidungen.[699]

In der Praxis erwuchsen jedoch eine Vielzahl von klärungsbedürftigen Problemen aus den oben dargestellten Grundzügen des § 57 GwG: So ist bereits grundlegend umstritten, ob es sich bei Veröffentlichungen im Sinne des § 57 GwG um einen Realakt oder einen Verwaltungsakt handelt.[700] Die Beantwortung dieser Frage wirkt sich zum einen auf die Anforderungen an das

---

693 BT-Drucks. 18/11555, S. 165; Zentes/Glaab/*Wende*, GwG, § 57 Rn. 16.

694 BT-Drucks. 18/11555, S. 165; in Umsetzung von Art. 60 Abs. 1 lit. c) Richtlinie 2015/849/EU; Herzog/*Herzog*, GwG, § 57 Rn. 5; Zentes/Glaab/*Wende*, GwG, § 57 Rn. 17; BeckOK GwG/*Pelz*, GwG, § 57 Rn. 17.

695 BT-Drucks. 18/11555, S. 165; in Umsetzung von Art. 60 Abs. 3 Richtlinie 2015/849/EU; Herzog/*Herzog*, GwG, § 57 Rn. 6; Zentes/Glaab/*Wende*, GwG, § 57 Rn. 18; BeckOK GwG/*Pelz*, GwG, § 57 Rn. 18.

696 BT-Drucks. 18/11555, S. 166/849; Zentes/Glaab/*Wende*, GwG, § 57 Rn. 19; BeckOK GwG/*Pelz*, GwG, § 57 Rn. 18.

697 *Klöhn/Schmolke* NZG 2015, 689 (696); Herzog/*Herzog*, GwG § 57 Rn. 1 zum „wirtschaftlichen Todesurteil"; vgl. BeckOK GwG/*Pelz*, GwG, § 57 Rn. 2.

698 *Klöhn/Schmolke* NZG 2015, 689 (696); BeckOK GwG/*Pelz*, GwG, § 57 Rn. 2.

699 *Klöhn/Schmolke* NZG 2015, 689 (696); *Armbrüster/Böffel*, ZIP 2019, 1885 (1885); Herzog/*Herzog*, GwG § 57 Rn. 2; BeckOK GwG/*Pelz*, GwG, § 57 Rn. 1.

700 Vgl. zur Annahme eines Realaktes bzgl. Bekanntmachungen nach § 124 WpHG: Hessischer VGH, Beschluss vom 19.09.2019, Az. 6 B 860/19, Rn. 7 (zuletzt abgerufen über https://openjur.de/u/2260552.html am 15.03.2022; Zentes/Glaab/*Wende*, GwG, § 57 Rn. 14; BeckOK GwG/*Pelz*, GwG, § 57 Rn. 13.

„Unterrichten" der Adressaten nach § 57 Abs. 1 S. 1 GwG und zum anderen auf die Rechtschutzmöglichkeit der Betroffenen aus.[701]

Daneben stellt sich die Frage, ob durch die Veröffentlichung von bestandskräftigen Maßnahmen und unanfechtbaren Bußgeldbescheiden nach § 57 GwG auf verfassungswidrige, insbesondere unverhältnismäßige Weise in die Rechte der betroffenen Vereinigungen eingegriffen wird.[702] Zwar ist im europäischen Kartellrecht das Prinzip Naming and Shaming als rechtskonform anerkannt[703], anders als im Geldwäscherecht richtet sich die Information dort an ein bestimmtes Fachpublikum.[704] Im Spannungsfeld zwischen der Gefahr eines unreflektierten Aufgreifens im Internet[705] und eines Abstumpfungseffekts durch eine Überflutung mit entsprechenden Informationen[706] ist zu bedenken, dass gerade die Personen, die den Eindruck erwecken, etwas zu verbergen zu haben, in den Medien und in der Öffentlichkeit ein besonderes Interesse hervorrufen.[707]

Im Zuge der Beantwortung der Frage nach verfassungswidrigen Eingriffen in Rechte juristischer Personen oder eingetragener Personenvereinigungen durch Bekanntmachung von bestandskräftigen und unanfechtbaren Entscheidungen betreffend Ordnungswidrigkeiten nach § 56 Abs. 1 S. 1 Nr. 54 bis Nr. 66 GwG ist zunächst der Beurteilungsmaßstab für mögliche Rechtsverletzungen zu ermitteln.

1. Maßgeblichkeit des Grundrechtsstandards: Grundgesetz oder Grundrechte-Charta der Europäischen Union

Eingangs gilt es zu klären, anhand welches Beurteilungsmaßstabes eine Eingriffsqualität des Naming and Shaming nach § 57 GwG zu bewerten ist. Da mit

---

701 Vgl. zu § 18 KWG *John*, BKR 2020, 335 (337); bezüglich der Rechtsschutzmöglichkeiten im Rahmen des § 57 GwG: Zentes/Glaab/*Wende*, GwG, § 57 Rn. 14; BeckOK GwG/*Pelz*, GwG, § 57 Rn. 13.

702 *Seibt/Wollenschläger*, AG 2012, 305 (313); *Armbrüster/Böffel*, ZIP 2019, 1885 (1890); kritisch Herzog/*Herzog*, GwG § 57 Rn. 1; ebenso im Grundsatz *John*, BKR 2020, 335 (336) bezüglich Verdachtsmeldungen nach § 18 Abs. 3 WPpG.

703 *Armbrüster/Böffel*, ZIP 2019, 1885 (1886 ff.) zu den Anwendungsgebieten des Naming and Shaming unter Ziffer III; Zentes/Glaab/*Wende*, GwG, § 57 Rn. 1.

704 BeckOK GmbHG/*N. Müller*, GmbHG, § 88 Rn. 14.

705 *Seibt/Wollenschläger*, AG 2012, 305 (313); *Armbrüster/Böffel*, ZIP 2019, 1885 (1891); *John*, BKR 2020, 335 (337).

706 BeckOK GmbHG/*N. Müller*, GmbHG, § 88 Rn. 19.

707 Herzog/*Herzog*, GwG, § 57 Rn. 6.

§ 57 GwG eine EU-Richtlinie in deutsches Recht umgesetzt wird, ist nicht nur eine Prüfung anhand der innerstaatlichen Grundrechte des Grundgesetzes (im Folgenden abgekürzt als „GG"), sondern auch anhand der Charta der Grundrechte der Europäischen Union denkbar.

Das BVerfG hat mit den Entscheidungen „Recht auf Vergessen I", BVerfG, Beschluss vom 06.11.2019, Az. 1 BvR 16/13, und „Recht auf Vergessen II", BVerfG, Beschluss vom 06.11.2019, Az. 1 BvR 276/17, seine bisherige „Solange" Rechtsprechung zu dem Verhältnis von nationalen Grundrechten und europäischen Grundrechtsstandards abgelöst.[708] Innerstaatliches Recht und dessen Anwendung, in diesem Fall § 57 GwG, ist auch am Maßstab der Grundrechte des Grundgesetzes zu messen, wenn es zwar im Anwendungsbereich des Unionsrechts liegt, aber den Mitgliedstaaten einen Gestaltungsspielraum bei der Umsetzung eröffnet ist.[709] Macht das in Rede stehende Unionsrecht hingegen zwingende Vorgaben für die Umsetzung und zielt gerade auf die Rechtsvereinheitlichung ab (sogenannter vollharmonisierter Bereich), dürfen entsprechend nicht unterschiedliche mitgliedsstaatliche Grundrechtsgewährleistungen maßgeblich sein.[710] Wird den Mitgliedsstaaten ein Umsetzungsspielraum gewährt und nicht auf eine Vollharmonisierung abgezielt, ist der Raum für die Wertungen des jeweiligen Mitgliedsstaates beim Grundrechtsschutz eröffnet.[711]

Zuerst ist mithin zu klären, ob die Vierte EU-Geldwäscherichtlinie einen vollharmonisierten Bereich determiniert oder ob den Mitgliedsstaaten bei der Umsetzung Gestaltungsfreiheiten gewährt werden.

Die Rechtsformwahl stellt sich als Indiz gegen die Annahme einer Vollharmonisierung dar.[712] Mit einer Richtlinie wird, anders als mit einer Verordnung, keine absolute Vereinheitlichung angestrebt.[713] Gemäß Art. 288 Abs. 3 AEUV ist die Richtlinie hinsichtlich des zu erreichenden Ziels verbindlich, überlässt jedoch die Wahl der Form und der Mittel den jeweiligen Mitgliedstaaten.[714]

---

708 *Kühling*, NJW 2020, 275 (275); *Neumann/Eichberger*, Jus 2020, 502 (502 f.); Preßlein, EuR 2021, 247 (248); *Lehner*, JA 2022, 177 (177).

709 BVerfG, NVwZ 2018, 937 (938); BVerfG, NJW 2020, 300 (301); *Lehner*, JA 2022, 177 (182).

710 BVerfG, NJW 2020, 314 (316); *Neumann/Eichberger*, Jus 2020, 502 (505); *Lehner*, JA 2022, 177 (178).

711 BVerfG, NJW 2020, 300 (302); *Neumann/Eichberger*, Jus 2020, 502 (505).

712 BVerfG, NJW 2020, 314 (316); *Neumann/Eichberger*, Jus 2020, 502 (503).

713 *Neumann/Eichberger*, Jus 2020, 502 (503).

714 Vedder/Heintschel von Heinegg/*Vedder*, AEUV, Art. 288 Rn. 23; Calliess/Ruffert/*Ruffert*, AEUV, Art. 288 Rn. 24.

Auch bei inhaltlicher Betrachtung der Vierten EU-Geldwäscherichtlinie sprechen starke Argumente für die Annahme eines Gestaltungsspielraums. Nach Erwägungsgrund (2) der Vierten EU-Geldwäscherichtlinie folgt diese der Notwendigkeit einer „gewisse[n] Koordinierung" auf Unionsebene.[715] Weiter erkennt der Richtliniengeber vor dem Hintergrund des internationalen Kontexts von Geldwäsche und Terrorismusfinanzierung das Erfordernis grenzübergreifender Koordinierung und Zusammenarbeit.[716] Die Wahl der Begriffe „Koordinierung" und „Zusammenarbeit" im Definitionsverständnis von Harmonisierung und Abstimmung, erreicht nicht die Strenge und Unumstößlichkeit einer gezielten, zwingenden Rechtsvereinheitlichungsabsicht.[717]

Dieses in den Erwägungsgründen der Vierten EU-Geldwäscherichtlinie grundlegend formulierte Regelungsziel bestätigt sich durch die Ausgestaltung der konkreten Vorgaben, insbesondere in Anbetracht der Vorgaben zu der Registrierung wirtschaftlich Berechtigter. Die Statuierung eines eigenständigen Transparenzregisters stand im Gestaltungsermessen der Mitgliedsstaaten, vgl. Art. 30 Abs. 3 S. 1 Vierte EU-Geldwäscherichtlinie, ebenso wie die Regelung der Verantwortlichkeiten für die Informationsbeschaffung und die Eintragungen.[718] Art. 59 Vierte EU-Geldwäscherichtlinie eröffnet den Mitgliedstaaten obendrein einen Gestaltungsspielraum bei der Umsetzung der Vorgaben zu Sanktionen und Maßnahmen.[719] § 56 GwG geht in der Regelung der bußgeldbewehrten Ordnungswidrigkeiten weit über die Mindestvorgaben des Art. 59 Abs. 1 der Vierten EU-Geldwäscherichtlinie hinaus. Die Sanktionierung von Verstößen gegen die Transparenzpflichten des vierten Abschnitts des GwG gemäß § 56 Abs. 1 Nr. 55 bis Nr. 66 GwG geht weiter als die Anforderungen des Art. 59 Abs. 1 Vierte EU-Geldwäscherichtlinie, welcher Art. 30 der Vierten EU-Geldwäscherichtlinie ausdrücklich nicht im Rahmen der Mindestvorgaben erfasst.[720] Art. 60 der Vierten EU-Geldwäscherichtlinie, welcher die Umsetzung der Regelungen zu der Veröffentlichung von

715 Erwägungsgrund (2) Richtlinie 2015/849/EU.

716 Erwägungsgrund (4) Richtlinie 2015/849/EU.

717 Definition von „koordinieren" nach https://www.duden.de/rechtschreibung/koordinieren, zuletzt abgerufen am 01.12.2022; Definition von „zusammenarbeiten" nach https://www.duden.de/rechtschreibung/zusammenarbeiten, zuletzt abgerufen am 01.12.2022.

718 Erwägungsgrund (14) Richtlinie 2015/849/EU.

719 Erwägungsgrund (59) Richtlinie 2015/849/EU.

720 Art. 30 Richtlinie 2015/849/EU regelt die Vorgaben zum Vorhalten der Daten zum wirtschaftlichen Eigentümer; vgl. BT-Drucks. 18/11555, S. 164.

Maßnahmen und Sanktionsentscheidungen begründet, folgt dieser Direktive des Art. 59 der Vierten EU-Geldwäscherichtlinie. Art. 60 Abs. 1 S. 2 Vierte EU-Geldwäscherichtlinie normiert einen Mindeststandard für den Inhalt der Veröffentlichung: es müssen mindestens Art und Wesen des Verstoßes, sowie die Identität der verantwortlichen Person bekannt gemacht werden. Auch wenn der der deutsche Gesetzgeber lediglich diesen Mindeststandard in § 57 Abs. 1 S. 3 GwG umgesetzt hat, eröffnet Art. 60 Abs. 1 S. 1 Vierte EU-Geldwäscherichtlinie einen eindeutigen Gestaltungsspielraum für weitergehende Regelungen.[721] Art. 60 Abs. 2 Vierte EU-Geldwäscherichtlinie sieht zudem die grundsätzliche Möglichkeit der Veröffentlichung nicht rechtskräftiger Entscheidungen vor. Von dieser Gestaltungsmöglichkeit hat der deutsche Normgeber keinen Gebrauch gemacht. § 57 GwG beschränkt sich auf bestandskräftige Maßnahmen und unanfechtbare Bußgeldentscheidungen.[722]

All dem folgend ist festzustellen, dass die Vierte EU-Geldwäscherichtlinie den Mitgliedstaaten bei der Umsetzung der Richtlinie Gestaltungspielräume gewährt und nicht auf eine Vollharmonisierung abzielt.

Soweit den Mitgliedsstaaten Umsetzungs- und Durchführungsspielräume gewährt werden, für die eine Vielfalt des Grundrechtsschutzes intendiert ist, besteht nach der Rechtsprechung des BVerfG die (widerlegbare) Vermutung, dass durch eine Prüfung am Maßstab der Grundrechte des Grundgesetzes das Schutzniveau der Charta der Grundrechte der Europäischen Union mitgewährleistet ist.[723] Die Bindung an die Grundrechte im Falle eines Gestaltungspielraums schließt eine parallele Geltung der Charta der Grundrechte der Europäischen Union jedoch nicht aus.[724] Zum einen wird die Charta der Grundrechte der Europäischen Union grundsätzlich als Auslegungsinstrument für das Verständnis der Grundrechte des GG herangezogen.[725] Eine ausschließliche Prüfung der Grundrechte des GG ist weiterhin nicht ausreichend, wenn das Schutzniveau der Charta der Grundrechte der Europäischen Union nicht gewährleistet ist.[726] Hierzu bedarf es konkret erkennbarer Anhaltspunkte, dass

---

721 BT-Drucks. 18/11555, S. 165.

722 BT-Drucks. 18/11555, S. 165; BeckOK GwG/*Pelz*, GwG, § 57 Rn. 5.

723 BVerfG, NJW 2020, 300 (303 f.); *Preßlein*, EuR 2021, 247 (269); *Lehner*, JA 2022, 177 (182).

724 BVerfG, NJW 2020, 300 (301); *Neumann/Eichberger*, Jus 2020, 502 (506); *Preßlein*, EuR 2021, 247 (269).

725 BVerfG, NJW 2020, 300 (301); *Preßlein*, EuR 2021, 247 (253).

726 BVerfG, NJW 2020, 300 (301); *Neumann/Eichberger*, Jus 2020, 502 (506); *Lehner*, JA 2022, 177 (182).

ein spezifischer Schutzstandard, den die Charta der Grundrechte der Europäischen Union zugrunde legt, von den nationalen Grundrechten nicht gewährleistet wird.[727] Derartige Anhaltspunkte bestehen bei der hier zu klärenden Frage der Grundrechtsverstöße durch § 57 GwG nicht.

2. Berufsfreiheit, Art. 12 Abs. 1 GG

Es gilt der Frage nachzugehen, ob durch die Veröffentlichung von bestandskräftigen Maßnahmen und unanfechtbaren Bußgeldbescheiden gemäß § 57 GwG in den Schutzbereich der Berufsfreiheit juristischer Personen und eingetragener Personenvereinigungen gemäß Art. 12 Abs. 1 GG eingegriffen wird und ob ein derartiger Eingriff verfassungsrechtlich zurechtfertigen ist.

a. Schutzbereich

Die Berufsfreiheit des Art. 12 Abs. 1 GG ist gemäß Art. 19 Abs. 3 GG auf juristische Personen anwendbar, soweit sie eine Erwerbszwecken dienende Tätigkeit ausüben, die ihrem Wesen und ihrer Art nach in gleicher Weise einer juristischen wie natürlichen Person offen steht.[728] Juristische Personen im Sinne des Art. 19 Abs. 3 GG sind auch (zumindest teil-) rechtsfähige inländische Personenmehrheiten und Organisationen.[729] Somit können sich grundsätzlich nicht nur die juristischen Personen des Privatrecht, sondern ebenso die eingetragenen Personengesellschaften im Sinne des § 20 Abs. 1 S. 1 GwG auf die Berufsfreiheit des Art. 12 Abs. 1 GG berufen.

Die Berufsausübungsfreiheit des Art. 12 GG schützt grundsätzlich das Auftreten und die Marktteilnahme der Vereinigungen.[730] Allerdings schützt die Berufsfreiheit nicht vor Veränderungen der Wettbewerbsbedingungen, soweit diese auf Marktmechanismen zurückzuführen sind.[731] Auch gewährt Art. 12 GG keinen Anspruch auf eine erfolgreiche Markteilhabe oder künftige Erwerbsmöglichkeiten.[732]

---

727 BVerfG, NJW 2020, 300 (301).

728 BVerfG, NJW 1967, 974 (975); BVerfG, NVwZ 2018, 1056 (1058); BeckOK GG/*Ruffert*, GG, Art. 12 Rn. 38; Jarass/Pieroth/*Jarass*, GG, Art. 12 Rn. 16.

729 BeckOK GG/*Enders*, GG, Art. 19 Rn. 35; Jarass/Pieroth/*Jarass*, GG, Art. 12 Rn. 20, 25 m. w. N.

730 BVerfGE 106, 275 (298), BVerfG, Urteil vom 17.12.2002, Az. 1 BvL 28, 29, 30/95; Jarass/Pieroth/*Jarass*, GG, Art. 12 Rn. 10 f.

731 *Becker*, NVwZ 2018, 1032 (1033); BVerfG, NVwZ 2018, 1056 (1058) m. w. N.

732 BVerfGE 34, 252 (256), BVerfG, Beschluss vom 01.02.1973 – 1 BvR 426, 430, 434, 443, 451, 452, 453, 479, 505, 573/72; BVerfG, NVwZ 2018, 1056 (1058).

b. Eingriff

Auf den ersten Blick fehlt es an der Unmittelbarkeit der Beeinträchtigung: Nicht die Veröffentlichung nach § 57 GwG führt unmittelbar zu einer Beeinträchtigung, sondern erst das Verhalten der übrigen Markteilnehmer, welche diese Informationen bewerten und eventuell als Entscheidungsfaktor in zukünftige Geschäftsentscheidungen einfließen lassen. Gesetzliche Regelungen berühren den Schutzbereich der Berufsfreiheit grundsätzlich nicht, sofern diese die Wettbewerbssituation wie hier nur mittelbar-faktisch beeinflussen.[733] Ein Grundrechtseingriff ist jedoch dann anzunehmen, wenn die Regelungen die Rahmenbedingungen der Berufsausübung verändern und in ihrer Zielsetzung sowie in ihren mittelbar-faktischen Wirkungen einem Eingriff gleichkommen.[734]

Geldwäscherechtliches Naming and Shaming ist staatliches Informationshandeln im Sinne einer sogenannten Publikumsinformation: ein allgemeines Publikum wird adressiert.[735] Nicht jedes staatliche Informationshandeln, durch welches die Wettbewerbschancen eines Unternehmens am Markt nachteilig verändert werden, erreicht die Qualität eines Grundrechtseingriffs.[736] Nach der Rechtsprechung des BVerfG kann die „amtliche Information der Öffentlichkeit [kann] in ihrer Zielsetzung und ihren mittelbar-faktischen Wirkungen einem Eingriff als funktionales Äquivalent jedenfalls dann gleichkommen, wenn sie direkt auf die Marktbedingungen konkret individualisierter Unternehmen zielt, indem sie die Grundlagen der Entscheidungen am Markt zweckgerichtet beeinflusst und so die Markt- und Wettbewerbssituation zum wirtschaftlichen Nachteil der betroffenen Unternehmen verändert".[737]

§ 57 GwG verpflichtet die zuständigen Behörden die Öffentlichkeit über Verstöße gegen geldwäscherechtliche Pflichten und über aufgrund dieser Verstöße verhängter Sanktionen und ergriffener Maßnahmen unter Angabe der verantwortlichen Person zu informieren.[738] Die Information als solche ist neutral

---

733 BVerfGE 106, 275 (298), BVerfG, Urteil vom 17.12.2002, Az. 1 BvL 28, 29, 30/95; BVerfG, NVwZ 2018, 1056 (1058); Jarass/Pieroth/*Jarass*, GG, Art. 12 Rn. 20 ff.

734 BVerfG, NJW 2002, 2621 (2622); BVerfG, NVwZ 2018, 1056 (1058); Jarass/Pieroth/*Jarass*, GG, Art. 12 Rn. 23.

735 *Voßkuhle/Kaiser*, Jus 2018, 343 (343).

736 BVerfG, NJW 2002, 2621 (2622); BVerfG, NVwZ 2018, 1056 (1058); *Voßkuhle/Kaiser*, Jus 2018, 343 (344); Jarass/Pieroth/*Jarass*, GG, Art. 12 Rn. 25.

737 BVerfG, NVwZ 2018, 1056 (1058); BeckOK GG/*Ruffert*, GG, Art. 12 Rn. 61; Jarass/Pieroth/*Jarass*, GG, Art. 12 Rn. 25.

738 BT-Drucks. 18/11555, S. 89, 165; Art. 60 Richtlinie 2015/849/EU; Herzog/*Herzog*, GwG, § 57 Rn. 1; Zentes/Glaab/*Wende*, GwG, § 57 Rn. 1; BeckOK GwG/*Pelz*, GwG, § 57 Rn. 1.

und lenkt das Verhalten der Marktteilnehmer nicht in eine bestimmte Richtung.[739] Auf der Grundlage von § 57 GwG erfolgt eine Verbreitung zutreffender und sachlich gehaltener Informationen, die für das wettbewerbliche Verhalten der Marktteilnehmer von Bedeutung sein können. Darüber hinaus sind die in Rede stehenden Informationen der Öffentlichkeit auch unbeschadet einer Veröffentlichung nach § 57 GwG grundsätzlich zugänglich, vgl. §§ 169 GVG, 46 Abs. 1 OWiG.

Die nach § 57 GwG veröffentlichten Informationen sollen zwar potentielle und bestehende Vertragspartner erreichen und diesen Geschäftsentscheidungen in Kenntnis etwaiger Missstände oder Nachlässigkeiten bei der Geldwäscheprävention und Geldwäschebekämpfung zu ermöglichen. In Abgrenzung zu staatlichen Warnungen erfolgt jedoch keine direkte Einwirkung auf die Markteilnehmer mittels einer Empfehlung an den Verbraucher, beispielsweise alternative Produkte zu kaufen.[740] Es bleibt den Wirtschaftssubjekten, Händlern und Verbrauchern überlassen, aus den mittgeteilten Informationen Konsequenzen zu ziehen.[741] Gleichwohl beruht der generalpräventive Zweck des § 57 GwG darauf, dass öffentliche Enthüllen etwaiger Missstände oder Nachlässigkeiten bei der Geldwäscheprävention erhebliche Reputationsnachteile und eine entsprechende Beeinträchtigung der wirtschaftlichen Tätigkeit der Betroffenen zur Folge haben.[742] Die Information der Öffentlichkeit zielt folglich auf eine Veränderung der Marktbedingungen konkret betroffener Unternehmen.[743] Mithin ist auch ein Eingriff in die Berufsfreiheit nach Art. 12 GG anzunehmen.

---

739 Das BVerfG stellt in der „Glykolwein-Entscheidung" ebenfalls auf die „inhaltliche Richtigkeit" und „Sachlichkeit" der „mit angemessener Zurückhaltung formulierten Informationen durch einen Träger von Staatsgewalt" ab und verneint unter diesen Voraussetzungen bereits die Eröffnung des Schutzbereiches des Art. 12 GG, BVerfG, NJW 2002, 2621 (2624); Kritisch hierzu *Murswiek*, NVwZ 2003, 1 (4); BeckOK GG/*Ruffert*, GG, Art. 12 Rn. 61; Jarass/Pieroth/*Jarass*, GG, Art. 12 Rn. 25.

740 Vgl. *Murswiek*, NVwZ 2003, 1 (4).

741 Vgl. *Murswiek*, NVwZ 2003, 1 (5); entsprechend BVerfG, NVwZ 2018, 1056 (1058) im Rahmen der Prüfung des § 40 Abs. 1a LFGB.

742 BeckOK GwG/*Pelz*, GwG, § 57 Rn. 2.

743 Vgl. zu § 40 LFGB: BVerfG, NVwZ 2018, 1056 (1058); BeckOK GG/*Ruffert*, GG, Art. 12 Rn. 61; Jarass/Pieroth/*Jarass*, GG, Art. 12 Rn. 25.

c. *Verfassungsrechtliche Rechtfertigung des Eingriffs*

Der Eingriff in die Berufsfreiheit ist verfassungsrechtlich zu rechtfertigen. Bei der Prüfung von Beeinträchtigungen der Berufsfreiheit nach Art. 12 GG konkretisiert die sogenannte Stufentheorie die Anforderungen des Grundsatzes der Verhältnismäßigkeit.[744] Bei der in diesem Fall betrachteten Beeinträchtigung handelt es sich um eine Berufsausübungsbeschränkung (1. Stufe).[745]

Unmittelbarer Zweck des § 57 GwG ist die Generalprävention mittels Prangerwirkung.[746] Die Unternehmensreputation wird als zusätzliches Disziplinierungsmittel eingesetzt, da finanzielle Sanktionen allein nicht als abschreckend genug angesehen werden.[747] Die Verpflichteten sollen, wenn schon nicht aus intrinsischer Rechtstreue heraus, zumindest aus reinem Gewinnmaximierungsinteresse zur Einhaltung der Transparenzpflichten motiviert werden. Dies gelingt dann, wenn der erwartete Gewinn aus dem opportunistischen Verhalten niedriger ist als der erwartete Schaden auf Grund des Reputationsverlustes durch die Veröffentlichung etwaiger Missstände oder Nachlässigkeiten bei der Geldwäscheprävention.[748] Darüber hinaus bezweckt § 57 GwG den Schutz der Finanzmärkte und des Wettbewerbs durch die Förderung der Markttransparenz.[749] Die Regelung schafft eine Grundlage für eigenverantwortliche Geschäftsentscheidungen potentieller und bestehender Geschäftspartner und stärkt so die Privatautonomie. Beides dient schließlich der Erreichung des allgemeinen Gesetzeszwecks, Geldwäsche und die Finanzierung von Terrorismus zu bekämpfen.[750] Das von Gesetzgeber verfolgte Ziel ist folglich legitim.

---

744 BVerfG, NJW 1958, 1035 (1038); BeckOK GG/*Ruffert*, GG, Art. 12 Rn. 93; Jarass/Pieroth/*Jarass*, GG, Art. 12 Rn. 42.

745 Die erste Stufe erfasst nach BVerfG, NJW 1958, 1035 (1038) „eine reine Ausübungsregelung [trifft], die auf die Freiheit der Berufswahl nicht zurückwirkt, vielmehr nur bestimmt, in welcher Art und Weise die Berufsangehörigen ihre Berufstätigkeit im Einzelnen zu gestalten haben."; detaillierter zu den verschiedenen Stufen der Beeinträchtigung BeckOK GG/*Ruffert*, GG, Art. 12 Rn. 93 ff.; Jarass/Pieroth/*Jarass*, GG, Art. 12 Rn. 42 ff.

746 *Klöhn/Schmolke*, NZG 2015, 689 (696); *Armbrüster/Böffel*, ZIP 2019, 1885 (1885); Herzog/*Herzog*, GwG § 57 Rn. 2; BeckOK GwG/*Pelz*, GwG, § 57 Rn. 1.

747 Herzog/*Herzog*, GwG § 57 Rn. 2; Zentes/Glaab/*Wende*, GwG, § 57 Rn. 2.

748 Vgl. *Klöhn/Schmolke*, NZG 2015, 689 (691 f.) zur „Reputation als Disziplinierungsmittel".

749 BT-Drucks. 18/11555, S. 89.

750 BT-Drucks. 18/11555, S. 89; Herzog/*Herzog*, GwG, § 57 Rn. 1, 2.

Im Hinblick auf den generalpräventiven Zweck der Regelung ist die Veröffentlichung von bestandskräftigen Maßnahmen und unanfechtbaren Bußgeldbescheiden, die wegen eines Verstoßes gegen das Geldwäschegesetz verhängt wurden, ein geeignetes Mittel. Die zusätzlich drohende öffentliche Bekanntmachung bestandskräftiger Sanktionen erhöht die abschreckende Wirkung und fördert die Einhaltung der geldwäscherechtlichen Pflichten.

Die Regelung des § 57 GwG ist zudem erforderlich. Es fehlt an der Erforderlichkeit, wenn dem Gesetzgeber ein gleich wirksames, aber weniger beeinträchtigendes Mittel zur Erreichung des Zwecks zur Verfügung gestanden hätte.[751] Ein sogenanntes Selbsteintrittsrecht, wie es § 40 Abs. 2 LFGB vorsieht, wäre zwar ein milderes Mittel als die behördliche Information, aber ein deutlich weniger effektives Mittel.[752] Zum einen besteht bei einer Information durch das betroffene Unternehmen selbst grundsätzlich das Risiko lückenhafter oder gar beschönigender Informationen.[753] Viel mehr noch geht es bei den in Rede stehenden und zu veröffentlichen Verstößen um Transparenzpflichten. Diejenigen, die ihren Offenlegungspflichten von vornherein nicht nachkommen, erwecken den Eindruck, sie hätten etwas zu verbergen. Entsprechend ist nicht davon auszugehen, dass eine eigene Veröffentlichung den erstrebten Disziplinierungszweck erreicht, sondern lediglich eine weitere Chance zur Aushöhlung der Transparenzpflichten bietet.

Die Schwere der gesetzgeberischen Grundrechtseinschränkung darf bei einer Gesamtabwägung nicht außer Verhältnis zu den Rechtfertigungsgründen stehen.[754] Auf der Beeinträchtigungsstufe einer Berufsausübungsregelung darf keine übermäßige Belastung der Betroffenen erfolgen.[755] Aus Sicht der betroffenen Vereinigung drohen ein Ansehensverlust und Umsatzeinbußen.[756]

---

751 BVerfGE 25, 1 (18), BVerfG, Beschluss vom 18.12.1968, Az. 1 BvL 5/64, 1 BvL 14/64, 1 BvL 5/65, 1 BvL 11/65, 1 BvL 12/65; BeckOK GG/*Huster/Rux*, GG, Art. 20 Rn. 196; Jarass/Pieroth/*Jarass*, GG, Art. 12 Rn. 119.

752 Zu § 40 LFGB: BVerfG, NVwZ 2018, 1056 (1060).

753 Diese Gefahr hat das BVerfG auch im Rahmen des § 40 LFGB gesehen, BVerfG, NVwZ 2018, 1056 (1060).

754 BVerfGE 67, 157 (178), BVerfG, Beschluss vom 20.06.1984, Az. 1 BvR 1494/78; BeckOK GG/*Huster/Rux*, GG, Art. 20 Rn. 197; Jarass/Pieroth/*Jarass*, GG, Art. 12 Rn. 47, Art. 20 Rn. 120.

755 BVerfGE 67, 157 (178), BVerfG, Beschluss vom 20.06.1984, Az. 1 BvR 1494/78; BeckOK GG/*Huster/Rux*, GG, Art. 20 Rn. 197; Jarass/Pieroth/*Jarass*, GG, Art. 12 Rn. 48.

756 *Armbrüster/Böffel*, ZIP 2019, 1885 (1888); vgl. zu den Folgen einer Veröffentlichung nach § 40 LFGB: BVerfG, NVwZ 2018, 1056 (1059).

Die Intensität hängt maßgeblich von der Wahrnehmung durch die Öffentlichkeit ab. Die Veröffentlichung im Internet ermöglicht eine räumlich weite Verbreitung[757] (theoretisch unbegrenzt, de facto begrenzt durch Sprach- und Wirtschaftsräume). § 57 GwG ermöglicht den verschiedenen Behörden die Veröffentlichung auf ihren jeweiligen Internetseiten und differenziert nicht zwischen Bagatellverstößen und schwerwiegenden Verstößen.[758] In der Umsetzung ist eine Massendarstellung auf dezentralen Informationsträgern zu erwarten, welche ein „Durchrutschen" einzelner Betroffener in der öffentlichen Wahrnehmung begünstigt.[759] Die Nutzung von Suchdiensten fördert wiederum die Auffindbarkeit bei gezielten Suchanfragen.[760] § 57 Abs. 4 GwG stellt eine zeitliche Begrenzung auf fünf Jahre her.[761] Personenbezogene Daten sind bei Wegfall der Erforderlichkeit umgehend zu löschen, § 57 Abs. 4 S. 2 GwG.[762] Diese Regelungsmodalität berücksichtigt, dass sich der objektive Informationswert durch Zeitablauf verringert.[763] Durch § 57 GwG Abs. 4 GwG kann die Verhältnismäßigkeit fortlaufend gewahrt werden.

---

757 Vgl. zu der Reichweite einer Veröffentlichung nach § 40 LFGB: BVerfG, NVwZ 2018, 1056 (1059).

758 BT-Drucks. 18/11555, S. 89, 165; Zentes/Glaab/*Wende*, GwG, § 57 Rn. 5; BeckOK GwG/*Pelz*, GwG, § 57 Rn. 4, 6.

759 Beim BVA hat sich in der Praxis eine Veröffentlichung ab Überschreiten einer Bußgeldschwelle in Höhe von 200,00 € durchgesetzt, Stand 3. Dezember 2022 umfasst dies 1.124 Bekanntmachungen von bestandskräftigen und unanfechtbaren Entscheidungen, betreffend Ordnungswidrigkeiten nach § 56 Abs. 1 S. 1 Nr. 54 bis 66 GwG in der seit 2020 geltenden Fassung des GwG, https://www.bva.bund.de/DE/Das-BVA/Aufgaben/T/Transparenzregister/Bussgeldentscheidungen/bussgeldentscheidungen_node.html;jsessionid=226B04EE92271E457743575F95BA2657.intranet242 zuletzt abgerufen am 03.12.2022.

760 Vgl. BVerfG zu einem, im Internet veröffentlichten „Schuldnerspiegel", Beschluss vom 09.10.2001, Az. 1 BvR 622/01, Rn. 31; Herzog/*Herzog*, GwG, § 57 Rn. 6.

761 BT-Drucks. 18/11555, S. 165; in Umsetzung von Art. 60 Abs. 3 Richtlinie 2015/849/EU; Herzog/*Herzog*, GwG, § 57 Rn. 6; Zentes/Glaab/*Wende*, GwG, § 57 Rn. 18; BeckOK GwG/*Pelz*, GwG, § 57 Rn. 18.

762 BT-Drucks. 18/11555, S. 166/849; Zentes/Glaab/*Wende*, GwG, § 57 Rn. 19; BeckOK GwG/*Pelz*, GwG, § 57 Rn. 18.

763 Die Verringerung des objektiven Informationswertes durch Zeitablauf sieht das BVerfG ausdrücklich bei Veröffentlichungen nach § 40 LFGB, daher kann die Verhältnismäßigkeit trotz der „Ewigkeit des Internets" (BVerfG, „Schuldnerspiegel" im Internet, Beschluss vom 09.10.2001, Az. 1 BvR 622/01) gewährleistet werden, BVerfG, NVwZ 2018, 1056 (1061).

Den Beeinträchtigungen der betroffenen Unternehmen steht auch der Schutz der Privatautonomie und der Finanzmärkte gegenüber. Geschäftspartner können aufgrund des durch § 57 GwG erzielten Informations- und Transparenzmehrwertes eigenverantwortliche, kundige Geschäftsentscheidungen treffen. Zudem verringert sich durch die Bekanntmachungen nach § 57 GwG das Risiko der Begehung nützlicher Pflichtverletzungen (sogenannter efficient breach: Pflichtverletzungen, die aufgrund schwach ausgeprägter Sanktionen oder niedriger Verfolgungswahrscheinlichkeit die Gesellschaft bilanziell besser stellen als das rechtmäßige Alternativverhalten)[764], durch welche ein unlauterer Vorteil gegenüber jenen entstünde, die sich konsequent um die Einhaltung aller Vorschriften bemühen.[765]

Das Informationsinteresse und die Bekämpfung von Geldwäsche und Terrorismusfinanzierung zum Schutz des Marktes sind gewichtige Interessen. Die Schutzwürdigkeit der Betroffenen wird zudem dadurch vermindert, dass sie die negativen Öffentlichkeitsinformationen durch ihr rechtswidriges Verhalten selbst veranlasst haben und entsprechend hätten verhindern können.[766] Bei wertender Betrachtung sind die negativen Reputationsfolgen nicht der Veröffentlichung zuzurechnen, sondern dem Umstand, dass das Unternehmen die Transparenzpflichten verletzt hat. Es steht den Betroffenen weiterhin frei öffentlichkeitswirksame Maßnahmen zu ergreifen, um dem Ansehensverlust entgegenzuwirken.[767]

§ 57 GwG räumt der Bekämpfung von Geldwäsche und Terrorismusfinanzierung mittels virtuellem Pranger keinen unbegrenzten Vorrang ein. § 57 Abs. 2 und Abs. 3 GwG stellen sicher, dass im konkreten Einzelfall eine Abwägung mit den grundrechtlich geschützten Belangen der Betroffenen stattfindet.[768] Die Verhältnismäßigkeit der Bekanntmachung ist in Einzelfällen durch

---

764 MüKoGmbHG/*Fleischer*, GmbHG, § 43 Rn. 43; Noack/Servatius/Haas/*Beurskens*, GmbHG, § 43 Rn. 12, vertiefend zu Legalitätspflicht und nützlichen Pflichtverletzungen *Bunz*, CCZ 2021, 81 (81 ff.).

765 Diese Problematik besteht entsprechend im Rahmen des § 40 LFGB, daher vgl. BVerfG, NVwZ 2018, 1056 (1060).

766 Vgl. entsprechend BVerfG, NVwZ 2018, 1056 (1059).

767 BVerfG, NVwZ 2018, 1056 (1059); VGH Baden-Württemberg, LMuR 2021, 122 (127).

768 BT-Drucks. 18/11555, S. 165; in Umsetzung von Art. 60 Abs. 1 Richtlinie 2015/849/EU; Herzog/*Herzog*, GwG, § 57 Rn. 7; Zentes/Glaab/*Wende*, GwG, § 57 Rn. 17; BeckOK GwG/*Pelz*, GwG, § 57 Rn. 17.

Aufschiebung oder Anonymisierung sicherzustellen.[769] Ist dies nicht möglich hat eine Bekanntmachung gemäß § 57 Abs. 3 GwG zu unterbleiben.[770]

Die Regelung des § 57 GwG verfolgt wichtige, legitime Zwecke. Es ist angemessen, die Interessen der Unternehmen im Fall eines Rechtsverstoßes hinter das Sanktions- und Legalitätsinteresse und dem Interesse an der Bekämpfung von Geldwäsche und Terrorismusfinanzierung zurücktreten zu lassen.

Die Berufsfreiheit der betroffenen Vereinigungen wird bei einer Bekanntmachung von bestandskräftigen und unanfechtbaren Entscheidungen wegen eines Verstoßes gegen die Transparenzpflichten des vierten Abschnitts des GwG (Ordnungswidrigkeiten nach § 56 Abs. 1 S. 1 Nr. 54 bis 66 GwG) nicht in verfassungswidriger Weise beeinträchtigt.

3. *Weitere Grundrechtsbeeinträchtigungen*

Ferner ist an eine Beeinträchtigung des Rechts betroffener Vereinigungen am eingerichteten und ausgeübten Gewerbebetriebs aus Art. 14 Abs. 1 GG zu denken. Das Recht am eingerichteten und ausgeübten Gewerbebetrieb, als Ausgeburt des Schutzbereichs des Art. 14 Abs. 1 GG, ist in der obergerichtlichen Rechtsprechung und Literatur anerkannt, wenn auch noch nicht durch eine Rechtsprechung des BVerfG bestätigt.[771] Die Berufsfreiheit nach Art. 12 Abs. 1 GG und die Eigentumsfreiheit des Art. 14 Abs. 1 GG stehen als Freiheitsrechte grundsätzlich gleichwertig nebeneinander.[772] Die Abgrenzung erfolgt über die Reichweite der Schutzbereiche: Art. 14 Abs. 1 GG schützt den Bestand vorhandener Vermögensgüter, während der Erwerbsschutz dem Schutzbereich von Art. 12 Abs. 1 GG zuzuordnen ist.[773] Die Wirkung des virtuellen Prangers zielt auf die Minderung zukünftiger Erwerbsmöglichkeiten, sodass der Schutzbereich des Art. 14 Abs. 1 GG in der Ausprägung des Rechts am eingerichteten und ausgeübten Gewerbebetrieb nicht eröffnet ist. Eine Beeinträchtigung des

---

769 BT-Drucks. 18/11555, S. 165; in Umsetzung von Art. 60 Abs. 1 lit. c) Richtlinie 2015/849/EU; Herzog/*Herzog*, GwG, § 57 Rn. 5; Zentes/Glaab/*Wende*, GwG, § 57 Rn. 17; BeckOK GwG/*Pelz*, GwG, § 57 Rn. 17.

770 BT-Drucks. 18/11555, S. 165; Herzog/*Herzog*, GwG, § 57 Rn. 7; Zentes/Glaab/*Wende*, GwG, § 57 Rn. 17; BeckOK GwG/*Pelz*, GwG, § 57 Rn. 17.

771 BVerfG, NJW 1992, 36 (37); BeckOK GG/*Axer*, GG, Art. 14 Rn. 51 f.; Jarass/Pieroth/*Jarass*, GG, Art. 14 Rn. 9 m. w. N.

772 BeckOK GG/*Axer*, GG, Art. 14 Rn. 27; Jarass/Pieroth/*Jarass*, GG, Art. 12 Rn. 4.

773 BVerfG, NJW 1971, 1255 (1260); BeckOK GG/*Axer*, GG, Art. 14 Rn. 27; Jarass/Pieroth/*Jarass*, 17. Auflage 2022, GG, Art. 12 Rn. 4.

Art. 14 Abs. 1 GG käme nur dann in Betracht, wenn das Unternehmen in seiner Substanz beeinträchtigt würde.[774] Wenn beispielsweise Ausmaß und Intensität des durch die Veröffentlichung erlittenen Reputationsschaden das Unternehmen faktische zu einer Geschäftsaufgabe zwingt. Dies sollten die Regelungen des § 57 Abs. 2 und Abs. 3 GwG jedoch prävenieren.[775]

Denkbar wäre schließlich auch eine Beeinträchtigung des Rechts auf informationelle Selbstbestimmung aus Art. 2 Abs. 1 GG als eine Ausprägung des allgemeinen Persönlichkeitsrechts.[776] Das Recht auf informationelle Selbstbestimmung umfasst das Recht der selbständigen und eigenverantwortlichen Entscheidung über die Preisgabe und Verwendung persönlicher Daten und ergänzt die speziellen Freiheitsrechte, die ebenfalls konstituierende Elemente der Persönlichkeit schützen, insoweit, als dass diese keinen Schutz gewähren.[777] Grundsätzlich werden auch juristische Personen von dem Schutzbereich des Rechts auf informationelle Selbstbestimmung erfasst.[778] Der Schutz von Unternehmen im Wettbewerb wird hier jedoch von der sachlich spezielleren Grundrechtsnorm des Art. 12 Abs. 1 GG vollständig erfasst.[779] Vor dem Hintergrund des Sanktionszwecks des § 57 GwG geht es vorranging um die von der Reputation maßgebend bestimmte Stellung des Unternehmens im Wettbewerb.

---

774 BGH, NJW 1990, 3260 (3262); BVerfG, NJW 1992, 36 (37); BeckOK GG/*Axer*, GG, Art. 14 Rn. 71; Jarass/Pieroth/*Jarass*, GG, Art. 12 Rn. 27.

775 BT-Drucks. 18/11555, S. 165; in Umsetzung von Art. 60 Abs. 1 lit. a) und lit. b) Richtlinie 2015/849/EU; Zentes/Glaab/*Wende*, GwG, § 57 Rn. 16; BeckOK GwG/*Pelz*, GwG, § 57 Rn. 14 f.

776 BVerfGE 65, 1 (43), BVerfG, Urteil vom 15.12.1983, Az. 1 BvR 209/83, 1 BvR 269/83, 1 BvR 362/83, 1 BvR 420/83, 1 BvR, 440/83, 1 BvR 484/83; BeckOK GG/*Lang*, GG, Art. 2 Rn. 106; Jarass/Pieroth/*Jarass*, GG, Art. 2 Rn. 40.

777 BVerfGE 109, 279 (326), BVerfG, Urteil vom 03.03.2004, Az. 1 BvR 2378/98, 1 BvR 1084/99; BeckOK GG/*Lang*, GG, Art. 2 Rn. 114, 116; Jarass/Pieroth/*Jarass*, GG, Art. 2 Rn. 32.

778 BVerfGE 106, 28 (42), BVerfG, Beschluss vom 09.10.2002, Az. 1 BvR 1611/96, 1 BvR 805/98; BeckOK GG/*Lang*, GG, Art. 2 Rn. 117; Jarass/Pieroth/*Jarass*, GG, Art. 2 Rn. 57.

779 BVerfGE 6, 32 (37), BVerfG, Urteil vom 16.01.1957, Az. 1 BvR 253/56; Vgl. auch zu § 40 LFGB: BVerfG, NVwZ 2018, 2056 (1062).

H. Zwischenergebnis

I. Die Einholungspflicht der Vereinigung gemäß § 20 Abs. 1 S. 1 GwG erfordert das Abfragen der nach § 19 Abs. 1 GwG erforderlichen Informationen und die Ermittlung einer wirtschaftlichen Berechtigung anhand der erhaltenen Informationen.

II. Im Rahmen der Angaben zu der Art und dem Umfang des wirtschaftlichen Interesses sind die, die wirtschaftliche Berechtigung begründenden Faktoren vollständig und umfassend anzugeben. Die Meldung eines Umstandes, aus dem die Stellung als wirtschaftlich Berechtigter resultiert, reicht nicht aus, wenn weitere Umstände vorliegen, die ebenfalls eine wirtschaftliche Berechtigung begründen.

III. Die Mitteilungspflicht des Anteilsinhabers gemäß § 20 Abs. 3 S. 2 GwG ist als kenntnisunabhängige Offenlegungspflicht zu verstehen.

IV. Im Rahmen der Erfüllung der Transparenzpflichten des § 20 GwG wird die Verwendung der entwickelten Muster-Erfassungsbögen für Anteilsinhaber und wirtschaftlich Berechtigte empfohlen.

V. Anteilsinhaber und wirtschaftlich Berechtigte haben keinen Anspruch auf Eintragung, Eintragsaktualisierung beziehungsweise Eintragskorrektur gegen die Vereinigung.

VI. Die Vereinigung trifft keine präventive Aufklärungspflicht, aber die Informationen zu bestehenden wirtschaftlichen Berechtigungen werden vom Auskunftsrecht des § 51a GmbHG erfasst und sind auf Verlangen eines Gesellschafters mitzuteilen. Eine analoge Anwendung des § 51a GmbHG auf wirtschaftlich Berechtigte, die nicht Gesellschafter sind, ist nicht geboten. Wirtschaftlich Berechtigte können nach § 23 GwG Einsicht in das Transparenzregister nehmen.

VII. Als Folge einer Verletzung etwaiger Transparenzpflichten im Sinne des § 20 GwG drohen der verpflichteten Vereinigung Bußgelder, die weder bei der Geschäftsführung, noch bei den mitverantwortlichen Gesellschaftern oder wirtschaftlich Berechtigten regressiert werden können.

VIII. § 20 Abs. 1 GwG ist kein Schutzgesetz im Sinne des § 823 Abs. 1 BGB.

IX. Die Minderung des Gesellschaftsvermögens durch eine Geldbuße begründet keinen Schadensersatzanspruch der Gesellschafter gegen die GmbH.

X. Die Vierte EU-Geldwäscherichtlinie gewährt den Mitgliedstaaten bei der Umsetzung Gestaltungspielräume und zielt nicht auf eine Vollharmonisierung bei der Umsetzung der Richtlinie ab.

XI. Die Berufsfreiheit des Art. 12 Abs. 1 GG betroffener Vereinigungen wird bei einer Bekanntmachung von bestandskräftigen und unanfechtbaren Entscheidungen wegen eines Verstoßes gegen die Transparenzpflichten des vierten Abschnitts des GwG (Ordnungswidrigkeiten nach § 56 Abs. 1 S. 1 Nr. 54 bis 66 GwG) nicht in verfassungswidriger Weise beeinträchtigt.

Kapitel 3: Transparenzregisterrechtliche Einflüsse bei gesellschaftsrechtlichen Auslegungsfragen

Die Entwicklung, welche die Schaffung des Transparenzregisters gemäß §§ 18 ff. GwG bedingte, war allem voran eine europäische Entwicklung.[780] Der Missbrauch vernetzter Unternehmensstrukturen wurde bereits von Beginn der Problemerfassung an als ein internationales Phänomen begriffen.[781] Mit dem Transparenzregister werden kongruent die Zwecke des nationalen Geldwäscherechts weiterverfolgt.[782] Zweck der Entwicklungen des Geldwäscherechts war es stets den Wirtschaftsstandort Deutschland gegen Finanzkriminalität, insbesondere Geldwäsche, und Terrorismus zu schützen.[783] Mit dem Wegfall der Mitteilungsfiktion des § 20 Abs. 3 GwG a. F. und der Ausgestaltung zum Volldatenregister ist zu analysieren, wie sich das Transparenzregister in die bereits bestehende Registerlandschaft einfügt (Kapitel 3. A.).

Das Geldwäschegesetz will mit dem Transparenzregister ganz bewusst die hinter der gesellschaftsrechtlichen Struktur stehende natürliche Person erfassen und über das Transparenzregister die Identifikation dieser Person, des wirtschaftlich Berechtigten, ermöglichen.[784] Das Durchdringen der gesellschaftsrechtlichen Strukturen von Vereinigungen und das Anlegen geldwäscherechtlicher Kontrollmaßstäbe werden auch für die innergesellschaftlichen Rechtsstrukturen nicht einflusslos bleiben. In Anbetracht der rechtlichen Komplexität der Figur des wirtschaftlich Berechtigten (Kapitel 1) und der neuen Transparenzpflichten und Haftungsrisiken (Kapitel 2) ist die Bedeutung der

---

780 Grundlegend war das UN-Übereinkommen gegen den unerlaubten Verkehr mit Suchtstoffen und psychotrope Substanzen vom 20.12.1988, BT-Drucks. 12/2704, S. 10; BeckOK GwG/*Frey/Pelz,* Einführung zum GwG, Rn. 6.

781 Erwägungsgründe Richtlinie 91/308/EWG, Nr. L 166/78; zu den Konzepten der Geldwäschebekämpfung im internationalen Kontext, Herzog/*Herzog/Achtelik*, Einleitung Rn. 60 ff.

782 BT-Drucks. 18/11555, S. 89.

783 BT-Drucks. 12/2704, S. 10; *Diekmann/Dragon/Schulze*, GewArch 2012, 431 (436); BeckOK GwG/*Frey/Pelz,* Einführung zum GwG, Rn. 1.

784 Erwägungsgründe (14) und (64) Richtlinie 2015/849/EU; BT-Drucks. 18/11555, S. 89; *Kotzenberg/Lorenz*, NJW 2017, 2433 (2433); *Seibert/Bochmann/Cziupka*, GmbHR 2017, R289 (R289).

transparenzregisterrechtlichen Einflüsse bei gesellschaftsrechtlichen Auslegungsfragen nicht zu unterschätzen. Im Fokus stehen hier daher letztlich die Auswirkungen der Transparenzregisternovelle auf den Funktionszweck der GmbH-Gesellschafterliste, auf deren verkörperte Ausgestaltung und auf den Umfang der Prüfungskompetenzen des Registergerichts (Kapitel 3. B.).

A. Einordnung des Transparenzregisters in die Registerlandschaft

§ 18 Abs. 1 GwG statuiert das „Register zur Erfassung und Zugänglichmachung von Angaben über den wirtschaftlich Berechtigten", das Transparenzregister.[785] Das Transparenzregister wird von der Bundesanzeiger Verlag GmbH geführt und untersteht der Aufsicht des Bundesverwaltungsamts.[786] Das Transparenzregister ist ein öffentliches Register[787], welches in Abgrenzung zu den übrigen Registern des deutschen Registerrechts zu betrachten ist.

Anders als das Handelsregister gemäß § 8 Abs. 2 HGB, das Partnerschaftsregister gemäß § 5 Abs. 2 PartGG und das Genossenschaftsregister gemäß § 10 Abs. 3 GenG[788], genießt die Bezeichnung „Transparenzregister" keinen gesetzlichen Schutz. Über die Schutzbedürftigkeit des Begriffs „Transparenzregister" scheint sich der nationale Gesetzgeber keine Gedanken gemacht zu haben.[789] Die Bezeichnung „Transparenzregister" folgt auch nicht aus den unionsrechtlichen Vorgaben der Vierten EU-Geldwäscherichtlinie.[790] Dort ist lediglich von einem „Zentralregister außerhalb der Gesellschaft" die Rede.[791] Dies ist wenig überraschend, da das Unionsrecht bereits ein „Transparenzregister" kennt.[792]

---

785 BT-Drucks. 18/11555, S. 125; *Krais*, CCZ 2017, 98 (98); *Wicke*, DB 2017, 2528 (2528); Herzog/*Figura*, GwG, § 18 Rn. 4; Zentes/Glaab/*v. Schweinitz/Pichler*, GwG, § 18 Rn. 11; Erbs/Kohlhaas/*Häberle*, GwG, § 18 Rn. 2; BeckOK GwG/*Korte*, GwG, § 18 Rn. 8.

786 Gemäß § 1 Transparenzregisterbeleihungsverordnung; Zentes/Glaab/*v. Schweinitz/Pichler*, GwG, § 18 Rn. 13, *Rubner/Pospiech*, NJW-Spezial 2021, 463 (463); BeckOK GwG/*Korte*, GwG, § 18 Rn. 7.

787 BT-Drucks. 19/13827, S. 90; Herzog/*Figura*, GwG, § 23 Rn. 5; BeckOK GwG/*Korte*, GwG, § 23 Rn. 2a.

788 BT-Drucks. 16/960, S. 38; *Nedden-Boeger*, FGPrax 2007, 1 (4).

789 Vgl. BT-Drucks. 18/11555, S. 125 f.

790 Vgl. Erwägungsgrund (14) Richtlinie 2015/849/EU.

791 Erwägungsgrund (14) Richtlinie 2015/849/EU.

792 https://ec.europa.eu/info/about-european-commission/service-standards-and-principles/transparency/transparency-register_de, zuletzt abgerufen am 28.02.2022; *Frey*, CCZ 2018, 170 (174); *Brouwer*, CCZ 2019, 2 (8).

In dem Transparenzregister der EU werden Organisationen geführt, die Einfluss auf die Rechtssetzung und Politikgestaltung der EU-Institutionen nehmen, mitsamt der Angaben, welche Interessen von der konkreten Organisation mit welchem finanziellen Aufwand verfolgt werden.[793] Vor diesem Hintergrund besteht eine gewisse Verwechslungsgefahr der Transparenzregister.[794]

Das Handelsregister, das Partnerschaftsregister und das Genossenschaftsregister werden auch begrifflich geschützt, um eine klare Unterscheidbarkeit von sonstigen Datensammlungen zu gewährleisten und einer Verwechslungsgefahr entgegenwirken.[795] Die Gefahr und die Folgen einer Verwechslung wiegen schwerer als beim Transparenzregister. Zum einen finden sich diverse Sekundärquellen im Internet, die ähnliche Firmeninformationen gegen Entgelt zur Verfügung stellen.[796] Und zum anderen begründet der aus den Registereintragungen abgeleitete Gutglaubensschutz nach § 15 HGB eine höhere Schutzbedürftigkeit.[797] Im Rahmen der Schutz- und Vertrauensfunktion des Handelsregisters soll der Rechtsverkehr auf die eingetragenen Umstände vertrauen können.[798] Der Gesetzgeber hat sich gerade für ein eigenständiges Transparenzregister und nicht für eine Eintragsergänzung bei den bestehenden Registern entschieden, um deutlich zu machen, dass dem Transparenzregister, anders als zum Beispiel dem Handelsregister, kein öffentlicher Glaube beigemessen wird.[799]

Neben dem Gutglaubensschutz fehlt dem Transparenzregister auch die für ein amtliches Register charakteristische Richtigkeitsgewähr. Diese legitimiert unter anderem den Gutglaubensschutz: der Rechtsverkehr kann auf die eingetragenen Umstände vertrauen, weil diese vor der Eintragung von einer

---

793 https://ec.europa.eu/info/about-european-commission/service-standards-and-principles/transparency/transparency-register_de, zuletzt abgerufen am 28.02.2022; *Frey*, CCZ 2018, 170 (174);

794 So kritisch auch *Frey*, CCZ 2018, 170 (174); BeckOK GwG/*Korte*, 9. Ed. 01.03.2022, GwG, § 18 Rn. 1.

795 BT-Drucks. 16/960, S. 38; *Nedden-Boeger*, FGPrax 2007, 1 (4); MüKoHGB/*Krafka*, HGB, § 8 Rn. 93 f.; BeckOK HGB/*Müther*, HGB. § 8 Rn. 66.

796 BT-Drucks. 16/960, S. 38; *Nedden-Boeger*, FGPrax 2007, 1 (4); MüKoHGB/*Krafka*, HGB, § 8 Rn. 95; BeckOK HGB/*Müther*, HGB. § 8 Rn. 66.

797 BT-Drucks. 16/960, S. 39; *Nedden-Boeger*, FGPrax 2007, 1 (4); MüKoHGB/*Krafka*, HGB, § 8 Rn. 95; BeckOK HGB/*Müther*, HGB, § 8 Rn. 66.

798 BT-Drucks. 16/960, S. 38; MüKoHGB/*Krafka*, HGB, § 8 Rn. 93; BeckOK HGB/*Müther*, HGB, § 8 Rn. 3, 66.

799 BT-Drucks. 18/11555, S. 125; Zentes/Glaab/*v. Schweinitz/Pichler*, GwG, § 18 Rn. 2.

unabhängigen Stelle überprüft wurden.[800] Die das Transparenzregister führende Stelle im Sinne des § 18 GwG (der Bundesanzeiger Verlag GmbH) überprüft die von den verpflichteten Vereinigungen gemeldeten Angaben nicht auf deren Richtigkeit.[801] Die Verantwortung der Richtigkeit und Aktualität liegt bei den mitteilungspflichtigen Rechtseinheiten.[802] Dies birgt ein gewisses Fehlerrisiko: Es besteht die Gefahr, dass die einreichenden Geschäftsführer der mitteilungspflichtigen Vereinigungen in einen Konflikt zwischen den mittelbar oder unmittelbar kontrollierenden wirtschaftlich Berechtigten und den übrigen Gesellschaftern geraten. Die Geschäftsführer sind aufgrund des unmittelbaren Weisungsrechts der Gesellschafterversammlung den kontrollierenden Gesellschaftern ausgeliefert.[803] Bei der GmbH-Gesellschafterliste wurde dies über ein zusätzliches Element einer Art persönlichen Richtigkeitsgewähr durch die Einbeziehung von Notaren und Registergerichten gelöst.[804] Für das Transparenzregister ist dies nicht vorgesehen. Hinzukommt, dass für die Ausübung der Organtätigkeit keine juristische Qualifikation erforderlich ist, während die Ermittlung einer wirtschaftlichen Berechtigung sich durchaus als juristische Herausforderung erweisen kann.[805]

Möglicherweise kann über andere etablierte Kontrollmechanismen eine gewisse Aussagekraft der Transparenzregistereintragungen hergestellt werden. So normiert § 18 Abs. 3 GwG ein Recht der registerführenden Stelle auf Aufklärung unklarer, unvollständiger oder zweifelhafter Mitteilungen und verpflichtet die Vereinigungen zur Nachbesserung derartiger Mitteilungen.[806] Aus der

---

800 BGH, NJW 2015, 2116 (2118) zur „Gewährleistung der Zuverlässigkeit, Vollständigkeit und Lückenlosigkeit des Handelsregisters, die das Vertrauen des Rechtsverkehrs in das Handelsregister rechtfertigen, […]"; MüKoHGB/*Krafka*, HGB, § 8 Rn. 5; BeckOK HGB/*Müther*, HGB, § 8 Rn. 1.

801 BT-Drucks. 18/11555, S. 125; *Krais*, CCZ 2017, 98 (106); § 18 Abs. 3 GwG normiert nichts weiter als „Aufklärungsmöglichkeiten der registerführenden Stelle", Herzog/*Figura*, GwG, § 18 Rn. 6, 8; BeckOK GwG/*Korte*, GwG, § 18 Rn. 31; Erbs/Kohlhaas/*Häberle*, GwG, § 18 Rn. 2.

802 BT-Drucks. 18/11555, S. 127; *Bode/Gätsch*, NZG 2021, 437 (440).

803 Vgl. *Omlor/Spies*, MittBayNot 2011, 353 (356 f.) bzgl. des Fehlerrisikos bei den von einem Geschäftsführer erstellten Gesellschafterlisten.

804 BT-Drucks. 16/6140, S. 44; *Omlor/Spies*, MittBayNot 2011, 353 (356).

805 Vgl. *Omlor/Spies*, MittBayNot 2011, 353 (357), welche bereits die Erstellung der Gesellschafterliste nach § 40 Abs. 1 GmbHG als „juristische[n] Herkulesaufgabe" bezeichnen.

806 BT-Drucks. 18/11555, S. 126; Herzog/*Figura*, GwG, § 18 Rn. 6; BeckOK GwG/*Korte*, GwG, § 18 Rn. 22 ff.; Ein Unterlassen der Nachbesserung ist bußgeldbewehrt nach § 56 Abs. 1 S. 1 Nr. 54 GwG.

Regelung des § 18 Abs. 3 GwG kann entsprechend eine begrenzte Prüfungskompetenz der registerführenden Stelle hergeleitet werden, denn diese überprüft zumindest, ob eine Mitteilung vollständig, eindeutig und unzweifelhaft ist. Nach dem Wortlaut des § 18 Abs. 3 GwG erfolgt keine Konkretisierung hinsichtlich der Art der Mitteilung nach § 20 GwG oder des Umfangs der Unstimmigkeit.[807] Ausweislich der Gesetzesbegründung hatte der Gesetzgeber bei der Normgebung insbesondere Unklarheiten in Bezug auf die Zuordnung von Mitteilungen bei identischen Komponenten von Firmierungen verschiedener Vereinigungen vor Augen.[808] Den bedachten Mitteilungsmängeln wohnt folglich eine gewisse Offensichtlichkeit inne.[809] Ob die registerführende Stelle von ihrer Nachforderungsbefugnis Gebrauch macht, steht in ihrem Ermessen.[810] Die mögliche Folge einer fruchtlosen Nachbesserung durch die Vereinigung ist die Ablehnung der Eintragung in das Register und entsprechende Sanktionen.[811]

Aus der Regelung des § 20 Abs. 5 GwG lässt sich kein Kontrollmechanismus ableiten, welcher die Richtigkeit der Transparenzregistereinträge fördern würde. § 20 Abs. 5 GwG normiert eine Einsichtsbefugnis der Zentralstelle für Finanztransaktionsuntersuchungen und der Aufsichtsbehörden.[812] Die Norm dient allerdings weniger der originären Überprüfung der Mitteilungen, als vielmehr der Aufklärung und Analyse bereits verdächtiger Sachverhalte.[813] Die Einsichtsbefugnis des § 20 Abs. 5 GwG umfasst nach dem eigenen Wortlaut nicht nur die nach der Norm aufzubewahrenden, sondern alle tatsächlich aufbewahrten Unterlagen, einschließlich der Korrespondenz zwischen Anteilseigner, wirtschaftlich Berechtigten und Vereinigung.[814]

Mit der Einführung des § 23a GwG zielte der Gesetzgeber wiederum darauf ab, die Qualität und Richtigkeit der Angaben im Transparenzregister zu

807 BeckOK GwG/*Korte*, GwG, § 18 Rn. 22.

808 BT-Drucks. 18/11555, S. 126; BeckOK GwG/*Korte*, GwG, § 18 Rn. 22.

809 Eine unklare Mitteilung soll bei „nicht eindeutig[er]" Zuordnung vorliegen, BT-Drucks. 18/11555, S. 126; Zentes/Glaab/*v. Schweinitz/Pichler*, GwG, § 18 Rn. 15.

810 BeckOK GwG/*Korte*, GwG, § 18 Rn. 25.

811 BT-Drucks. 18/11555, S. 126; Herzog/*Figura*, GwG, § 18 Rn. 6; Zentes/Glaab/*v. Schweinitz/Pichler*, GwG, § 18 Rn. 17; BeckOK GwG/*Korte*, GwG, § 18 Rn. 25.

812 BT-Drucks. 18/11555, S. 130; Herzog/*Figura*, GwG, § 20 Rn. 30; Zentes/Glaab/*v. Schweinitz/Pichler*, GwG, § 20 Rn. 128; BeckOK GwG/*Korte*, GwG, § 20 Rn. 81.

813 Zentes/Glaab/*v. Schweinitz/Pichler*, GwG, § 20 Rn. 129.

814 BeckOK GwG/*Korte*, GwG, § 20 Rn. 81.

verbessern.[815] Gemäß § 23a GwG sind Unstimmigkeiten zwischen den über das Transparenzregister zugänglichen Informationen und den Verpflichteten bekannten Informationen der registerführenden Stelle zu melden.[816] § 23a GwG richtet sich an alle nach § 2 Abs. 1 GwG Verpflichteten, die im Rahmen der Erfüllung Ihrer Sorgfaltspflichten die ermittelten Informationen zu dem wirtschaftlich Berechtigten ihres (potentiellen) Vertragspartners mit den Angaben im Transparenzregister abgleichen.[817] § 23a Abs. 1 S. 4 GwG konkretisiert den Begriff „Unstimmigkeiten".[818] Demnach bestehen Unstimmigkeiten bei nicht übereinstimmenden und/oder unvollständigen Angaben zu dem wirtschaftlich Berechtigten gemäß § 19 Abs. 1 GwG und/oder bei einer Abweichung in der Person des wirtschaftlich Berechtigten, außerdem wenn Angaben nach § 20 Abs. 1 und Abs. 2 GwG, sowie Angaben nach § 21 Abs. 1 und Abs. 2 GwG vollkommen fehlen.[819] Richtige, aber überflüssige Daten im Transparenzregister begründen keine Meldepflicht nach § 23a GwG.[820] Die registerführende Stelle prüft das Vorliegen einer Abweichung anlässlich einer entsprechenden Meldung und übermittelt den Umstand der Abweichung an die gemäß § 56 Abs. 5 S. 2 GwG zuständige Behörde.[821] Diese prüft dann das Vorliegen einer Ordnungswidrigkeit gemäß § 56 Abs. 1 S. 1 Nr. 55 bis Nr. 63 GwG zu Lasten

815 BT-Drucks. 19/13827, S. 91; *Feiler/Kröger*, CCZ 2019, 262 (264); *Zentes/Glaab*, BB 2019, 1667 (1671); Herzog/*Figura*, GwG, § 23a Rn. 1; *Reuter*, NZG 2020, 178 (180); BeckOK GwG/*Korte*, GwG, § 23a Rn. 1.

816 BT-Drucks. 19/13827, S. 91; *Feiler/Kröger*, CCZ 2019, 262 (264); *Zentes/Glaab*, BB 2019, 1667 (1671); Herzog/*Figura*, GwG, § 23a Rn. 1; *Reuter*, NZG 2020, 178 (180); BeckOK GwG/*Korte*, GwG, § 23a Rn. 2; Das Sanktionsdurchsetzungsgesetz II sieht in Artikel 4 Ziffer 1 lit. c auch eine Pflicht zur Meldung von Unstimmigkeiten bei der Zuordnung von Immobilien vor, BT-Drucks. 20/4326, S. 72. Der neue § 23b GwG tritt am 1. Januar 2026 in Kraft, Artikel 26 Abs. 3 Sanktionsdurchsetzungsgesetz II.

817 Über den Wortlautverweis des § 23a Abs. 1 S. 1 GwG auf § 23 Abs. 1 S. 1 Nr. 2 GwG; *Reuter*, NZG 2020, 178 (180); Zentes/Glaab/*v. Schweinitz/Pinkernell*, GwG, § 23 Rn. 33; BeckOK GwG/*Korte*, GwG, § 23a Rn. 7.

818 *Feiler/Kröger*, CCZ 2019, 262 (265); BeckOK GwG/*Korte*, GwG, § 23a Rn. 11.

819 *Feiler/Kröger*, CCZ 2019, 262 (265); *Zentes/Glaab*, BB 2019, 1667 (1671); BeckOK GwG/*Korte*, GwG, § 23a Rn. 11.

820 *Feiler/Kröger*, CCZ 2019, 262 (265); BeckOK GwG/*Korte*, GwG, § 23a Rn. 18.

821 BT-Drucks. 19/13827, S. 92; *Reuter*, NZG 2020, 178 (180); Zentes/Glaab/*v. Schweinitz/Pichler*, GwG, § 23a Rn. 13; Ausführlich zum Melde- und Prüfverfahren BeckOK GwG/*Korte*, GwG, § 23a Rn. 26 ff.

der Verpflichteten.[822] Auch das Verletzen der Meldepflicht nach § 23a GwG ist gemäß § 56 Abs. 1 S. 1 Nr. 65 GwG bußgeldbewehrt.[823] Die Meldepflicht des § 23a GwG statuiert zwar keine Prüfpflicht, fördert jedoch unzweifelhaft die Qualität und Richtigkeit der Transparenzregistereintragungen.[824] Allerdings birgt die Pflicht zur Meldung von Unstimmigkeiten nach § 23a GwG auch ein gewisses Missbrauchsrisiko. Der Eingang einer Unstimmigkeitsmeldung und die Prüfung der Angaben im Transparenzregister sind gemäß § 23a Abs. 6 S. 1 GwG auf dem Registerauszug zu vermerken, den die Einsichtnehmenden erhalten, das heißt auch potentiell neue Geschäftspartner.[825] Konkurrierende Unternehmen könnten das Instrumentarium der Unstimmigkeitsmeldungen daher missbrauchen, um Zweifel und Misstrauen an der Unternehmensreputation ihrer Wettbewerber zu sähen und Vertragsschlüsse entsprechend zu erschweren.

Die Sanktionsregelungen der §§ 56, 57 GwG fördern ebenfalls die Qualität der Registereintragungen.[826] Durch die Möglichkeit der Widerlegbarkeit der gesetzlichen Vermutung des § 3 Abs. 2 S. 1 GwG gelänge eine weitere Steigerung der Qualität der Registereinträge.[827] Damit würde die Richtigkeit der Registereinträge zwar nicht gewährt, aber doch erheblich gestärkt werden.

Vor dem Hintergrund dieser Kontrollmechanismen scheint der Gesetzgeber durchaus ein gewisses Vertrauen in die Richtigkeit der Transparenzregistereinträge zu setzen. Gemäß § 12 Abs. 3 S. 3 GwG greift eine relative Richtigkeitsvermutung zugunsten der nach § 2 Abs. 1 GwG Verpflichteten.[828] Bei der Überprüfung der Angaben zum Zweck der Identifizierung des wirtschaftlich Berechtigten ist der Abgleich mit den Transparenzregistereinträgen

822 BT-Drucks. 19/13827, S. 92; Herzog/*Figura*, GwG, § 23a Rn. 5; BeckOK GwG/*Korte*, GwG, § 23a Rn. 23.

823 BT-Drucks. 19/13827, S. 107.

824 *Reuter*, NZG 2020, 178 (180); Herzog/*Figura*, GwG, § 23a Rn. 2; BeckOK GwG/*Korte*, GwG, § 23a Rn. 22 ff.

825 BT-Drucks. 19/13827, S. 92; Herzog/*Figura*, GwG, § 23a Rn. 7; Zentes/Glaab/*v. Schweinitz/Pichler*, GwG, § 23a Rn. 16; BeckOK GwG/*Korte*, GwG, § 23a Rn. 29.

826 Siehe Ausführungen in Kapitel 2 G. I. u. IV.

827 Zu den Vorzügen einer Widerlegbarkeit der gesetzlichen Vermutung des § 3 Abs. 2 S. 1 GwG siehe Kapitel 1 G.

828 Auch als „Regelvermutung“ bezeichnet, BT-Drucks. 19/28164, S. 46; *Brian/Frey/Pelz*, CCZ 2021, 209 (215); BeckOK GwG/*Frey*, GwG, § 12 Rn. 26 f.

ausreichend, sofern diese inhaltlich übereinstimmen und keine Anhaltspunkte oder Zweifel für ein höheres Geldwäscherisiko bestehen.[829]

Das Transparenzregister braucht weder Gutglaubensschutz noch Richtigkeitsgewähr, da aus den Registerangaben keine Rechtswirkungen abgeleitet werden.[830] Es dient lediglich als Sammelverzeichnis und Informationsquelle.[831] Das Handelsregister (ebenso wie das Partnerschafts- und das Genossenschaftsregister) hat hingegen nicht nur eine Informations- und Transparenzfunktion, sondern auch eine Publizitätsfunktion.[832] Das Register gibt Auskunft über Umstände, die für den Eingetragenen und für den Rechtsverkehr von besonderer Bedeutung sind.[833] Hierdurch werden die Sicherheit und Leichtigkeit des Handelsverkehrs und die redlichen Teilnehmer des Handelsverkehrs in ihrem Vertrauen auf die Richtigkeit und Vollständigkeit des Handelsregisters geschützt.[834] So ermöglicht der Registereintrag im Handelsregister einen Vertretungsnachweis.[835] Neben den Vertretungsverhältnissen gibt der Handelsregistereintrag gleichfalls Auskunft zu den Haftungsverhältnissen.[836] Einige Registereintragungen haben Konstitutionswirkung.[837] Aus der Stellung des wirtschaftlich Berechtigten erwachsen originär weder rechtliche Vertretungsbefugnisse noch Haftungsgründe.[838]

---

829 BT-Drucks. 19/28164, S. 47; *John*, NZG 2021, 957 (959); *Brian/Frey/Pelz*, CCZ 2021, 209 (215); BeckOK GwG/*Frey*, GwG, § 12 Rn. 26 f.

830 Vgl. BT-Drucks. 18/11555, S. 125; *Assmann/Hütten*, AG 2017, 449 (451); *Schaub*, DStR 2017, 1438 (1443); Herzog/*Figura*, GwG, § 18 Rn. 1.

831 BeckOK GwG/*Korte*, GwG, § 18 Rn. 10.

832 BGH, NJW 2015, 2116 (2118); Koller/Kindler/Roth/Drüen/*Roth*, HGB, § 8 Rn. 1; EBJS/*Schaub*, HGB, § 8 Rn. 44; MüKoHGB/*Krafka*, HGB, § 8 Rn. 4 ff.; BeckOK HGB/*Müther*, HGB, § 8 Rn. 1.

833 BGH, NJW 2015, 2116 (2118); Koller/Kindler/Roth/Drüen/*Roth*, HGB, § 8 Rn. 1; EBJS/*Schaub*, HGB, § 8 Rn. 44; MüKoHGB/*Krafka*, HGB, § 8 Rn. 4; BeckOK HGB/*Müther*, HGB, § 8 Rn. 2.

834 BGH, NJW 2015, 2116 (2118); *Lieder*, NZG 2020, 81 (86); MüKoHGB/*Krebs*, HGB, § 15 Rn. 1; BeckOK HGB/*Müther*, HGB, § 15 Rn. 1.

835 EBJS/*Schaub*, HGB, § 8 Rn. 45, 70; MüKoHGB/*Krafka*, HGB, § 8 Rn. 7; BeckOK HGB/*Müther*, HGB, § 8 Rn. 1.

836 EBJS/*Schaub*, HGB, § 8 Rn. 45; MüKoHGB/*Krafka*, HGB, § 8 Rn. 7, 33.

837 Hopt/*Merkt*, HGB, § 15 Rn. 5; MüKoHGB/*Krebs*, HGB, § 15 Rn. 38; BeckOK HGB/*Müther*, HGB, § 8 Rn. 15.

838 Zu der Frage einer möglichen Haftung des wirtschaftlich Berechtigten siehe Kapitel 2 G. II. 1. c.

Aus diesen wesentlichen Unterschieden zum Handelsregister könnte der augenscheinliche Schluss gezogen werden, das Transparenzregister liefere für den Markt keinen vergleichbaren Mehrwert. Die Geschäftspartner werden in der Regel in keinem Rechtsverhältnis zu den wirtschaftlich Berechtigten selbst stehen und aus der wirtschaftlichen Berechtigung allein keine Durchgriffshaftung herleiten können. Dennoch ist die Information und Kenntnis darüber, wer die rechtlichen oder wirtschaftlichen Interessen im Hinblick auf die Verwendung des Vermögens des Geschäftspartners steuert, ohne hierüber einem anderen Rechenschaft schuldig zu sein, gerade in der heutigen Zeit von großen Wert für die Marktteilnehmer. In Beachtung des § 57 GwG kann schon die Assoziation mit unlauteren Geschäftspartnern Reputationsschäden herbeiführen. So schützt das Transparenzregister die Marktteilnehmer vor überraschend enthüllten, negativ konnotierten Hintermännern. Während es beim Handelsregister vor allem um die Rechtsfolgen geht, die aus der Kenntnis oder Unkenntnis bestimmter Informationen folgen[839], bewirkt das Transparenzregister eine mittels Transparenz und Abbau von Informationsasymmetrien geschaffene Stärkung der Privatautonomie und Verantwortlichkeit eines lauteren Wettbewerbs.

B. Bedeutung der transparenzregisterrechtlichen Einflüsse auf die GmbH-Gesellschafterliste

Im Zuge der Umsetzung der Vierten EU-Geldwäscherichtlinie hat der nationale Gesetzgeber bestimmte Regelungen des GmbHG novelliert: Gemäß Art. 14 des Gesetzes zur Umsetzung der Vierten EU-Geldwäscherichtlinie wurden insbesondere die Vorgaben des § 40 GmbHG an den Mindestinhalt der Gesellschafterliste mit Blick auf die Anforderungen des § 19 GwG angepasst.[840] Der erforderliche Mindestinhalt umfasst nun ebenfalls die Angabe der durch den jeweiligen Nennbetrag eines Geschäftsanteils vermittelten prozentualen Beteiligung am Stammkapital, erweiterte Angaben zu einer Gesellschaft, die selbst Gesellschafterin der GmbH ist, sowie den Gesamtumfang der Beteiligung eines jeden Gesellschafters, der mehrere Geschäftsanteile hält, als Prozentsatz

839 *Bröhmer*, Transparenz als Verfassungsprinzip, S. 30; EBJS/*Gehrlein*, HGB, § 15 Rn. 2; MüKoHGB/*Krebs*, HGB, § 15 Rn. 1; Hopt/*Merkt*, HGB, § 15 Rn. 1; BeckOK HGB/*Müther*, HGB, § 15 Rn. 1 f.

840 BT-Drucks. 18/11555, S. 173; *Schaub*, GmbHR 2017, 727 (727); *Wicke*, DB 2017, 2528 (2528); *Fell*, jM 2019, 46 (47); MüKoGmbHG/*Heidinger*, GmbHG, § 40 Rn. 13; *Altmeppen*, GmbHG, § 40 Rn. 2; *Wicke*, GmbHG, § 40 Rn. 2; zu den inhaltlichen Anforderungen nach § 19 GwG siehe Kapitel 2. A. II.

im Verhältnis zum Stammkapital.[841] Während die Einführung der erweiterten Angaben zu Gesellschafter-Gesellschaften eine Normierung der etablierten „Best-Practice" darstellt[842], ist die Einführung beider prozentualer Quoten ausschließlich auf die Schaffung des Transparenzregisters zurückzuführen.[843] Daher wird teilweise kritisch von einer geldwäscherechtlichen Instrumentalisierung der Gesellschafterliste gesprochen und der Gesellschafterliste eine neue „Zwitternatur" aus geldwäscherechtlichen und gesellschaftsrechtlichen Elementen bescheinigt.[844] Nach Ansicht des Gesetzgebers seien die prozentualen Beteiligungsquoten jedoch auch unabhängig von den Zielen des Transparenzregisters für den Rechtsverkehr sinnvoll, da sie zu einer leichteren Lesbarkeit und verbesserten Gesellschafterauskunft führten.[845] Zu Fragen ist daher, ob bei der GmbH-Gesellschafterliste in der Folge der geldwäscherechtlichen Novellierung gesellschaftsrechtlicher Vorschriften eine erweiterte, geldwäscherechtliche Transparenzfunktion zuzusprechen ist und ob diese bei bestimmten gesellschaftsrechtlichen Auslegungsfragen zukünftig zu berücksichtigen ist.

I. Erweiterte Transparenzfunktion der Gesellschafterliste

Die prominentesten Funktionen der GmbH-Gesellschafterliste sind die Legitimationsfunktion des § 16 Abs. 1 GmbHG und die Funktion als Rechtsscheinträger gemäß § 16 Abs. 3 GmbHG.[846] Allerdings hat die Gesellschafterliste

---

841 BT-Drucks. 18/11555, S. 172; *Birkefeld/Schäfer*, BB 2017, 2755 (2757); *Böhringer*, BWNotZ 2017, 61 (61); *Wachter*, GmbHR, 2017, 1177 (1179); *Wicke*, DB 2017, 2528 (2528); *Windeknecht/Junginger*, DZWIR 2017, 551 (556); MüKoGmbHG/*Heidinger*, GmbHG, § 40 Rn. 13; *Altmeppen*, GmbHG, § 40 Rn. 2; *Wicke*, GmbHG, § 40 Rn. 2.

842 BT-Drucks. 18/11555, S. 172; *Birkefeld/Schäfer*, BB 2017, 2755 (2757); *Schaub*, GmbHR 2017, 727 (728); *Wicke*, DB 2017, 2528 (2530); *Punte/Stefanink*, GWR 2018, 131 (132).

843 BT-Drucks. 18/11555, S. 173; *Böhringer*, BWNotZ 2017, 61 (62); *Schaub*, GmbHR 2017, 727 (729); *Seibert/Bochmann/Cziupka*, GmbHR 2017, R241 (R241); *Wachter*, GmbHR, 2017, 1177 (1186); *Lieder/Becker*, NotBZ 2018, 321 (321); *Fell*, jM 2019, 46 (50).

844 *Cramer*, NZG 2018, 721 (725); *Lieder/Cziupka*, GmbHR 2018, 231 (233); kritisch hinsichtlich der Vereinbarkeit der unterschiedlichen Zweckrichtungen der Gesellschafterliste und des Transparenzregisters auch *Birkefeld/Schäfer*, BB 2017, 2755 (2761); *Wachter*, GmbHR, 2017, 1177 (1194); *Fell*, jM 2019, 46 (52).

845 BT-Drucks. 18/11555, S. 174.

846 *Götze/Bressler*, NZG 2007, 894 (894); *Omlor/Spies*, MittBayNot 2011, 353 (355); *Wicke*, GmbHG, § 40 Rn. 1.

neben der Legitimations- und Gutglaubenswirkung auch eine originäre Transparenzfunktion.[847]

Zweifellos ist es der Zweck der Gesellschafterliste Transparenz über die Anteilsstrukturen der GmbH zu schaffen.[848] Diese Transparenz ist grundlegend für die Legitimations- und Rechtsscheinträgerfunktion und wirkt zu Gunsten der Gesellschaftsgläubiger, der Gesellschafter und der Gesellschaft.[849]

Bereits durch das Gesetz zur Modernisierung des GmbH-Rechts und zur Bekämpfung von Missbräuchen vom 23. Oktober 2008 (MoMiG) hat der Gesetzgeber die Transparenzfunktion der Gesellschafterliste akzentuiert.[850] Dies geschah ebenfalls mit Blick auf Geldwäschebekämpfung:[851] Potentielle Geschäftspartner und die Öffentlichkeit insgesamt sollten sich nicht nur leichter über die Kapitalanteilsstrukturen der GmbH informieren können, sondern insbesondere auch darüber „wer hinter der Gesellschaft steht".[852] „Wer hinter der Gesellschaft steht" ist diejenige natürliche Person, die maßgeblichen mittelbaren oder unmittelbaren Einfluss ausüben und dadurch rechtliche oder wirtschaftliche Interessen im Hinblick auf die Verwendung des Gesellschaftsvermögens realisieren kann, ohne hierüber einem anderen Rechenschaft schuldig zu sein. Das Geldwäscherecht nennt diese Person wirtschaftlich Berechtigten.[853] Das Gesellschaftsrecht der GmbHG stellt hierbei maßgeblich auf die Kapitalanteilsinhaberschaft ab, da die Mitgliedschaftsrechte grundsätzlich aus

---

847 BT-Drucks. 16/6140, S. 37; *Birkefeld/Schäfer*, BB 2017, 2755 (2755); MHLS/*Ebbing*, GmbHG, § 16 Rn. 6; *Cramer*, NZG 2018, 721 (723); *Altmeppen*, GmbHG, § 16 Rn. 1; BeckOK GmbHG/*Wilhelmi*, GmbHG, § 16 Rn. 2; Noack/Servatius/Haas/*Servatius*, GmbHG, § 16 Rn. 2.

848 BT-Drucks. 16/6140, S. 37; *Birkefeld/Schäfer*, BB 2017, 2755 (2755); MHLS/*Ebbing*, GmbHG, § 16 Rn. 6; *Cramer*, NZG 2018, 721 (723); *Wicke*, GmbHG, § 40 Rn. 1; *Altmeppen*, GmbHG, § 16 Rn. 1; BeckOK GmbHG/*Wilhelmi*, GmbHG, § 16 Rn. 2; Noack/Servatius/Haas/*Servatius*, GmbHG, § 16 Rn. 2.

849 BT-Drucks. 16/6140, S. 38; *Wicke*, GmbHG, § 40 Rn. 1; BeckOK GmbHG/*Heilmeier*, GmbHG, § 40 Vorb.; Noack/Servatius/Haas/*Servatius*, GmbHG, § 16 Rn. 2.

850 BT-Drucks. 16/6140, S. 37; *Damm*, BWNotZ 2017, 2 (2); MHLS/*Ebbing*, GmbHG, § 16 Rn. 6; *Wicke*, DB 2017, 2528 (2528); *Cramer*, NZG 2018, 721 (723).

851 BT-Drucks. 16/6140, S. 37; MHLS/*Ebbing*, GmbHG, § 16 Rn. 7; *Wicke*, DB 2017, 2528 (2528); BeckOK GmbHG/*Wilhelmi*, GmbHG, § 16 Rn. 2; Noack/Servatius/Haas/*Servatius*, GmbHG, § 16 Rn. 2.

852 BT-Drucks. 16/6140, S. 26; *Damm*, BWNotZ 2017, 2 (2).

853 Siehe detaillierte Ausführungen zu der Rechtsfigur des wirtschaftlich Berechtigten in Kapitel 1 B.

dem Geschäftsanteil folgen.[854] Das Geldwäscherecht erweitert die Sphäre kontrollvermittelnder Umstände auf Treuhandabreden, Unterbeteiligungen, stille Beteiligungen, Nießbrauch oder Stimmbindungsvereinbarungen, sowie auf vom Regelfall abweichende und kontrollvermittelnde Regelungen wie Mehrstimmrechte, Vetorechte oder Benennungsrechte und Beteiligungsketten.[855]

Durch die geldwäscherechtlich bedingte Novellierung des GmbH-Rechts, namentlich der Gesellschafterliste, verschiebt sich dieses differenzierende Verständnis nicht. Der Fokus der Gesellschafterliste bleibt auf der typischen Transparenz der Anteilsstrukturen der GmbH. Vielmehr wird die Aussagekraft der Kapitalanteilsangaben dadurch gestärkt, dass sie in Relation zu dem Stammkapital der Gesellschaft gesetzt werden. Sämtliche Informationen standen schon vor der Novellierung zur Verfügung: Geschäftsanteil, Gesellschafter, Nennbetrag in der Gesellschafterliste und Stammkapital der Gesellschaft ausweislich des Gesellschaftsvertrags gemäß § 3 Abs. 1 Nr. 3 GmbHG. Die Verbesserung der Transparenz der GmbHG-Gesellschafterliste wird lediglich dadurch erreicht, dass diese Informationen zueinander in Bezug gesetzt und mittels prozentualer Quotenbildung abgebildet werden. Der Rechtsverkehr kann hieraus vereinfacht einen Rückschluss auf die Kontrollverhältnisse innerhalb der Gesellschaft ziehen, ohne die Informationssammlung und Kontextualisierung selbst vornehmen zu müssen. Vor diesem Hintergrund dringt auch das im Rahmen des Instrumentalisierungsvorwurfs angeführte Argument, Prozentangaben widersprächen der rechtlichen Selbstständigkeit der einzelnen Geschäftsangaben[856], nicht durch.

Der geldwäscherechtliche Wertungseinschlag durch die vorgenommene Kontextualisierung führt durchaus zu einem Informationsmehrwert der Gesellschafterliste im Zuge der Novellierung und somit zu einer erweiterten Transparenzfunktion.

Ob unter Transparenz nun eine für Jedermann bestehende Möglichkeit der Kenntnisnahme von Informationen[857], das Ergebnis einer

---

854 MHLS/*Ebbing*, GmbHG, § 14 Rn. 39; *Wicke*, GmbHG, § 14 Rn. 4; *Altmeppen*, GmbHG, § 14 Rn. 13; BeckOK GmbHG/*Ziemons*, GmbHG, § 5 Rn. 30; MüKoGmbHG/*Weller/Reichert*, GmbHG § 14 Rn. 14 ff.; Noack/Servatius/Haas/*Fastrich*, GmbHG, § 14 Rn. 11.

855 Hierzu siehe Kapitel 1 C. II. bis VI. sowie Kapitel 1 D. und E.

856 *Wachter*, GmbHR 2017, 1177 (1186).

857 *Witt*, Übernahmen von Aktiengesellschaften, S. 5; *Fell*, Die GmbH-Gesellschafterliste im Spannungsfeld von Geheimhaltungs- und Veröffentlichungsinteressen, S. 50.

Offenlegung[858] oder ein Prozess zur Förderung der Durchschaubarkeit von Entscheidungsabläufen und Tatsachen[859] zu verstehen ist, ist disputabel und vor allem von dem Standpunkt des Betrachters und der Art der Informationen abhängig. Für den Betrachter, der grundsätzlichen Zugang zu vorhandenen Informationen erhalten möchte[860], stellt sich Transparenz bereits mit der Möglichkeit der Kenntnisnahme dieser Informationen ein. Für denjenigen, der Informationen bereithält, generiert oder aufbereitet und diese erst ab einem bestimmten Zeitpunkt, unter bestimmten Voraussetzungen oder nach erfolgter Auswertung Dritten zur Verfügung stellt[861], ist Transparenz das Ergebnis einer Offenlegung. Als Prozess zur Förderung der Durchschaubarkeit von Entscheidungsabläufen und Tatsachen stellt sich die Transparenz hingegen für denjenigen dar, der Maßnahmen umsetzt und Voraussetzungen dafür schafft, dass Informationen Dritten zugänglich sind.[862] Erreicht wird Transparenz jedenfalls durch das zur Verfügung stellen von Informationen.[863] Transparenz kann jedoch nicht einfach durch das Mitteilen sämtlicher oder beliebiger Informationen erreicht werden. Es sind Anforderungen an den Inhalt dieser Informationen zu stellen. Die Mitteilung einer umfassenden Menge an Informationen führt zu einer Zunahme an Komplexität.[864] Eine derartige Komplexität kann der Herstellung von Transparenz entgegenstehen, wenn Umfang und Gehalt der Informationen zu Unübersichtlichkeit, Unverständlichkeit und Unbegreiflichkeit führen.[865] Die Erhöhung von Transparenz kann nur durch die Steigerung der Quantität der Informationen und der Verbesserung der Qualität der Informationen erreicht werden.[866] Dies konnte durch die prozentualen Beteiligungsquoten, die im Zuge der Novellierung des § 40 GmbHG eingeführt wurden,

---

858 *Fell,* Die GmbH-Gesellschafterliste im Spannungsfeld von Geheimhaltungs- und Veröffentlichungsinteressen, S. 49.

859 *Merkt,* Unternehmenspublizität, S. 11; *Fell,* Die GmbH-Gesellschafterliste im Spannungsfeld von Geheimhaltungs- und Veröffentlichungsinteressen, S. 49.

860 Wie beispielsweise Verpflichtete nach § 2 Abs. 1 GwG im Rahmen der Erfüllung ihrer Sorgfaltspflichten nach § 10 GwG.

861 Wie etwa die Vereinigungen nach § 20 Abs. 1 GwG, welche die erforderlichen Informationen abfragen, die wirtschaftlich Berechtigten ermitteln und diese der registerführenden Stelle mitteilen.

862 Dies beschreibt in diesem Kontext den Gesetzgeber und die Bundesanzeiger Verlag GmbH.

863 Vgl. *Bröhmer,* Transparenz als Verfassungsprinzip, S. 18.

864 *Bröhmer,* Transparenz als Verfassungsprinzip, S. 377.

865 *Bröhmer,* Transparenz als Verfassungsprinzip, S. 377.

866 *Bröhmer,* Transparenz als Verfassungsprinzip, S. 377.

erreicht werden. Die formelle Einheitlichkeit der Prozentangaben zwischen Transparenzregistereintrag und Gesellschafterliste führt zu der Steigerung der Übersichtlichkeit und Ordnung der abrufbaren Informationen. Dies fördert die Transparenz und verhindert die Umgehung mittels „Darstellungstricks", schließlich läuft eine etwaige Uneinheitlichkeit der Sicherstellung transparenter Gesellschafterverhältnisse zuwider.[867] Ebenso führt der Gleichlauf zwischen Transparenzregistereintrag und Gesellschafterliste zu einer Abgleichmöglichkeit der verfügbaren Informationen und so zu einer Qualitätssteigerung.

Die Notwendigkeit von Transparenz ist vor allem dort besonders ausgeprägt, wo Kontrolle und „Eigentum" beziehungsweise wirtschaftlicher Nutzen auseinanderfallen.[868] Transparenz hat in jedweder Erscheinungsform das Ziel und die Funktion bestehender Informationsdivergenzen abzubauen.[869] Im Fall der GmbH-Gesellschafterliste wurde die Transparenz auf die Gewichtung der Geschäftsanteilinhaberschaft im Rahmen der innergesellschaftlichen Kontrollverhältnisse erweitert und so die Informationsdivergenz zwischen im Hintergrund Kontrollierenden und dem übrigen Rechtsverkehr abgebaut.

Konkludierend kann nicht von einer geldwäscherechtlichen Instrumentalisierung der GmbH-Gesellschafterliste im Sinne eines „unnatürlichen", „zweckentfremdeten" Missbrauchs gesprochen werden. Eine Erweiterung der Transparenzfunktion mit Blick auf das Transparenzregister, Geldwäschebekämpfung und Verhinderung von Terrorismusfinanzierung ist jedoch anzuerkennen.

II. Einfluss auf die Ausgestaltung und Darstellung der GmbH-Gesellschafterliste

Der reformierte § 40 GmbHG enthält in Abs. 4 eine Verordnungsermächtigung in Bezug auf die konkretere Ausgestaltung der Gesellschafterliste.[870] Mit der Verordnungsermächtigung in § 40 Abs. 4 GmbHG, von welcher das Bundesministerium der Justiz und für Verbraucherschutz durch Erlass der Verordnung

---

867 BT-Drucks. 18/11555, S. 174.

868 Vgl. *Brunner*, Publizität der schweizerischen Aktiengesellschaft, S. 41.

869 *Fell*, Die GmbH-Gesellschafterliste im Spannungsfeld von Geheimhaltungs- und Veröffentlichungsinteressen, S. 49.

870 BT-Drucks. 18/11555, S. 174; BR-Drucks. 105/18, S. 1; *Birkefeld/Schäfer*, BB 2017, 2755 (2759); *Schaub*, GmbHR 2017, 727 (730); *Wicke*, DB 2017, 2528 (2529); *Punte/Stefanik*, GWR 2018, 131 (132); *Fell*, jM 2019, 46 (46); MüKoGmbHG/*Heidinger*, GmbHG, § 40 Rn. 15; *Wicke*, GmbHG, § 40 Rn. 6b; BeckOK GmbHG/*Heilmeier*, GmbHG, § 40 Rn. 198a.

über die Ausgestaltung der Gesellschafterliste vom 20. Juni 2018 (verkürzt als Gesellschafterlistenverordnung bezeichnet) gebraucht gemacht hat[871], wird die Vereinheitlichung der Gesellschafterlisten und die Verbesserung der Handhabbarkeit bezweckt.[872] Die Gesellschafterlistenverordnung versucht dabei einen Balanceakt zwischen einer „behutsamen" Standardisierung, also einer inhaltlichen und strukturellen Vereinheitlichung der GmbH-Gesellschafterlisten[873], der Normierung der etablierten Rechtspraxis[874], der Beseitigung der in der Praxis aufgetretenen Streitfragen durch eine Präzisierung der Anforderungen[875], sowie andererseits der Vermeidung unnötiger Bürokratie.[876]

1. Prozentuale Beteiligungsquoten

§ 40 Abs. 1 GmbHG differenziert zwischen der anteilsbezogenen und der gesellschafterbezogenen Beteiligungsquote.[877] Die anteilsbezogene Beteiligungsquote des § 40 Abs. 1 S. 1 GmbHG ergibt sich aus dem Verhältnis des

---

871 *Frank/Schaub*, DStR 2018, 1822 (1822); *Szalai*, GWR 2018, 250 (250); *Lieder/Becker* NotBZ 2018, 321 (321); *Fell*, jM 2019, 46 (46); MüKoGmbHG/*Heidinger*, GmbHG, § 40 Rn. 15; *Wicke*, GmbHG, § 40 Rn. 6b; *Altmeppen*, GmbHG, § 40 Rn. 2; BeckOK GmbHG/*Heilmeier*, GmbHG, § 40 Rn. 198a.

872 BT-Drucks. 18/11555, S. 174; BR-Drucks. 105/18, S. 4; *Birkefeld/Schäfer*, BB 2017, 2755 (2759); *Schaub*, GmbHR 2017, 727 (730); *Wicke*, DB 2017, 2528 (2529); *Cramer*, NZG 2018, 721 (724); *Frank/Schaub*, DStR 2018, 1822 (1822); *Lieder/Becker* NotBZ 2018, 321 (322); *Fell*, jM 2019, 46 (46); Wicke, GmbHG, § 40 Rn. 6b; BeckOK GmbHG/*Heilmeier*, GmbHG, § 40 Rn. 198a.

873 BT-Drucks. 18/11555, S. 174; BR-Drucks. 105/18, S. 4; *Birkefeld/Schäfer*, BB 2017, 2755 (2759); *Schaub*, GmbHR 2017, 727 (730); *Wicke*, DB 2017, 2528 (2529); *Cramer*, NZG 2018, 721 (724); *Frank/Schaub*, DStR 2018, 1822 (1823); *Lieder/Becker* NotBZ 2018, 321 (322); *Fell*, jM 2019, 46 (46); *Wicke*, GmbHG, § 40 Rn. 6b; BeckOK GmbHG/*Heilmeier*, GmbHG, § 40 Rn. 198a.

874 BT-Drucks. 18/11555, S. 174; *Birkefeld/Schäfer*, BB 2017, 2755 (2760); *Wicke*, DB 2017, 2528 (2529); *Frank/Schaub*, DStR 2018, 1822 (1822).

875 BT-Drucks. 18/11555, S. 174; BR-Drucks. 105/18, S. 4; *Birkefeld/Schäfer*, BB 2017, 2755 (2760); *Lieder/Becker* NotBZ 2018, 321 (322).

876 BR-Drucks. 105/18, S. 4; *Frank/Schaub*, DStR 2018, 1822 (1822); *Lieder/Becker* NotBZ 2018, 321 (322).

877 *Birkefeld/Schäfer*, BB 2017, 2755 (2757); *Wachter*, GmbHR 2017, 1177 (1186); *Windeknecht/Junginger*, DZWIR 2017, 551 (557); *Lieder/Becker* NotBZ 2018, 321 (321); MüKoGmbHG/*Heidinger*, GmbHG, § 40 Rn. 134; BeckOK GmbHG/*Heilmeier*, GmbHG, § 40 Rn. 34a; Zur gesellschafterbezogenen Beteiligungsquote siehe auch Kapitel 2 E. I.

betreffenden Nennbetrages zum Stammkapital.[878] Die anteilsbezogene Beteiligungsquote ist nach dem Wortlaut des § 40 Abs. 1 S. 1 GmbHG für jeden einzelnen Geschäftsanteil und unabhängig von der konkreten Höhe der Quote, also auch bei einem Unterschreiten der geldwäscherechtlichen 25 % Schwelle, anzuführen.[879] Die gesellschafterbezogene Beteiligungsquote gibt den Gesamtumfang der Beteiligung eines Gesellschafters am Stammkapital an, wenn der Gesellschafter mehr als einen Geschäftsanteil hält.[880]

Vor Erlass der Gesellschafterlistenverordnung wurden in der Literatur verschiedene Möglichkeiten der Darstellung der prozentualen Beteiligungen diskutiert.[881] Nun konkretisiert § 4 GesLV die Darstellung der prozentualen Beteiligungsquoten und ermöglicht einen rechtssichereren Umgang mit den Prozentangaben in der Gesellschafterliste.[882]

a. Darstellung der Prozentangaben

Neben der Darstellung der prozentualen Beteiligung durch Prozentangaben wurden als weitere Möglichkeiten die Angabe von Dezimalzahlen und die Darstellung durch Bruchzahlen diskutiert.[883] Der Wortlaut des § 40 Abs. 1 GmbHG ließe diese Darstellungsvarianten durchaus zu. Mit der Regelung des § 4 GesLV ist diese Darstellungsfrage abschließend zugunsten der Prozentangaben geklärt.[884] Der Verordnungstext des § 4 GesLV spricht von „Prozentangaben"

---

878 BT-Drucks. 18/11555, S. 174; *Böhringer,* BWNotZ 2017, 61 (62); *Wicke*, DB 2017, 2528 (2528); *Punte/Stefanik*, GWR 2018, 131 (132); *Szalai*, GWR 2018, 250 (255); *Fell,* jM 2019, 46 (50); *Altmeppen*, GmbHG, § 40 Rn. 15.

879 Vgl. BT-Drucks. 18/11555, S. 174 „[...] für jeden Geschäftsanteil [...]"; *Wicke*, DB 2017, 2528 (2529); *Wachter*, GmbHR 2017, 1177 (1186); *Frank/Schaub*, DStR 2018, 1822 (1824); vgl. OLG München, NZG 2018, 63 (63); vgl. OLG Nürnberg, NZG 2018, 61 (62).

880 BT-Drucks. 18/11555, S. 174; *Birkefeld/Schäfer*, BB 2017, 2755 (2758); *Wachter*, GmbHR 2017, 1177 (1187); *Wicke*, GmbHG, § 40 Rn. 5d.

881 *Birkefeld/Schäfer*, BB 2017, 2755 (2758); *Böhringer*, BWNotZ 2017, 61 (63); *Wachter*, GmbHR 2017, 1177 (1190); *Wicke*, DB 2017, 2528 (2529); *Lieder/Becker* NotBZ 2018, 321 (327); *Fell*, jM 2019, 46 (50); MüKoGmbHG/*Herrler*, GmbHG, § 8 Rn. 37.

882 Vgl. *Cziupka*, GmbHR 2018, R180 (R182); *Frank/Schaub*, DStR 2018, 1822 (1824); *Lieder/Becker* NotBZ 2018, 321 (322); *Fell*, jM 2019, 46 (50).

883 *Birkefeld/Schäfer*, BB 2017, 2755 (2758); *Böhringer*, BWNotZ 2017, 61 (63); *Wachter*, GmbHR 2017, 1177 (1190); *Wicke*, DB 2017, 2528 (2529); *Lieder/Becker* NotBZ 2018, 321 (327); *Fell*, JM 2019, 46 (50); MüKoGmbHG/*Herrler*, GmbHG, § 8 Rn. 37; Noack/Servatius/Haas/*Servatius*, GmbHG, § 40 Rn. 13a.

884 BR-Drucks. 105/18, S. 11; *Frank/Schaub*, DStR 2018, 1822 (1824); *Lieder/Becker* NotBZ 2018, 321 (327); BeckOK GmbHG/*Heilmeier*, GmbHG, § 40 Rn. 34b.

und „Dezimalstellen“, welche denklogisch nicht bei Brüchen vorkommen. Darüber hinaus statuiert § 4 Abs. 3 GesLV, dass die Summe der Prozentangaben nicht 100 % zu ergeben braucht und verdeutlicht so die Grundannahme einer Darstellung der Beteiligungsquoten mittels Prozentangaben. Gleiches gilt vor dem Hintergrund der in § 4 Abs. 1 S. 2 GesLV angeführten Prozentangaben. Der Verordnungsgeber hat die Darstellung als Bruch darüber hinaus thematisiert und abgelehnt.[885]

Zudem wurde die Frage zulässiger Rundungen der Prozentangaben kritisch diskutiert.[886] § 4 Abs. 1 S. 1 GesLV normiert nunmehr die Zulässigkeit von Rundungen nach dem kaufmännischen Prinzip bis auf eine Dezimalstelle sowie die Möglichkeit des Weglassens der Nachkommastellen bis auf eine Dezimalstelle in § 4 Abs. 1 S. 3 GesLV für die anteilsbezogene Beteiligungsquoten.[887] Durch § 4 Abs. 1 S. 2 GesLV wird abschließend gesetzlich geregelt, dass eine Abrundung auf 0,0 %, 25,0 % und 50,0 % unzulässig ist.[888] Der Verordnungsgeber hat diese Regelung ausdrücklich mit Blick auf § 3 GwG eingeführt.[889] § 4 Abs. 2 S. 2 GesLV ordnet an, dass die Grundsätze entsprechend auf die abschließende Darstellung der gesellschafterbezogenen Beteiligungsquote anzuwenden sind.[890] Bei der gesellschafterbezogenen Beteiligungsquote gilt allerdings die Besonderheit, dass die vorausgehende Berechnung nach § 4 Abs. 2 S. 2 GesLV

885 BR-Drucks. 105/18, S. 11.

886 *Birkefeld/Schäfer*, BB 2017, 2755 (2758); *Böhringer*, BWNotZ 2017, 61 (63); *Seibert/Bochmann/Cziupka*, GmbHR 2017, R241 (242); *Wicke*, DB 2017, 2528 (2528); *König/Steffes-Holländer*, DB 2018, 818 (819); *Lieder/Becker* NotBZ 2018, 321 (325); Noack/Servatius/Haas/*Servatius*, GmbHG, § 40 Rn. 13a.

887 BR-Drucks. 105/18, S. 11; *Frank/Schaub*, DStR 2018, 1822 (1824); *Lieder/Becker*, NotBZ 2018, 321 (326); *Szalai*, GWR 2018, 250 (255); *Fell*, jM 2019, 46 (50); *Wicke*, GmbHG, § 40 Rn. 5d; BeckOK GmbHG/*Heilmeier*, GmbHG, § 40 Rn. 34b; Scholz/*Seibt*, GmbHG, § 40 Rn. 31.

888 BR-Drucks. 105/18, S. 11; *Cziupka*, GmbHR 2018, R180 (R182); *Frank/Schaub*, DStR 2018, 1822 (1824); *Lieder/Becker*, NotBZ 2018, 321 (326); *Szalai*, GWR 2018, 250 (255); *Wicke*, GmbHG, § 40 Rn. 5d; BeckOK GmbHG/*Heilmeier*, GmbHG, § 40 Rn. 34b; Noack/Servatius/Haas/*Servatius*, GmbHG, § 40 Rn. 13a; Scholz/*Seibt*, GmbHG, § 40 Rn. 31.

889 BR-Drucks. 105/18, S. 11; *Frank/Schaub*, DStR 2018, 1822 (1824); BeckOK GmbHG/*Heilmeier*, GmbHG, § 40 Rn. 34b; Scholz/*Seibt*, GmbHG, § 40 Rn. 31.

890 BR-Drucks. 105/18, S. 12; *Frank/Schaub*, DStR 2018, 1822 (1825); Scholz/*Seibt*, GmbHG, § 40 Rn. 32.

exklusive etwaiger Rundungen oder dem Weglassen von Nachkommastellen zu erfolgen hat.[891]

§ 4 Abs. 5 GesLV normiert die Darstellung der prozentualen Beteiligungsquoten in einer jeweiligen separaten Spalte.[892] Für die gesellschafterbezogene Beteiligungsquote des § 40 Abs. 1 S. 3 GmbHG eröffnet § 4 Abs. 5 S. 2 GesLV sogar die Möglichkeit der Darstellung in einer anschließenden separaten Zeile.[893]

b. Darstellung von Kleinstbeteiligungen

Dem Problem der Darstellung von Kleinstbeteiligungen hat sich der Verordnungsgeber in § 4 Abs. 4 GesLV gewidmet.[894] Gemäß § 4 Abs. 4 GesLV genügt bei Kleinstbeteiligungen die Angabe, dass die Beteiligungsquote weniger als 1 % vom Stammkapital beträgt.[895] § 4 Abs. 4 GesLV erfasst nach seinem Wortlaut ausdrücklich die Fallkonstellationen, in denen die anteilsbezogene Beteiligungsquote weniger als 1 % beträgt sowie die Fallkonstellationen in denen die gesellschafterbezogene (Gesamt-)Beteiligungsquote weniger als 1 % beträgt.[896] Nicht unmittelbar vom Wortlaut erfasst ist das Zusammentreffen diverser Kleinstbeteiligungen, die in der Summe über 1 %ergeben (So können 26 einzelne Geschäftsanteile in Form von Kleinstbeteiligungen von „weniger

---

891 BR-Drucks. 105/18, S. 12; *Frank/Schaub*, DStR 2018, 1822 (1824); *Szalai*, GWR 2018, 250 (256); BeckOK GmbHG/*Heilmeier*, GmbHG, § 40 Rn. 34c; Scholz/*Seibt*, GmbHG, § 40 Rn. 32.

892 BR-Drucks. 105/18, S. 13; *Frank/Schaub*, DStR 2018, 1822 (1824); *Lieder/Becker* NotBZ 2018, 321 (327); *Szalai*, GWR 2018, 250 (256); *Wicke*, GmbHG, § 40 Rn. 5d; BeckOK GmbHG/*Heilmeier*, GmbHG, § 40 Rn. 34d; Scholz/*Seibt*, GmbHG, § 40 Rn. 33.

893 BR-Drucks. 105/18, S. 13; *Frank/Schaub*, DStR 2018, 1822 (1824); *Lieder/Becker* NotBZ 2018, 321 (327); *Szalai*, GWR 2018, 250 (255); *Wicke*, GmbHG, § 40 Rn. 5d; BeckOK GmbHG/*Heilmeier*, GmbHG, § 40 Rn. 34d; Scholz/*Seibt*, GmbHG, § 40 Rn. 33.

894 BR-Drucks. 105/18, S. 13; *Frank/Schaub*, DStR 2018, 1822 (1825); Scholz/*Seibt*, GmbHG, § 40 Rn. 31.

895 BR-Drucks. 105/18, S. 13; *Frank/Schaub*, DStR 2018, 1822 (1825); *Lieder/Becker*, NotBZ 2018, 321 (326); *Szalai*, GWR 2018, 250 (256); *Fell*, jM 2019, 46 (50); MüKoGmbHG/*Heidinger*, GmbHG, § 40 Rn. 134; *Wicke*, GmbHG, § 40 Rn. 5d; BeckOK GmbHG/*Heilmeier*, GmbHG, § 40 Rn. 34d; Scholz/*Seibt*, GmbHG, § 40 Rn. 31.

896 BR-Drucks. 105/18, S. 13; *Wicke*, GmbHG, § 40 Rn. 5d; BeckOK GmbHG/*Heilmeier*, GmbHG, § 40 Rn. 34d.

als einem Prozent“ im Umfang der Gesamtbeteiligung durchaus die relevante 25 % Schwelle überschreiten). Um in derartigen Fällen die Verschleierungsgefahr zu minimieren, ist der Grundsatz des § 4 Abs. 2 S. 1 GesLV für die Berechnung des Gesamtumfanges heranzuziehen. Bei der Erheblichkeitsschwelle des § 4 Abs. 4 GesLV handelt es sich lediglich um eine Angabeerleichterung.[897] Die Angabeerleichterung des § 4 Abs. 4 S. 1 GesLV hat den gleichen Zweck wie die Angabeerleichterungen des § 4 Abs. 1 S. 1, S. 3 GesLV.[898] Sie dienen der Übersichtlichkeit und der vereinfachten Lesbarkeit der Gesellschafterliste.[899] Die Angabeerleichterungen sollen hingegen nicht „zu verstärkten Unschärfen führen“.[900] Derartige Unschärfen würden der Transparenzfunktion der Gesellschafterliste zuwiderlaufen. Die Lesart des § 4 GesLV ist mithin in dem Sinne auszulegen, dass bei der Zusammenrechnung mehrerer Kleinstbeteiligungen für die Ermittlung der gesellschafterbezogenen Beteiligungsquote nach § 40 Abs. 1 S. 3 GmbHG die konkrete Höhe der jeweiligen Kleinstbeteiligung entsprechend des Grundgedankens des § 4 Abs. 2 GesLV maßgeblich ist.

c. *Das Konsistenzgebot*

Insbesondere bei der Darstellung der Beteiligungsquoten kommt das Konsistenzgebot zum Tragen.[901] Das Konsistenzgebot postuliert die einheitliche, konsequente Anwendung der einmal gewählten Darstellungsprinzipien auf die gesamte Gesellschafterliste.[902] Der normativer Anknüpfungspunkt für das Konsistenzgebot findet sich im Wortlaut des § 4 Abs. 1 S. 3 GesLV: Dieser normiert die „alternative“ Zulässigkeit der Darstellungsformen „Rundung nach kaufmännischem Prinzip“ und „Weglassen von Dezimalstellen“ und konkretisiert so die Unzulässigkeit der parallelen Anwendung beider Darstellungsalternativen.[903]

897 BR-Drucks. 105/18, S. 13.

898 Die Duldung „geringfügige[r] rechnerische[r] Unschärfen, […] im Sinne einer besseren Listenübersichtlichkeit […] [ohne] rechtliche[n] Auswirkungen auf die Rechtsstellung der Gesellschafter“, BR-Drucks. 105/18, S. 12.

899 BR-Drucks. 105/18, S. 13; *Frank/Schaub*, DStR 2018, 1822 (1825); *Lieder/Becker* NotBZ 2018, 321 (326).

900 In Abgrenzung zu den „geringfügigen“ Unschärfen, BR-Drucks. 105/18, S. 12.

901 BR-Drucks. 105/18, S. 12; *Szalai*, GWR 2018, 250 (256); Wicke, GmbHG, § 40 Rn. 5d; Scholz/*Seibt*, GmbHG, § 40 Rn. 31.

902 BR-Drucks. 105/18, S. 12; *Frank/Schaub*, DStR 2018, 1822 (1824); *Szalai*, GWR 2018, 250 (256); *Wicke*, GmbHG, § 40 Rn. 5d; Noack/Servatius/Haas/*Servatius*, GmbHG, § 40 Rn. 13a; Scholz/*Seibt*, GmbHG, § 40 Rn. 31.

903 Vgl. BR-Drucks. 105/18, S. 12.

Für den Leser der GmbH-Gesellschafterliste ist die Auswahl einer der Darstellungsalternativen weder ersichtlich noch nachvollziehbar. Fraglich ist daher, ob ein Hinweis auf die gewählte Darstellungsalternative erfolgen muss. Dem Wortlaut des § 4 GesLV ist ein derartiges Hinweisgebot zunächst einmal nicht zu entnehmen. Der Verordnungsgeber hat die Sinnhaftigkeit eines Hinweises auf gewählte Darstellungsform gesehen und klargestellt, dass die Aufnahme eines derartigen Hinweises möglich aber nicht zwingend ist. Mit Blick auf eine lückenlose Nachvollziehbarkeit und auf eine erleichterte und einheitliche Lesbarkeit der Gesellschafterliste wäre ein Hinweisgebot zu begrüßen.[904]

d. Legitimationswirkung der Prozentangaben

Eine weitere in der Literatur diskutierte Frage bezieht sich auf die möglichen Wechselwirkungen zwischen den prozentualen Beteiligungsquoten und der Legitimationsfunktion.[905] Relevanz entfaltet diese Frage vor allem bei Unstimmigkeiten zwischen Nennbetrag und Prozentangaben.[906] Teilweise wird die Auffassung vertreten, die Legitimationswirkung beziehe sich auch quantitativ auf die Höhe der Beteiligung.[907] Diese Auffassung teilt der Verordnungsgeber nicht.[908] Vielmehr sei es eine „Selbstverständlichkeit", dass die Prozentangaben des § 40 Abs. 1 S. 1 GmbHG die Wirkungen des „§ 16 GmbHG nicht tangieren".[909]

Dabei gibt der Wortlaut des § 16 Abs. 1 GmbHG durchaus einen Anknüpfungspunkt für die Bezugnahme der Beteiligungsquoten her: § 16 Abs. 1 S. 1 GmbHG normiert ausdrücklich die Maßgeblichkeit einer Veränderung des Umfanges der Beteiligung.[910] Die anteilsbezogene Beteiligungsquote beschreibt den Umfang der Beteiligung gleichermaßen wie der Nennwert. Anstelle einer

---

904 So im Ergebnis auch *Cziupka*, GmbHR 2018, R180 (R182); *Frank/Schaub*, DStR 2018, 1822 (1824).

905 *Wachter*, GmbHR 2017, 1177 (1192); *Wicke*, DB 2017, 2528 (2530); *Cramer*, NZG 2018, 721 (725); *Miller*, NJW 2018, 2518 (2522); *Wicke*, GmbHG § 40 Rn. 5e.

906 *Wicke*, DB 2017, 2528 (2530).

907 *Wanner-Laufer*, NZG 2021, 960 (960).

908 BR-Drucks. 105/18, S. 12.

909 BR-Drucks. 105/18, S. 12; so auch *Lieder/Cziupka*, GmbHR 2018, 231 (233); *Miller*, NJW 2018, 2518 (2522); MüKoGmbHG/*Heidinger*, GmbHG, § 16 Rn. 3; Noack/Servatius/Haas/*Servatius*, GmbHG, § 16 Rn. 7.

910 *Punte/Stefanik*, DB 2018, 364 (364); BeckOK GmbHG/*Wilhelmi*, GmbHG § 16 Rn. 8; MüKoGmbHG/*Heidinger*, GmbHG, § 16 Rn. 3; Noack/Servatius/Haas/*Servatius*, GmbHG, § 16 Rn. 7; Scholz/*Seibt*, GmbHG, § 16 Rn. 16, 19.

monetären Darstellung wird der Umfang der Beteiligung lediglich mittels eines Prozentsatzes und im Kontext des Verhältnisses zum Stammkapital abgebildet.[911]

Der Sinn und Zweck des § 16 Abs. 1 S. 1 GmbHG ist neben der Bekämpfung der missbräuchlichen Verwendung der Rechtsform der GmbH in Unternehmenskrisen und der Bekämpfung von Geldwäsche, auch die Verbesserung der Transparenz der Gesellschafterstrukturen.[912] Durch die Regelung wird ein stets aktueller, lückenloser und unproblematisch nachvollziehbarer Gesellschafterbestand angestrebt.[913] Die Legitimationsfunktion soll eine gesteigerte Rechtssicherheit für die Gesellschaft und für mögliche Erwerber von Geschäftsanteilen schaffen.[914] Dies wird durch die Einbeziehung der prozentualen Beteiligungsquoten gefördert.

Die Gesellschafterliste dient der Ordnung des Binnenverhältnisses zwischen der Gesellschaft und ihren Gesellschaftern.[915] Dies wird in der Legitimationswirkung des § 16 Abs. 1 S. 1 GmbHG reflektiert. Anknüpfungspunkt der Legitimationswirkung ist die Gesellschafterliste als Ganzes, nicht nur einzelne Angaben.[916] Und auch die Reichweite der Legitimation als Gesellschafter gegenüber der Gesellschaft nach § 16 Abs. 1 S. 1 GmbHG erfasst alle mitgliedschaftlichen Rechte.[917] Im Sinne einer positiven Legitimationswirkung geht es hierbei um das Teilnahmerecht an Gesellschafterversammlungen, das Stimmrecht, das Auskunftsrecht und das Anfechtungsrecht, aber auch um die Vermögensrechte,

---

911 Entsprechend der Ausführungen in Kapitel 3 B. I. zu der Kontextualisierung der Informationen in der Gesellschafterliste.

912 BT-Drucks. 6140/16, S. 37; MHLS/*Ebbing*, GmbHG, § 16 Rn. 6; *Punte/Stefanik*, DB 2018, 364 (364); *Wicke*, GmbHG, § 16 Rn. 1; *Altmeppen*, GmbHG, § 16 Rn. 1; BeckOK GmbHG/*Wilhelmi*, GmbHG, § 16 Rn. 2; MüKoGmbHG/*Heidinger*, GmbHG, § 16 Rn. 14; Noack/Servatius/Haas/*Servatius*, GmbHG, § 16 Rn. 2; Scholz/*Seibt*, GmbHG, § 16 Rn. 4.

913 BT-Drucks. 6140/16, S. 37; *Altmeppen*, GmbHG, § 16 Rn. 1; MüKoGmbHG/*Heidinger*, GmbHG, § 16 Rn. 14; Noack/Servatius/Haas/*Servatius*, GmbHG, § 16 Rn. 2.

914 BT-Drucks. 6140/16, S. 37; MHLS/*Ebbing*, GmbHG, § 16 Rn. 6; *Altmeppen*, GmbHG, § 16 Rn. 1; BeckOK GmbHG/*Wilhelmi*, GmbHG, § 16 Rn. 2; MüKoGmbHG/*Heidinger*, GmbHG, § 16 Rn. 14; Noack/Servatius/Haas/*Servatius*, GmbHG, § 16 Rn. 2; Scholz/*Seibt*, GmbHG, § 16 Rn. 4.

915 *Lieder/Cziupka*, GmbHR 2018, 231 (231).

916 *Wachter*, GmbHR 2017, 1177 (1192).

917 *Punte/Stefanik*, DB 2018, 364 (367); BeckOK GmbHG/*Wilhelmi*, GmbHG § 16 Rn. 19; MüKoGmbHG/*Heidinger*, GmbHG, § 16 Rn. 6; Noack/Servatius/Haas/*Servatius*, GmbHG, § 16 Rn. 3; Scholz/*Seibt*, GmbHG, § 16 Rn. 36.

wie das Bezugsrecht und den Gewinnanspruch.[918] Bei der Ausübung dieser Rechte kann es durchaus auf die Beteiligungsquoten ankommen. Naheliegend sind hier zunächst einmal die Minderheitsrechte nach § 50 Abs. 1 GmbHG. Für die Ausübung der Minderheitsrechte kommt es maßgeblich auf eine Kapitalbeteiligungsquote von mindestens 10 % des Stammkapitals an.[919] Unbeachtlich ist im Rahmen des § 50 GmbHG, ob ein einzelner Gesellschafter oder mehrere Gesellschafter gemeinsam die erforderliche Kapitalbeteiligungsquote auf sich vereinen.[920] Für die Legitimation nach § 16 Abs. 1 GmbHG gegenüber der Gesellschaft erlangen bei der Ausübung der Minderheitsrechte gemäß § 50 GmbHG folglich sowohl die anteilsbezogene als auch die gesellschafterbezogene Beteiligungsquoten Relevanz. Gleiches gilt für den beteiligungsproportionalen Erwerb kraft Gesetzes bei einer Kapitalerhöhung gemäß § 57j GmbHG. Um eine Beteiligungsverwässerung durch den Erwerb neuer Anteilsrechte zu vermeiden, stehen den Gesellschaftern die neuen Geschäftsanteile bzw. die entsprechende Erhöhung der Nennbeträge gemäß § 57j S. 1 GmbHG im Verhältnis ihrer bisherigen Beteiligung am Stammkapital zu.[921] Die Beteiligungsquoten sind für die Legitimationsfunktion auch mit Blick auf die Erhebung einer Auflösungsklage nach § 61 Abs. 2 GmbHG und den Antrag zur Bestellung von Liquidatoren nach § 66 Abs. 2 GmbHG bedeutsam. Im Anwendungsbereich der soeben angeführten Normen kam es schon vor der Einführung der prozentualen Beteiligungsquoten nach § 40 Abs. 1 S. 1 und S. 3 GmbHG auf das jeweilige Verhältnis der Beteiligungen des nach § 16 Abs. 1 GmbHG legitimierten Gesellschafters zum Stammkapital an.[922] Die vorher erforderliche Kontextualisierung

---

918 *Wicke*, GmbHG, § 16 Rn. 3; BeckOK GmbHG/*Wilhelmi*, GmbHG § 16 Rn. 19; Scholz/*Seibt*, GmbHG, § 16 Rn. 36.

919 MHLS/*Römermann*, GmbHG, § 50 Rn. 28; MüKoGmbHG/*Liebscher*, GmbHG, § 50 Rn. 14 f.; *Wicke*, GmbHG, § 50 Rn. 2; *Altmeppen*, GmbHG, § 50 Rn. 3; BeckOK GmbHG/*Schindler*, GmbHG, § 50 Rn. 11; Noack/Servatius/Haas/*Noack*, GmbHG, § 50 Rn. 23; Scholz/*Seibt*, GmbHG, § 50 Rn. 1, 9.

920 MüKoGmbHG/*Liebscher*, GmbHG, § 50 Rn. 14; *Wicke*, GmbHG, § 50 Rn. 2; *Altmeppen*, GmbHG, § 50 Rn. 3; BeckOK GmbHG/*Schindler*, GmbHG, § 50 Rn. 11.

921 MHLS/*Hermanns*, GmbHG, § 57j Rn. 1, 6; BeckOK GmbHG/*Rühland*, GmbHG, § 57j Rn. 1, 5; MüKoGmbHG/*Lieder*, GmbHG, § 57j Rn. 1, 9; Noack/Servatius/Haas/*Servatius*, GmbHG, § 57j Rn. 1; Scholz/*Priester/Tebben*, GmbHG, § 57j Rn. 1.

922 Für § 61 Abs. 2 GmbHG: *Altmeppen*, GmbHG, § 61 Rn. 1; BeckOK GmbHG/*Lorscheider*, GmbHG, § 61 Rn. 5; MüKoGmbHG/*Limpert*, GmbHG, § 61 Rn. 45; Noack/Servatius/Haas/*Haas*, GmbHG, § 61 Rn. 14; Scholz/*Scheller*, GmbHG, § 61 Rn. 1; Für § 66 Abs. 2 GmbHG: *Altmeppen*, GmbHG, § 66 Rn. 31; BeckOK GmbHG/*Lorscheider*, GmbHG, § 66 Rn. 14; MüKoGmbHG/*Müller*, GmbHG,

zum Stammkapital und die Berechnung der Quote in jedem Einzelfall, kann durch die Einführung der prozentualen Beteiligungsquoten nach § 40 Abs. 1 S. 1 und S. 3 GmbHG grundlegend bei der Erstellung oder Aktualisierung der Gesellschafterliste erfolgen.

Die Integration der Beteiligungsquoten der Gesellschafterliste in den Anwendungsbereich des § 16 Abs. 1 GmbHG fördert die Nutzbarkeit der Gesellschafterliste dort, wo das Gesetz oder der Gesellschaftsvertrag auf das Verhältnis der konkreten Beteiligung zum Stammkapital abstellt. Dies ist sowohl im Sinne des Funktionszwecks der Gesellschafterliste (Ordnung des Binnenverhältnisses zwischen der Gesellschaft und ihren Gesellschaftern)[923] als auch im Sinne des Funktionszwecks der Legitimationsfunktion (eine gesteigerte Rechtssicherheit für die Gesellschaft, Bekämpfung des Missbrauchs der Rechtsform und der Bekämpfung von Geldwäsche auch die Verbesserung der Transparenz der Gesellschafterstrukturen)[924].

Aus der Annahme einer Erstreckung der Legitimationswirkung auf die prozentualen Beteiligungsquoten[925] folgt die Frage nach der Handhabung von Widersprüchen und Abweichungen von dem gelisteten Nennbetrag und der Beteiligungsquote. Denkbar wäre die Annahme eines Vorranges der Nennbeträge gegenüber den Prozentangaben, sofern sich ein eindeutiges Ergebnis nicht ermitteln lässt.[926] Hierfür spricht die bessere Nachvollziehbarkeit anhand der Nennbeträge der Geschäftsanteile. Prozentangaben sind eine errechnete Reflektion und können aufgrund der gewählten Darstellung Ungenauigkeiten enthalten.[927]

---

§ 66 Rn. 28; Noack/Servatius/Haas/*Haas*, GmbHG, § 66 Rn. 19; Scholz/*Schmidt*, GmbHG, § 66 Rn. 16.

923 *Lieder/Cziupka*, GmbHR 2018, 231 (231).

924 BT-Drucks. 6140/16, S. 37; MHLS/*Ebbing*, GmbHG, § 16 Rn. 6; *Punte/Stefanik*, DB 2018, 364 (364); *Wicke*, GmbHG, § 16 Rn. 1; *Altmeppen*, GmbHG, § 16 Rn. 1; BeckOK GmbHG/*Wilhelmi*, GmbHG, § 16 Rn. 2; MüKoGmbHG/*Heidinger*, GmbHG, § 16 Rn. 14; Noack/Servatius/Haas/*Servatius*, GmbHG, § 16 Rn. 2; Scholz/*Seibt*, GmbHG, § 16 Rn. 4.

925 *Wicke*, DB 2017, 2528 (2530); im Ergebnis wohl auch *Cramer*, NZG 2018, 721 (726); A. A. *Wachter*, GmbHR 2017, 1177 (1192); *Lieder/Cziupka*, GmbHR 2018, 231 (233); *Miller*, NJW 2018, 2518 (2522); *Fell*, jM 2019, 46 (52); MüKoGmbHG/*Heidinger*, GmbHG, § 16 Rn. 3; Noack/Servatius/Haas/*Servatius*, GmbHG, § 16 Rn. 7.

926 So *Wicke*, DB 2017, 2528 (2530); *Wicke*, GmbHG, § 40 Rn. 5e.

927 *Wicke*, DB 2017, 2528 (2530); *Wachter*, GmbHR 2017, 1177 (1192).

2. Nummerierung

Die Geschäftsanteile müssen (bei der Gründung der GmbH) nummeriert werden.[928] Hierdurch wird die Identifizierung des Geschäftsanteils im Hinblick auf die Anteilsübertragung gewahrt und dem Bestimmtheitsgrundsatz Rechnung getragen.[929] Für die Nummerierung konnten nach der bisherigen Rechtslage alle Zeichen mit „Unterscheidungskraft" gewählt werden.[930] Damit lag die Gestaltung der laufenden Nummerierung wesentlich im Ermessen des Listenerstellers.[931] Gemäß § 1 Abs. 1 S. 1 GesLV sind die Geschäftsanteile nun fortlaufend mit ganzen arabischen Zahlen zu nummerieren, welche den Gesellschaftern eindeutig zugeordnet werden können, sogenannte Einzelnummern.[932] In besonderen Fallkonstellationen lässt die Verordnung eine Nummerierung mit ganzen arabischen Zahlen in dezimaler Gliederung zu, sogenannte Abschnittsnummern, § 1 Abs. 1 S. 1 Alt. 2 GesLV.[933]

Fortlaufend bedeutet nicht eine lückenlos aufsteigende Zahlenkette.[934] Ausreichend ist bereits die Vergabe der nächsten freien Nummer, welche weder in

---

928 BT-Drucks. 16/6140, S. 34; BR-Drucks. 105/18, S. 6; *Szalai*, GWR 2018, 250 (254); MüKoGmbHG/*Heidinger*, GmbHG, § 40 Rn. 65; *Wicke*, GmbHG, § 40 Rn. 5a; Noack/Servatius/Haas/*Servatius*, GmbHG, § 40 Rn. 13.

929 BT-Drucks. 16/6140, S. 34; BR-Drucks. 105/18, S. 6; *Frank/Schaub*, DStR 2018, 1822 (1823); *Fell*, jM 2019, 46 (47); *Wicke*, GmbHG, § 40 Rn. 5a; BeckOK GmbHG/*Heilmeier*, GmbHG, § 40 Rn. 26; MüKoGmbHG/*Heidinger*, GmbHG, § 40 Rn. 65; Noack/Servatius/Haas/*Servatius*, GmbHG, § 40 Rn. 13; Scholz/*Seibt*, GmbHG, § 40 Rn. 24.

930 Vgl. *Miller*, NJW 2018, 2528 (2529); *Fell*, jM 2019, 46 (47); *Lieder/Becker*, NotBZ 2018, 321 (322).

931 BR-Drucks. 105/18, S. 6; *Fell*, jM 2019, 46 (47); *Lieder/Becker*, NotBZ 2018, 321 (321).

932 BR-Drucks. 105/18, S. 6; *Frank/Schaub*, DStR 2018, 1822 (1823); *Rubner/Leuering*, NJW-Spezial 2018, 463 (463); *Szalai*, GWR 2018, 250 (254); *Fell*, jM 2019, 46 (47); MüKoGmbHG/*Heidinger*, GmbHG, § 40 Rn. 67; *Wicke*, GmbHG, § 40 Rn. 5b; BeckOK GmbHG/*Heilmeier*, GmbHG, § 40 Rn. 31; Scholz/*Seibt*, GmbHG, § 40 Rn. 25.

933 Z. B. gemäß § 1 Abs. 3 S. 3 GesLV; *Frank/Schaub*, DStR 2018, 1822 (1823); *Rubner/Leuering*, NJW-Spezial 2018, 463 (463); *Szalai*, GWR 2018, 250 (254); *Fell*, jM 2019, 46 (47); MüKoGmbHG/*Heidinger*, GmbHG, § 40 Rn. 67; *Wicke*, GmbHG, § 40 Rn. 5a; Scholz/*Seibt*, GmbHG, § 40 Rn. 25.

934 BR-Drucks. 105/18, S. 7; *Cziupka*, GmbHR 2018, R180 (R181); *Szalai*, GWR 2018, 250 (254).

der aktuellen Liste noch in einer Vorgängerliste bereits verwendet wurde.[935] Es genügt, wenn die Nummern im Zeitverlauf einmal fortlaufend vergeben wurden.[936] Die fortlaufende Nummerierung soll die lückenlose Nachvollziehbarkeit sämtlicher Veränderungen im Gesellschafterbestand gewährleisten.[937] Daher ist es hinzunehmen, dass bei dem Wegfall einer Einzelnummer „Lücken" in der Zahlenfolge entstehen, solange dies der Nachvollziehbarkeit der Historie des Geschäftsanteils dient.[938] Einzelnummern können beispielsweise aufgrund einer Teilung eines Geschäftsanteils wegfallen.[939] Nach diesem in § 1 Abs. 2 S. 1 GesLV normierten Prinzip der Nummerierungskontinuität darf eine einmal für einen Geschäftsanteil vergebene Nummer nicht für einen anderen Geschäftsanteil verwendet werden.[940]

Bei der Schaffung eines neuen Geschäftsanteils ist gemäß § 1 Abs. 3 S. 1 GesLV eine neue Einzelnummer zu vergeben.[941] Ebenso im Falle einer Teilung eines Geschäftsanteils oder der Zusammenlegung, § 1 Abs. 3 S. 1 GesLV.[942] Eine Ausnahme zu diesem Grundsatz normiert § 1 Abs. 3 S. 3 GesLV: Wird ein Geschäftsanteil neu geschaffen oder entsteht ein solcher durch Teilung eines bestehenden Geschäftsanteils, kann gemäß § 1 Abs. 3 S. 3 GesLV auch

---

935 BR-Drucks. 105/18, S. 7; *Frank/Schaub*, DStR 2018, 1822 (1823); *Cziupka*, GmbHR 2018, R180 (R181); *Lieder/Becker*, NotBZ 2018, 321 (322); *Szalai*, GWR 2018, 250 (254).

936 BR-Drucks. 105/18, S. 7; *Szalai*, GWR 2018, 250 (254); *Fell*, jM 2019, 46 (48); Noack/Servatius/Haas/*Servatius*, GmbHG, § 40 Rn. 13.

937 BR-Drucks. 105/18, S. 7; DNotI-Report 2018, 105 (107); MüKoGmbHG/*Heidinger*, GmbHG, § 40 Rn. 66.

938 BR-Drucks. 105/18, S. 7; *Szalai*, GWR 2018, 250 (254); Scholz/*Seibt*, GmbHG, § 40 Rn. 28.

939 BR-Drucks. 105/18, S. 7; Scholz/*Seibt*, GmbHG, § 40 Rn. 28.

940 DNotI-Report 2018, 105 (107); *Frank/Schaub*, DStR 2018, 1822 (1823); *Lieder/Becker*, NotBZ 2018, 321 (322); *Szalai*, GWR 2018, 250 (254); *Fell*, jM 2019, 46 (47); MüKoGmbHG/*Heidinger*, GmbHG, § 40 Rn. 70; *Wicke*, GmbHG, § 40 Rn. 5b; BeckOK GmbHG/*Heilmeier*, GmbHG, § 40 Rn. 32; Scholz/*Seibt*, GmbHG, § 40 Rn. 26.

941 BR-Drucks. 105/18, S. 7; *Frank/Schaub*, DStR 2018, 1822 (1823); *Lieder/Becker*, NotBZ 2018, 321 (322); *Szalai*, GWR 2018, 250 (254); *Fell*, jM 2019, 46 (48); MüKoGmbHG/*Heidinger*, GmbHG, § 40 Rn. 70; *Wicke*, GmbHG, § 40 Rn. 5b; BeckOK GmbHG/*Heilmeier*, GmbHG, § 40 Rn. 29, 31.

942 BR-Drucks. 105/18, S. 7; *Cziupka*, GmbHR 2018, R180 (R181); *Frank/Schaub*, DStR 2018, 1822 (1823); *Lieder/Becker*, NotBZ 2018, 321 (322); *Szalai*, GWR 2018, 250 (254); *Fell*, jM 2019, 46 (48); Wicke, GmbHG, § 40 Rn. 5b; BeckOK GmbHG/*Heilmeier*, GmbHG, § 40 Rn. 29, 31; Scholz/*Seibt*, GmbHG, § 40 Rn. 28.

eine Abschnittszahl vergeben werden.[943] Bei der Teilung oder Schaffung eines Geschäftsanteils bestehen mithin zwei Gestaltungsmöglichkeiten.[944] Entweder werden die nächsten freien Einzelnummern vergeben (Bsp.: Geschäftsanteil Nr. 1 wird in die Geschäftsanteile Nr. 2 und Nr. 3 aufgeteilt, die Nr. 1 fällt dann weg).[945] Alternativ erhalten die neuen Geschäftsanteile Abschnittsnummern (es erfolgt dann die Aufteilung in Geschäftsanteile Nr. 1.1 und Nr. 1.2).[946] Teile der Literatur favorisieren die Vergabe neuer Einzelnummern, da dies eine eindeutigere Zuordnung zu dem jeweiligen Gesellschafter gewährleiste.[947] Ein Argument für die Vergabe von Abschnittsnummern und gegen die Vergabe neuer Einzelnummern ist jedoch die Nachvollziehbarkeit des Ursprungs der Geschäftsanteile.[948] Werden Abschnittsnummern aus der Einzelnummer des ursprünglichen Geschäftsanteils gebildet, ist hieraus eindeutig ablesbar, dass die neu entstandenen Geschäftsanteile aus der Teilung dieses Geschäftsanteils entstanden sind.[949] Der Wortlaut des § 1 Abs. 3 Abs. 1 GesLV lässt neben diesen beiden Alternativen keine weiteren Möglichkeiten zu. So wäre es nicht möglich für einen der Geschäftsanteile die ursprüngliche Einzelnummer beizubehalten und nur dem anderen „neu entstandenen" Geschäftsanteil die nächste freie Zahl zuzuweisen.[950] Sowohl § 1 Abs. 3 S. 1 GesLV als auch die Verordnungsbegründung sind an dieser Stelle eindeutig: der verbleibende „Restanteil" des ursprünglichen Geschäftsanteils bei der Teilung ist ein neu geschaffener Geschäftsanteil und bedarf daher einer neuen Nummerierung.[951]

---

943 BR-Drucks. 105/18, S. 7; *Cziupka*, GmbHR 2018, R180 (R181); *Frank/Schaub*, DStR 2018, 1822 (1823); *Lieder/Becker*, NotBZ 2018, 321 (322); *Szalai*, GWR 2018, 250 (254); *Fell*, jM 2019, 46 (48); MüKoGmbHG/*Heidinger*, GmbHG, § 40 Rn. 70; *Wicke*, GmbHG, § 40 Rn. 5b; BeckOK GmbHG/*Heilmeier*, GmbHG, § 40 Rn. 29, 31.

944 *Cziupka*, GmbHR 2018, R180 (R181); Scholz/*Seibt*, GmbHG, § 40 Rn. 28.

945 BR-Drucks. 105/18, S. 7; *Cziupka*, GmbHR 2018, R180 (R181); DNotI-Report 2018, 105 (107); *Lieder/Becker*, NotBZ 2018, 321 (322); *Szalai*, GWR 2018, 250 (254); Scholz/*Seibt*, GmbHG, § 40 Rn. 28.

946 BR-Drucks. 105/18, S. 7; *Cziupka*, GmbHR 2018, R180 (R181); *Lieder/Becker*, NotBZ 2018, 321 (322); *Szalai*, GWR 2018, 250 (254); Scholz/*Seibt*, GmbHG, § 40 Rn. 28.

947 *Cziupka*, GmbHR 2018, R180 (R181); Heckschen/Heidinger/*Heidinger*, Kapitel 13 Rn. 406.

948 So auch DNotI-Report 2018, 105 (107); *Fell*, jM 2019, 46 (48).

949 DNotI-Report 2018, 105 (107); *Fell*, jM 2019, 46 (48).

950 BR-Drucks. 105/18, S. 7; *Cziupka*, GmbHR 2018, R180 (R181); *Fell*, jM 2019, 46 (48); Scholz/*Seibt*, GmbHG, § 40 Rn. 28.

951 BR-Drucks. 105/18, S. 7; *Cziupka*, GmbHR 2018, R180 (R181); *Fell*, jM 2019, 46 (48); Scholz/*Seibt*, GmbHG, § 40 Rn. 28.

In diesem Zusammenhang gilt es zu klären, ob das Konsistenzgebot auch auf die Nummerierung der Gesellschafterliste anzuwenden ist. Wurde bei der Teilung eines Geschäftsanteils die Darstellung dessen mittels Abschnittsnummern gewählt, müsste dies im Sinne des Konsistenzgebotes bei zukünftigen Teilungen ebenso erfolgen. Es dürfte dann nicht zwischen der Vergabe neuer Einzelnummern und der Vergabe von Abschnittsnummern hin- und hergesprungen werden. Eine Anwendung des Konsistenzgebotes auf die Nummerierung der Gesellschafterliste in diesem Sinne dient jedenfalls der Nachvollziehbarkeit, Übersichtlichkeit und Transparenz der Gesellschafterliste und ist zu befürworten.[952]

Eine Neunummerierung der Gesellschafterliste darf gemäß § 1 Abs. 4 GesLV ausschließlich bei drohender oder bestehender „Unübersichtlichkeit" in einer Bereinigungsliste erfolgen.[953] Die Neunummerierung darf abweichend von dem Grundsatz der Nummerierungskontinuität gemäß § 2 Abs. 2 S. 2 GesLV mittels der Vergabe bereits einmal verwendeter Nummern erfolgen.[954] Die Neunummerierung ist unabhängig von einer Veränderung im Sinne des § 40 Abs. 1 S. 1 GmbHG bei den übrigen Geschäftsanteilen für die gesamte Gesellschafterliste vorzunehmen.[955] Es bedarf der Untersuchung, welche Anforderungen an die „Unübersichtlichkeit" der Gesellschafterliste zu stellen sind. Der Wortlaut des § 1 Abs. 4 S. 1 GesLV begrenzt die Unübersichtlichkeit auf eine Unübersichtlichkeit aufgrund der Nummerierung.[956] An weiteren Anknüpfungsmerkmalen bezüglich der Qualität und des Ausmaßes eines maßgeblichen „Nummerierungschaoses" fehlt es im Gesetzestext jedoch.[957] Die Unbestimmtheit der tatbestandlichen Voraussetzungen der „Unübersichtlichkeit" steht im Zentrum der Kritik zu den neuen Regelungen der GesLV.[958] Die

---

952 Von einer „einheitlichen Nummerierung" in diesem Sinne geht auch *Szalai*, GWR 2018, 250 (254) aus.

953 BR-Drucks. 105/18, S. 8; *Cziupka*, GmbHR 2018, R180 (R182); *Frank/Schaub*, DStR 2018, 1822 (1824); *Lieder/Becker*, NotBZ 2018, 321 (323); *Rubner/Leuering*, NJW-Spezial 2018, 463 (463); *Fell*, jM 2019, 46 (48); *Altmeppen*, GmbHG, § 40 Rn. 12; MüKoGmbHG/*Heidinger*, GmbHG, § 40 Rn. 71; *Wicke*, GmbHG, § 40 Rn. 5b; BeckOK GmbHG/*Heilmeier*, GmbHG, § 40 Rn. 29a; Scholz/*Seibt*, GmbHG, § 40 Rn. 27.

954 BR-Drucks. 105/18, S. 8; *Altmeppen*, GmbHG, § 40 Rn. 12.

955 BR-Drucks. 105/18, S. 8; BeckOK GmbHG/*Heilmeier*, GmbHG, § 40 Rn. 30.

956 BR-Drucks. 105/18, S. 8; Scholz/*Seibt*, GmbHG, § 40 Rn. 27.

957 MüKoGmbHG/*Heidinger*, GmbHG, § 40 Rn. 71.

958 DNotI-Report 2018, 105 (109); *Lieder/Becker*, NotBZ 2018, 321 (323).

Verordnungsbegründung nimmt Bezug auf die zu § 28 GBV (Verordnung zur Durchführung der Grundbuchordnung) und zu § 21 HRV (Verordnung über die Einrichtung und Führung des Handelsregisters) entwickelten Grundsätze und stellt lediglich klar, dass eine Umschreibung in diesem Sinne zulässig ist, wenn sie der Klarstellung dient.[959] Als einziges Beispiel für die Unübersichtlichkeit führt die Verordnungsbegründung einen exzessiven Gebrauch von Abschnittsnummern an.[960] Wortlaut und Verordnungsbegründung ließen mithin die Schlussfolgerung zu die Unübersichtlichkeit sei bereits dann anzunehmen, wenn es eine übersichtlichere, eindeutigere Nummerierungsmöglichkeit gibt. Ein allgemeiner Maßstab für die Unübersichtlichkeit einer Gesellschafterliste nach § 1 Abs. 4 GesLV muss der Sinn und Zweck der Nummerierung sein: die Gesellschafterliste möglichst so zu gestalten, dass die Gesellschafter klar identifiziert werden und bestmögliche Transparenz über die Beteiligungsverhältnisse erzielt wird.[961] Dementsprechend ist Unübersichtlichkeit jedenfalls dann anzunehmen, wenn keine „hinreichend klare Zuordnung" von Gesellschafter und Geschäftsanteil mehr gewährleistet ist.[962] Im Rahmen der durch die Nummerierung bezweckten Individualisierung des Geschäftsanteils soll auch die Herkunft des Geschäftsanteils verdeutlicht werden.[963] Dass die Herkunft des Geschäftsanteils für die Individualisierung von Bedeutung ist, zeigt sich ebenso anhand der Regelung des § 2 Abs. 2 GesLV. Gemäß § 2 Abs. 2 GesLV ist die bisherige Nummerierung bei einer Neunummerierung nach § 1 Abs. 4 GesLV in die Veränderungsspalte einzutragen.[964] Kann der Ursprung des Geschäftsanteils nicht mehr nachvollzogen werden, signalisiert dies gleichfalls eine Unübersichtlichkeit im Sinne des § 1 Abs. 4 GesLV.

---

959 BR-Drucks. 105/18, S. 8; DNotI-Report 2018, 105 (109); *Lieder/Becker*, NotBZ 2018, 321 (323); MüKoGmbHG/*Heidinger*, GmbHG, § 40 Rn. 71; Scholz/*Seibt*, GmbHG, § 40 Rn. 27.

960 BR-Drucks. 105/18, S. 8.

961 BR-Drucks. 105/18, S. 6.

962 BGH, Beschluss vom 20.09.2011, Az. II ZB17/10; Vgl. *Fell*, jM 2019, 46 (48).

963 BR-Drucks. 105/18, S. 6, 7.

964 BR-Drucks. 105/18, S. 10; *Cziupka*, GmbHR 2018, R180 (R182); DNotI-Report 2018, 105 (109); MüKoGmbHG/*Heidinger*, GmbHG, § 40 Rn. 71; *Altmeppen*, GmbHG, § 40 Rn. 12; *Wicke*, GmbHG, § 40 Rn. 5b; BeckOK GmbHG/*Heilmeier*, GmbHG, § 40 Rn. 36; Scholz/*Seibt*, GmbHG, § 40 Rn. 27.

3. *Veränderungsspalte*

Gemäß § 2 GesLV kann der Gesellschafterliste bei Veränderungen der Angaben gemäß § 40 Abs. 1 GmbHG eine Veränderungsspalte beigefügt werden.[965] Mittels der Veränderungsspalte soll die historische Entwicklung der Beteiligung seit der zuletzt aufgenommenen Gesellschafterliste abgebildet werden.[966] Davor liegende Veränderungen können aus den übrigen Gesellschafterlisten nachvollzogen werden.[967] § 2 GesLV differenziert zwischen „Soll-Angaben" gemäß § 2 Abs. 3 GesLV, „Kann-Angaben" nach § 2 Abs. 4 GesLV und der zwingenden Angabe bei Erstellung einer Bereinigungsliste im Sinne des § 1 Abs. 4 GesLV gemäß § 2 Abs. 2 GesLV.[968]

Veränderungen der Angaben nach § 40 Abs. 1 GmbHG betreffen die Person der Gesellschafter und den Umfang der Beteiligung.[969] Die Regelbeispiele des § 2 Abs. 3 GesLV verdeutlichen die wichtigsten einzutragenden Veränderungen im Umfang der Beteiligung und in den Personen der Gesellschafter: Die Teilung, Zusammenlegung und Einziehung von Geschäftsanteilen, die Ausgabe neuer Geschäftsanteile durch Kapitalerhöhung, die Aufstockung

965 BR-Drucks. 105/18, S. 9; DNotI-Report 2018, 105 (109); *Frank/Schaub*, DStR 2018, 1822 (1823); *Lieder/Becker*, NotBZ 2018, 321 (324); *Rubner/Leuering*, NJW-Spezial 2018, 463 (463); *Szalai*, GWR 2018, 250 (254); *Fell*, jM 2019, 46 (49); MüKoGmbHG/*Heidinger*, GmbHG, § 40 Rn. 51; BeckOK GmbHG/*Heilmeier*, GmbHG, § 40 Rn. 36; Noack/Servatius/Haas/*Servatius*, GmbHG, § 40 Rn. 13b; Scholz/*Seibt*, GmbHG, § 40 Rn. 34.

966 BR-Drucks. 105/18, S. 9; *Szalai*, GWR 2018, 250 (254); *Frank/Schaub*, DStR 2018, 1822 (1823); *Lieder/Becker*, NotBZ 2018, 321 (324); *Fell*, jM 2019, 46 (49); *Wicke*, GmbHG, § 40 Rn. 5c; *Altmeppen*, GmbHG, § 40 Rn. 12; Noack/Servatius/Haas/*Servatius*, GmbHG, § 40 Rn. 13b; Scholz/*Seibt*, GmbHG, § 40 Rn. 34.

967 BR-Drucks. 105/18, S. 9; *Frank/Schaub*, DStR 2018, 1822 (1823); *Fell*, jM 2019, 46 (49); *Altmeppen*, GmbHG, § 40 Rn. 12.

968 Vgl. BR-Drucks. 105/18, S. 9, 10; DNotI-Report 2018, 105 (109); *Cziupka*, GmbHR 2018, R180 (R182); *Lieder/Becker*, NotBZ 2018, 321 (324); *Fell*, jM 2019, 46 (49); MüKoGmbHG/*Heidinger*, GmbHG, § 40 Rn. 52 f.; OLG Hamm, NZG 2020, 638 (639); *Altmeppen*, GmbHG, § 40 Rn. 12; BeckOK GmbHG/*Heilmeier*, GmbHG, § 40 Rn. 36; Noack/Servatius/Haas/*Servatius*, GmbHG, § 40 Rn. 13b; Scholz/*Seibt*, GmbHG, § 40 Rn. 35.

969 BR-Drucks. 105/18, S. 10; *Frank/Schaub*, DStR 2018, 1822 (1823); *Rubner/Leuering*, NJW-Spezial 2018, 463 (463); *Fell*, jM 2019, 46 (49); MüKoGmbHG/*Heidinger*, GmbHG, § 40 Rn. 52; *Altmeppen*, GmbHG, § 40 Rn. 12; Scholz/*Seibt*, GmbHG, § 40 Rn. 35.

von Geschäftsanteilen bei Kapitalerhöhung, die Kapitalherabsetzung und der Anteilsübergang.[970]

Fraglich ist, welche weiteren Veränderungen in der Sphäre des Gesellschafterbestandes und der Geschäftsanteile als Veränderungen nach § 40 Abs. 1 GmbHG zu qualifizieren sind und gemäß § 2 Abs. 1, Abs. 4 GesLV in die Gesellschafterliste eingetragen werden können.[971] Zu den Veränderungen in den Personen der Gesellschafter zählen auch Namensänderungen, Änderungen der Firma und ein Wohnortswechsel beziehungsweise eine Verlegung des Firmensitzes.[972] Die Diskussion um die Eintragungsfähigkeit sonstiger Verwaltungs- und Verfügungsbeschränkungen wurde bereits umfassend dargestellt.[973] Für Veränderungen bei der wirtschaftlichen Berechtigung, welche nicht unmittelbar die Person des Kapitalanteilinhabers oder den Umfang der Beteiligung im Sinne der Regelbeispiele des § 2 Abs. 3 GesLV betreffen, ist eine Eintragungsfähigkeit nach § 2 Abs. 4 GesLV ebenso zu verneinen. Veränderungen betreffend eines Auseinanderfallens von Anteilsinhaberschaft und geldwäscherechtlicher Kontrolle über die Ausübung der, aus der Anteilsinhaberschaft erwachsenden Mitgliedschaftsrechte werden von § 2 GesLV nicht erfasst.[974]

Mehrere Veränderungen, die gleichzeitig wirksam geworden sind, können zusammengefasst in einer korrigierten Liste dargestellt werden.[975] Auch in diesem Fall muss die lückenlose Nachvollbarkeit der Entwicklung gewährleistet sein.[976]

---

970 BR-Drucks. 105/18, S. 10; DNotI-Report 2018, 105 (109); *Lieder/Becker*, NotBZ 2018, 321 (324); *Szalai*, GWR 2018, 250 (254); MüKoGmbHG/*Heidinger*, GmbHG, § 40 Rn. 52; *Wicke*, GmbHG, § 40 Rn. 5c; BeckOK GmbHG/*Heilmeier*, GmbHG, § 40 Rn. 36; Scholz/*Seibt*, GmbHG, § 40 Rn. 35.

971 Vgl. *Wicke*, GmbHG, § 40 Rn. 5c; *Schmidt*, NZG 2021, 181 (184).

972 *Szalai*, GWR 2018, 250 (255); Lutter/Hummelhoff/*Bayer*, 20. Auflage 2020, GmbHG, § 40 Rn. 33; *Wicke*, GmbHG, § 40 Rn. 3; MüKoGmbHG/*Heidinger*, GmbHG, § 40 Rn. 88.

973 Siehe hierzu auch Kapitel 2 A. II. und Kapitel 2 E. I.

974 Siehe hierzu Kapitel 2 E. I.

975 Lutter/Hummelhoff/*Bayer*, 20. Auflage 2020, GmbHG, § 40 Rn. 32; Vgl. MüKoGmbHG/*Heidinger*, GmbHG, § 40 Rn. 311.

976 OLG Düsseldorf, DNotZ 2019, 710 (711); Lutter/Hummelhoff/*Bayer*, 20. Auflage 2020, GmbHG, § 40 Rn. 32; MüKoGmbHG/*Heidinger*, GmbHG, § 40 Rn. 313; *Altmeppen*, GmbHG, § 40 Rn. 11.

III. Einfluss auf die Prüfungskompetenzen des Registergerichts

Zwar wurde bei der Gesellschafterliste eine Prüfungskompetenz der Registergerichte zunächst abgelehnt[977], allerdings bot die Entgegenahme- und Verwahrfunktion der Registergerichte einen Anknüpfungspunkt für die Entwicklung eines Prüfungsrechts.[978] Die Rechtsprechung entwickelte eine formelle und im Einzelfall bei offenkundigen Fehlern auch materielle Prüfungskompetenz der Registergerichte.[979] Die Reichweite der Prüfungskompetenzen ist noch immer umstritten.[980] Mit den neuen Vorgaben der Gesellschafterlistenverordnung und der erweiterten Transparenzfunktion der Gesellschafterliste wird diese Diskussion um weitere geldwäscherechtliche Aspekte angereichert.

Vorliegend wird eine Prüfungskompetenz des Registergerichtes hinsichtlich der Anforderungen des § 40 Abs. 1 GmbHG und der Gesellschafterlistenverordnung befürwortet.[981] Die Einreichung einer sachlich unrichtigen Liste stellt keine Erfüllung der Einreichungspflicht gemäß § 40 GmbHG dar.[982] Der Grundsatz, dass das Registergericht ein Prüfungsrecht hat, eine unvollständige oder sachlich offenkundig fehlerhafte Gesellschafterliste beanstanden und die Einreichung einer neuen, fehlerfreien Gesellschafterliste verlangen kann[983], wird hierdurch nicht zweckwidrig ausgeweitet.

Das Registergericht darf anerkanntermaßen prüfen, ob die formellen Anforderungen des § 40 Abs. 1 GmbHG an die Nummerierung und an die Angaben

---

977 BT-Drucks. 16/6140, S. 44; MüKoGmbHG/*Heidinger*, 3. Auflage 2019, GmbHG, § 40 Rn. 343; *Wicke*, GmbHG, § 40 Rn. 6a; BeckOK GmbHG/*Heilmeier*, GmbHG, § 40 Rn. 180; Noack/Servatius/Haas/*Servatius*, GmbHG, § 40 Rn. 75; Scholz/*Seibt*, GmbHG, § 40 Rn. 107.

978 *Omlor/Spies*, MittBayNot 2011, 353 (356); Noack/Servatius/Haas/*Servatius*, GmbHG, § 40 Rn. 75.

979 *Omlor/Spies*, MittBayNot 2011, 353 (356); Eine ausführliche Darstellung der Entwicklung der Rechtslage und der verschiedenen Auffassungen in Literatur und Rechtsprechung findet sich bei MüKoGmbHG/*Heidinger*, GmbHG, § 40 Rn. 343 ff.; BeckOK GmbHG/*Heilmeier*, GmbHG, § 40 Rn. 180; Noack/Servatius/Haas/*Servatius*, GmbHG, § 40 Rn. 75; Scholz/*Seibt*, GmbHG, § 40 Rn. 107 ff.

980 *Cramer*, NZG 2018, 721 (722); Noack/Servatius/Haas/*Servatius*, GmbHG, § 40 Rn. 75.

981 So auch *Cramer*, NZG 2018, 721 (723 f.); BeckOK GmbHG/*Heilmeier*, GmbHG, § 40 Rn. 181; Scholz/*Seibt*, GmbHG, § 40 Rn. 107.

982 BeckOK GmbHG/*Heilmeier*, GmbHG, § 40 Rn. 180.

983 BeckOK GmbHG/*Heilmeier*, GmbHG, § 40 Rn. 180; Noack/Servatius/Haas/*Servatius*, GmbHG, § 40 Rn. 75a.

zu den Gesellschaftern gewahrt wurden.[984] Es besteht kein sachlicher Grund für eine andere Handhabung der Prozentangaben nach § 40 Abs. 1 S. 1, S. 3 GmbHG und der Vorgaben der Gesellschafterlistenverordnung im Vergleich zu den sonstigen Angaben im Sinne des § 40 Abs. 1 GmbHG.[985] Beide sind gleichermaßen im Wortlaut des § 40 GmbHG verankert. Dem Gesetzgeber war die einheitliche Gestaltung sogar wichtig genug um dafür eigens in § 40 Abs. 4 GmbHG eine Verordnungsermächtigung zu schaffen.[986]

Zum Teil wird eine Begrenzung der Prüfungskompetenzen auf solche Angaben, die Auswirkungen auf die Legitimations- und Gutglaubensfunktion haben, befürwortet und ein Prüfungsrecht der weiteren Vorgaben, insbesondere der Prozentangaben, mit Blick auf eine geldwäscherechtliche Instrumentalisierung der Gesellschafterliste und der Bedeutungslosigkeit für die Legitimationsfunktion abgelehnt.[987] Dem kann entgegengehalten werden, dass die Prozentangaben der Gesellschafterliste für die Legitimationsfunktion durchaus von Bedeutung sind.[988] Ebenso erfolgt keine geldwäscherechtliche Instrumentalisierung der GmbH-Gesellschafterliste die eine alternative Handhabung rechtfertigen würde.[989] Die durch die Schaffung des Transparenzregisters angestoßene Novellierung der Gesellschafterliste stärkt und erweitert lediglich die originäre Transparenzfunktion der Gesellschafterliste im Rahmen der Geldwäschebekämpfung und der Verhinderung von Terrorismusfinanzierung.[990] Das Registergericht kann daher nicht unbegründet den Maßstab der

984 BR-Drucks. 105/18, S. 9; OLG München, MittBayNot 2010, 68 (68); BGH, Beschluss vom 20.09.2011, Az. II ZB 17/10, Rn. 10; *Bochmann/Cziupka*, GmbHR 2018, 86 (89); OLG Nürnberg, NZG 2018, 61 (61); *Wicke*, GmbHG, § 40 Rn. 5a; BeckOK GmbHG/*Heilmeier*, GmbHG, § 40 Rn. 180; Noack/Servatius/Haas/*Servatius*, GmbHG, § 40 Rn. 75.

985 *Frank/Schaub*, DStR 2018, 1822 (1826); *Cramer*, NZG 2018, 721 (725); Vgl. OLG Nürnberg, NZG 2018, 61 (61); BeckOK GmbHG/*Heilmeier*, GmbHG, § 40 Rn. 181; Noack/Servatius/Haas/*Servatius*, GmbHG, § 40 Rn. 75a.

986 *Cramer*, NZG 2018, 721 (724); BeckOK GmbHG/*Heilmeier*, GmbHG, § 40 Rn. 181.

987 *Bochmann/Cziupka*, GmbHR 2018, 86 (89); *Cramer*, NZG 2018, 721 (723); *Lieder/Cziupka*, GmbHR 2018, 231 (233); *Schmidt*, NZG 2021, 181 (183); MüKoGmbHG/*Heidinger*, GmbHG, § 40 Rn. 353 befürwortet ein Prüfungsrecht für lediglich „systemrelevante Fehler".

988 Zu der Legitimationswirkung der Prozentangaben siehe Kapitel 3 B. II. 1. D; A. A. *Bochmann/Cziupka*, GmbHR 2018, 86 (89).

989 Siehe Kapitel 3 B. I.

990 Siehe Ausführungen in Kapitel 3 B. I.

Prüfungskompetenz an der Legitimations- und Gutglaubenswirkung ausrichten, während die Transparenzfunktion unberücksichtigt bleibt.[991]

Im Rahmen der Begrenzung der Prüfungskompetenz auf Angaben, die Auswirkungen auf die Legitimations- und Gutglaubensfunktion haben, wird argumentiert, dass diese beiden wichtigen Funktionen durch Verzögerungen im Registerverfahren aufgrund umfangreicherer Prüfungen beeinträchtigt werden.[992] Der Grundgedanke behält seine Berechtigung. Das Registergericht kann daher nur evident unrichtige, unvollständige oder unschlüssige Listen beanstanden.[993]

Für die Prozentangaben nach § 40 Abs. 1 S. 1, S. 3 GmbHG in Verbindung mit § 4 GesLV bedeutet dies ein Beanstandungs- beziehungsweise Zurückweisungsrecht des Registergerichts, wenn die Prozentangaben vollständig fehlen oder nur teilweise aufgeführt sind und wenn eine Darstellung der Beteiligungsquoten entgegen § 4 GesLV nicht als Prozentangaben, sondern auf andere Weise, zum Beispiel mittels Bruchzahlen, erfolgt.[994] Denkbar wäre ein Prüfungsrecht weiterhin, wenn sich die Summe der Prozentangaben unter Missdeutung des § 4 Abs. 3 GesLV auf eine widersinnige Größe von mehr als 100 % beläuft.

Mit Blick auf die Veränderungsspalte kommt den Registergerichten entsprechend bei groben und offensichtlichen Verstößen ein Zurückweisungsrecht zu.[995] Dies ist insbesondere der Fall, wenn die Veränderungsspalte im Fall des § 1 Abs. 4 GesLV zwingend erforderlich ist, jedoch in der Gesellschafterliste nicht vorzufinden ist.[996]

C. Zwischenergebnis

I. Die Information und die Kenntnis darüber, wer die rechtlichen oder wirtschaftlichen Interessen im Hinblick auf die Verwendung des Vermögens des Geschäftspartners steuert, ohne hierüber einem anderen Rechenschaft schuldig zu sein, ist von großem Wert für die

991 *Cramer*, NZG 2018, 721 (723).

992 *Bochmann/Cziupka*, GmbHR 2018, 86 (89); *Cramer*, NZG 2018, 721 (723) MüKoGmbHG/*Heidinger*, GmbHG, § 40 Rn. 344; Lutter/Hummelhoff/*Bayer*, 20. Auflage 2020, GmbHG, § 40 Rn. 68.

993 Vgl. Noack/Servatius/Haas/*Servatius*, GmbHG, § 40 Rn. 75a.

994 *Cramer*, NZG 2018, 721 (726); Vgl. Scholz/*Seibt*, GmbHG, § 40 Rn. 110.

995 BR-Drucks. 105/18, S. 9; *Frank/Schaub*, DStR 2018, 1822 (1824).

996 *Schmidt*, NZG 2021, 181 (183).

Marktteilnehmer. Mittels Transparenz und Abbau von Informationsasymmetrien bewirkt das Transparenzregister eine Stärkung der Privatautonomie und der Verantwortlichkeit eines lauteren Wettbewerbs.

II. Es kann nicht von einer geldwäscherechtlichen Instrumentalisierung der GmbH-Gesellschafterliste im Sinne eines „unnatürlichen", „zweckentfremdeten" Missbrauchs gesprochen werden. Durch die geldwäscherechtlich bedingte Novellierung der Gesellschafterliste verschiebt sich das Verständnis von der typischen Transparenz der Anteilsstrukturen der GmbH nicht. Die Aussagekraft der Kapitalanteilsangaben wird dadurch gestärkt, dass diese in Relation zu dem Stammkapital der Gesellschaft gesetzt werden. Eine Erweiterung der Transparenzfunktion mit Blick auf das Transparenzregister, der Geldwäschebekämpfung und der Verhinderung von Terrorismusfinanzierung ist entsprechend anzuerkennen.

III. Bei der Zusammenrechnung mehrerer Kleinstbeteiligungen für die Ermittlung der gesellschafterbezogenen Beteiligungsquote nach § 40 Abs. 1 S. 3 GmbHG ist die konkrete Höhe der jeweiligen Kleinstbeteiligung entsprechend des Grundgedankens des § 4 Abs. 2 GesLV maßgeblich.

IV. Für eine lückenlose Nachvollziehbarkeit und eine erleichterte und einheitliche Lesbarkeit der Gesellschafterliste ist ein Hinweisgebot auf die gewählte Darstellungsalternative der Prozentangaben zu befürworten.

V. Die Integration der Beteiligungsquoten der Gesellschafterliste in den Anwendungsbereich des § 16 Abs. 1 GmbHG fördert die Nutzbarkeit der Gesellschafterliste dort, wo das Gesetz oder der Gesellschaftsvertrag auf das Verhältnis der Beteiligung zum Stammkapital abstellen. Dies ist sowohl im Sinne des Funktionszwecks der Gesellschafterliste als auch im Sinne des Funktionszwecks der Legitimationsfunktion. Bei Widersprüchen oder Abweichungen ist ein Vorrang der Nennbeträge gegenüber den Prozentangaben anzunehmen, sofern sich ein eindeutiges Ergebnis nicht ermitteln lässt.

VI. Eine Anwendung des Konsistenzgebotes auf die Nummerierung der Gesellschafterliste dient jedenfalls der Nachvollziehbarkeit, der Übersichtlichkeit und der Transparenz der Gesellschafterliste und ist zu empfehlen.

VII. Eine Unübersichtlichkeit der Gesellschafterliste im Sinne des § 1 Abs. 4 GesLV ist dann anzunehmen, wenn keine „hinreichend klare Zuordnung" von Gesellschaftern und Geschäftsanteilen gewährleistet ist, ferner wenn der Ursprung eines Geschäftsanteils nicht mehr nachvollzogen werden kann.

VIII. Die Prüfungskompetenz des Registergerichtes umfasst die Anforderungen des § 40 Abs. 1 GmbHG und der Gesellschafterlistenverordnung.

Fazit und Zusammenfassung der wesentlichen Erkenntnisse

Es folgt eine abschließende Gesamtübersicht der wesentlichen Erkenntnisse:

A. Geldwäscherechtliche Kontrolle und die Rechtsfigur des wirtschaftlich Berechtigten

Das erste Kapitel definiert geldwäscherechtliche Kontrolle und die wirtschaftliche Berechtigung zur besseren Handhabung und Abgrenzung in der Praxis. Der Funktionswert der Rechtsfigur des wirtschaftlich Berechtigten ließe sich durch die Widerlegbarkeit der gesetzlichen Vermutung des § 3 Abs. 2 GwG potenzieren.

I. Geldwäscherechtliche Kontrolle ist die Möglichkeit einer rechenschaftsfreien, planmäßigen Einflussnahme. Eine anteilige geldwäscherechtliche Kontrolle ist dabei ausreichend. Verhinderungsrechte können nur dann eine Kontrolle im geldwäscherechtlichen Sinne vermitteln, wenn sie in Kombination mit weiteren kontrollvermittelnden Umständen eine andauernde grundlegende Beeinflussung der Geschäfts- und Finanzpolitik ermöglichen. Geldwäscherechtliche Kontrolle kann durch gesellschaftsrechtliche Mitgliedschaft, schuldrechtliche Vereinbarungen und aufgrund faktischer Kontrollmöglichkeiten vermittelt werden. Auf die tatsächliche Ausübung der Kontrolle kommt es nicht an, denn die Möglichkeit einer entsprechenden Einflussnahme reicht für die Annahme von Kontrolle im geldwäscherechtlichen Sinne aus.

II. Eine wirtschaftliche Berechtigung ist anzunehmen, wenn eine natürliche Person maßgeblichen mittelbaren oder unmittelbaren Einfluss ausüben und dadurch rechtliche oder wirtschaftliche Interessen im Hinblick auf die Verwendung des Vermögens realisieren kann, ohne hierüber einem anderen Rechenschaft schuldig zu sein.

III. Werden nach § 3 Abs. 2 S. 1 Nr. 1 GwG entsprechende Kapitalanteile über ein Beteiligungsvehikel mittelbar gehalten, kommt es auf das Vorliegen eines beherrschenden Einflusses durch die natürliche Person an. Dieser setzt im Vergleich mit der unmittelbaren Kapitalanteilsinhaberschaft, eine Einflussnahme in gesteigertem Maße und geldwäscherechtliche Kontrolle voraus. Mittelbares Halten von mehr als 25 % der Kapitalanteile kann bei entsprechender Ausgestaltung auch über Treuhandverträge, stille Beteiligungen, Unterbeteiligungen und die Bestellung von Nießbrauch erreicht werden.

IV. Gemäß § 3 Abs. 2 S. 1 Nr. 2 GwG ist die natürliche Person wirtschaftlich Berechtigte, die unmittelbar oder mittelbar mehr als 25 % der Stimmrechte kontrolliert. Im Sinne der erfolgten Definition geldwäscherechtlicher Kontrolle erfordert dies die planmäßige, rechenschaftsfreie, maßgebliche Einflussnahme auf die konkrete Art der Ausübung der Stimmrechte. Gebräuchliches Instrument für die mittelbare Kontrolle entsprechender Stimmrechte sind Stimmbindungsvereinbarungen, sowohl mit Dritten als auch mit anderen Gesellschaftern, sogenannte Poolvereinbarungen. Entsprechend der strengen Beherrschungstheorie ist wirtschaftlich Berechtigter das Poolmitglied, welches den Stimmpool beherrscht und mittels des Stimmpools mehr als 25 % der Stimmrechte kontrolliert. Existiert hingegen kein den Stimmpool beherrschendes Poolmitglied, so ist auch keines der Mitglieder als wirtschaftlich Berechtigter einzustufen. Eine wechselseitige Zurechnung der Stimmrechte der Poolmitglieder ist abzulehnen.

V. Die Annahme von Kontrollausübung auf vergleichbare Weise gemäß § 3 Abs. 2 S. 1 Nr. 3 GwG setzt eine qualitative und/oder quantitative Vergleichbarkeit der Kontrolle mit der Anteilsinhaberschaft von mehr als 25 % der Kapitalanteile gemäß § 3 Abs. 2 S. 1 Nr. 1 GwG oder dem Kontrollieren von mehr als 25 % der Stimmrechte nach § 3 Abs. 2 S. 1 Nr. 2 GwG voraus. Die Vergleichbarkeit ist dann gegeben, wenn die Gesamtschau der kontrollvermittelnden Umstände eine rechenschaftsfreie, planmäßige, wesentliche Einflussnahme und in der Konsequenz die Realisierung rechtlicher oder wirtschaftlicher Interessen im Hinblick auf die Verwendung des Vermögens der Vereinigung ermöglicht. Die Ausübung von Kontrolle auf vergleichbare Weise gemäß § 3 Abs. 2 S. 1 Nr. 3 GwG ist eine, die wirtschaftliche Berechtigung begründende Qualifikation geldwäscherechtlicher Kontrolle. Die Kontrollausübung auf sonstige Weise im Sinne des § 19 Abs. 3 Nr. 1 lit. b) GwG bezieht sich hingegen auf die Typisierung kontrollbegründender Umstände, ohne dass es darauf ankommt, ob die Maßgeblichkeitsschwelle einer wirtschaftlichen Berechtigung erreicht wird.

VI. Die Anwendbarkeit des § 3 Abs. 2 S. 6 GwG setzt neben dem Fehlen von Verdachtsmomenten nach § 43 Abs. 1 GwG auch eine erschöpfende, sorgfältige und dokumentierte Analyse der Beteiligungsstrukturen voraus, deren Resultat die Erfolglosigkeit der Ermittlung eines wirtschaftlich

Berechtigten ist. Der fiktive wirtschaftlich Berechtigte ist eine eigenständige Rechtsfigur, die als solche gemäß § 19 Abs. 3 Nr. 1 lit. c) GwG im Transparenzregister zu kennzeichnen ist und wie ein echter wirtschaftlich Berechtigter behandelt wird.

VII. Im Hinblick auf den Sinn und Zweck des § 3 GwG und des Transparenzregisters nach §§ 18 ff. GwG wird für eine Widerlegbarkeit der Vermutung einer wirtschaftlichen Berechtigung bei Vorliegen der Regelbeispiele des § 3 Abs. 2 S. 1 GwG plädiert. Nur so kann in Fällen faktisch wirkungsloser Kontrolle und von Dritten kontrollierter Einflussnahme der wahre wirtschaftlich Berechtigte ermittelt werden.

B. Die Transparenzpflichten: Erfüllung und Rechtsfolgen einer Pflichtverletzung

Die originären geldwäscherechtlichen Transparenzpflichten sind mit den entworfenen Musterbögen handhabbar und die Folgen aus den Pflichtverletzungen sind kalkulierbar. Lautere Geschäftsführungen und Gesellschafter müssen sich nicht vor ausufernden, unüberschaubaren Konsequenzen fürchten.

I. Die Einholungspflicht der Vereinigung gemäß § 20 Abs. 1 S. 1 GwG erfordert das Abfragen der nach § 19 Abs. 1 GwG erforderlichen Informationen und die Ermittlung einer wirtschaftlichen Berechtigung anhand der erhaltenen Informationen.

II. Im Rahmen der Angaben zu der Art und dem Umfang des wirtschaftlichen Interesses sind die die wirtschaftliche Berechtigung begründenden Faktoren vollständig und umfassend anzugeben. Die Meldung eines Umstandes, aus dem für sich bereits die Stellung als wirtschaftlich Berechtigter resultiert, reicht nicht aus, wenn weitere Umstände vorliegen, die ebenfalls eine wirtschaftliche Berechtigung begründen.

III. Die Mitteilungspflicht des Anteilsinhabers gemäß § 20 Abs. 3 S. 2 GwG ist als kenntnisunabhängige Offenlegungspflicht zu verstehen.

IV. Im Rahmen der Erfüllung der Transparenzpflichten des § 20 GwG wird die Verwendung der entwickelten Muster-Erfassungsbögen für Anteilsinhaber und wirtschaftlich Berechtigte empfohlen.

V. Anteilsinhaber und wirtschaftlich Berechtigte haben keinen Anspruch auf Eintragung, Eintragsaktualisierung beziehungsweise Eintragskorrektur gegen die Vereinigung.

VI. Die Vereinigung trifft keine präventive Aufklärungspflicht, aber die Informationen zu bestehenden wirtschaftlichen Berechtigungen werden vom Auskunftsrecht des § 51a GmbHG erfasst und sind auf Verlangen eines Gesellschafters mitzuteilen. Eine analoge Anwendung des § 51a GmbHG auf wirtschaftlich Berechtigte, die nicht Gesellschafter sind, ist nicht geboten. Wirtschaftlich Berechtigte können nach § 23 GwG Einsicht in das Transparenzregister nehmen.

VII. Als Folge einer Verletzung etwaiger Transparenzpflichten im Sinne des § 20 GwG drohen der verpflichteten Vereinigung Bußgelder, die weder bei der Geschäftsführung, noch bei den mitverantwortlichen Gesellschaftern oder wirtschaftlich Berechtigten regressiert werden können.

VIII. § 20 Abs. 1 GwG ist kein Schutzgesetz im Sinne des § 823 Abs. 1 BGB.

IX. Die Minderung des Gesellschaftsvermögens durch eine Geldbuße begründet keinen Schadensersatzanspruch der Gesellschafter gegen die GmbH.

X. Die Vierte EU-Geldwäscherichtlinie gewährt den Mitgliedstaaten bei der Umsetzung Gestaltungspielräume und zielt nicht auf eine Vollharmonisierung bei der Umsetzung der Richtlinie ab.

XI. Die Berufsfreiheit des Art. 12 Abs. 1 GG juristischer Personen und eingetragener Personengesellschaften wird bei einer Bekanntmachung von bestandskräftigen und unanfechtbaren Entscheidungen wegen eines Verstoßes gegen die Transparenzpflichten des vierten Abschnitts des GwG (Ordnungswidrigkeiten nach § 56 Abs. 1 S. 1 Nr. 54 bis 66 GwG) nicht in verfassungswidriger Weise beeinträchtigt.

C. Das Transparenzregister und die GmbH-Gesellschafterliste

Das Transparenzregister fügt sich in die nationale Registerlandschaft ein und leistet einen essentiellen Beitrag zur Bekämpfung von Geldwäsche und Terrorismusfinanzierung sowie zur Stärkung des Finanz- und Wirtschaftsstandortes Deutschland. Insbesondere die GmbH profitiert von einer Aufwertung der GmbH-Gesellschafterliste aufgrund der infolge der geldwäscherechtlichen Entwicklungen angestoßenen Vereinheitlichung und verbesserten Handhabbarkeit.

I. Die Information und die Kenntnis darüber, wer die rechtlichen oder wirtschaftlichen Interessen im Hinblick auf die Verwendung des Vermögens des Geschäftspartners steuert, ohne hierüber einem anderen Rechenschaft schuldig zu sein, ist von großem Wert für die Marktteilnehmer. Mittels Transparenz und Abbau von Informationsasymmetrien bewirkt das Transparenzregister eine Stärkung der Privatautonomie und der Verantwortlichkeit eines lauteren Wettbewerbs.

II. Es kann nicht von einer geldwäscherechtlichen Instrumentalisierung der GmbH-Gesellschafterliste im Sinne eines „unnatürlichen", „zweckentfremdeten" Missbrauchs gesprochen werden. Durch die geldwäscherechtlich bedingte Novellierung der Gesellschafterliste, verschiebt sich das Verständnis von der typischen Transparenz der Anteilsstrukturen der GmbH nicht. Die Aussagekraft der Kapitalanteilsangaben wird dadurch gestärkt, dass diese in Relation zu dem Stammkapital der Gesellschaft gesetzt werden. Eine Erweiterung der Transparenzfunktion mit Blick auf das Transparenzregister, Geldwäschebekämpfung und Verhinderung von Terrorismusfinanzierung ist entsprechend anzuerkennen.

III. Bei der Zusammenrechnung mehrerer Kleinstbeteiligungen für die Ermittlung der gesellschafterbezogenen Beteiligungsquote nach § 40 Abs. 1 S. 3 GmbHG ist die konkrete Höhe der jeweiligen Kleinstbeteiligung entsprechend des Grundgedankens des § 4 Abs. 2 GesLV maßgeblich.

IV. Für eine lückenlose Nachvollziehbarkeit und eine erleichterte und einheitliche Lesbarkeit der Gesellschafterliste ist ein Hinweisgebot auf die gewählte Darstellungsalternative der Prozentangaben zu befürworten.

V. Die Integration der Beteiligungsquoten der Gesellschafterliste in den Anwendungsbereich des § 16 Abs. 1 GmbHG fördert die Nutzbarkeit der Gesellschafterliste dort, wo das Gesetz oder der Gesellschaftsvertrag auf das Verhältnis der Beteiligung zum Stammkapital abstellen. Dies ist sowohl im Sinne des Funktionszwecks der Gesellschafterliste als auch im Sinne des Funktionszwecks der Legitimationsfunktion. Bei Widersprüchen oder Abweichungen ist ein Vorrang der Nennbeträge gegenüber den Prozentangaben anzunehmen, sofern sich ein eindeutiges Ergebnis nicht ermitteln lässt.

VI. Eine Anwendung des Konsistenzgebotes auf die Nummerierung der Gesellschafterliste dient jedenfalls der Nachvollziehbarkeit, Übersichtlichkeit und Transparenz der Gesellschafterliste und ist zu empfehlen.

VII. Eine Unübersichtlichkeit der Gesellschafterliste im Sinne des § 1 Abs. 4 GesLV ist dann anzunehmen, wenn keine „hinreichend klare Zuordnung" von Gesellschaftern und Geschäftsanteilen gewährleistet ist, ferner wenn der Ursprung eines Geschäftsanteils nicht mehr nachvollzogen werden kann.

VIII. Die Prüfungskompetenz des Registergerichtes umfasst die Anforderungen des § 40 Abs. 1 GmbHG und der Gesellschafterlistenverordnung.

Literaturverzeichnis

Altmeppen, Holger (Hrsg.)	Gesetz betreffend die Gesellschaften mit beschränkter Haftung, Kommentar, 10. Auflage 2021, München Zitiert als „*Altmeppen*, GmbHG, § … Rn. …“
Armbrüster, Christian	Zur Beurkundungsbedürftigkeit von Treuhandabreden über GmbH-Anteile – Zugleich ein Beitrag zu den Formzwecken des § 15 Abs. 4 Satz 1 GmbHG –, DNotZ 1997, 762
Armbrüster, Christian/ Böffel, Lukas	„Naming and shaming“ als Instrument zur Ahndung von Rechtsverstößen, ZIP 2019, 1885
Assmann, Heinz-Dieter/Hütten, Hilmar	Das elektronische Transparenzregister – Mitteilungs- und Angabepflichten, AG 2017, 449
Bachmann, Gregor	Zum Entwurf eines Gesetzes zur Modernisierung des Personengesellschaftsrechts (MoPeG), NZG 2020, 612
Baur, Alexander/Holle, Philipp Maximilian	Compliance-Defense bei der Bußgeldbemessung und ihre Einpassung in das gesellschaftsrechtliche Pflichtenprogramm, NZG 2018, 14
Bayer, Walter/Scholz, Philipp	Zulässigkeit und Grenzen des Kartellbußgeldregresses – Zugleich Kommentar zu LAG Düsseldorf vom 20.01.2015 – 16 Sa 459/14 –, GmbHR 2015, 449
Becker, Florian	Behördliche Informationspflichten und Verfassungsrecht, NVwZ 2018, 1032
Birkefeld, Jan/Schäfer, Stephan	Die neue Gesellschafterliste nach § 40 Abs. 1 GmbHG – „Prozente, Prozente, Prozente!“ und am Ende haftet der Geschäftsführer? (§ 40 Abs. 1 GmbHG), BB 2017, 2755
Blath, Simon	Das Mehrheitsprinzip im GmbH-Recht – Grundlegendes und Gestaltungsfragen, RNotZ 2017, 218
Blaurock, Uwe (Hrsg.)	Handbuch Stille Gesellschaft, 9. Auflage 2020, Köln Zitiert als „Blaurock/*Bearbeiter*, Stille Gesellschaft, § … Rn. …“

Blaurock, Uwe/Pordzik, Philipp	Der wirtschaftlich Berechtigte im Sinne des Transparenzregisters – Offenlegungspflichten für stille Beteiligungsstrukturen, NZG 2019, 413
Bochmann, Christian	Zweifelsfragen des neuen Transparenzregisters, DB 2017, 1310
Bochmann, Christian/ Cziupka, Johannes	Gesellschafterliste: Angabe der durch den Nennbetrag des Geschäftsanteils vermittelten prozentualen Beteiligung, GmbHR 2018, 86
Bode, Johannes/Gätsch, Andreas	Das Transparenzregister nach dem Regierungsentwurf des Transparenzregister- und Finanzinformationsgesetzes, NZG 2021, 437
Böhringer, Walter	Neue Pflichtangaben für Gesellschafterlisten einer GmbH, BWNotZ 2017, 61
Brian, Ilka/Frey, Tobias/Pelz, Christian	Aktuelles Geldwäscherecht – Sommernovellen in Deutschland vor Winterreformen der EU, CCZ 2021, 209
Bröhmer, Jürgen	Transparenz als Verfassungsprinzip – Grundgesetz und Europäische Union, Tübingen 2004
Brouwer, Tobias	Lobby-Compliance – Wege zu einer besseren und transparenteren Gesetzgebung, CCZ 2019, 2
Brunner, Jean-Pierre	Die Publizität der schweizerischen Aktiengesellschaft, insbesondere das Postulat der Bilanzklarheit, – Ein Vorschlag zur Gliederung der Bilanz und der Erfolgsrechnung sowie eine Stellungnahme zum entsprechenden Vorschlag des Zwischenberichtes Tschopp, Dissertation, 1973, Zürich
Bunz, Thomas	Legalitätspflicht und nützliche Pflichtverletzungen – Eine Fallstudie, CCZ 2021, 81
Calliess, Christian/ Ruffert, Matthias (Hrsg.)	EUV/AEUV, Das Verfassungsrecht der Europäischen Union mit Europäischer Grundrechtecharta, 6. Auflage 2022, München Zitiert als „Calliess/Ruffert/*Bearbeiter*, AEUV, Art. … Rn. …“
Cramer, Carsten	Das Prüfungsrecht des Registergerichts bei fehlenden oder fehlerhaften Prozentangaben in der GmbH-Gesellschafterliste, NZG 2018, 721

Cziupka, Johannes	Zehn praktische Hinweise zur neuen Gesellschafterlistenverordnung, GmbHR 2018, R180
Damm, Matthias	Die GmbH-Gesellschafterliste acht Jahre nach dem MoMiG, BWNotZ 2017, 2
Demuth, Björn	Panama Papers – Konsequenzen für die Compliance Praxis?, CCZ 2016, 139
Diekmann, Carsten/ Dragon, Sebastian/ Schulze, Christoph	Geldwäschebekämpfung im Nichtbankensektor, GewArch 2012, 431
Drescher, Ingo/ Fleischer, Holger/ Schmidt, Karsten (Hrsg.)	Münchener Kommentar zum Handelsgesetzbuch, Band 1 – 5. Auflage 2021, Band 3 – 4. Auflage 2019, Band 4 – 4. Auflage 2020, München Zitiert als „MüKoHGB/*Bearbeiter*, HGB, § … Rn. …"
Ehlscheid, Dirk/ Pfeiffer, Brigitte	Handbuch Geldwäscheprävention, – Verschleierungstechniken – Normen und Institutionen – Länderrisiken, Berlin, 2012 Zitiert als „Ehlscheid/Pfeiffer, Handbuch Geldwäscheprävention, S. …"
Emmerich, Volker/ Habersack, Mathias (Hrsg.)	Aktien- und GmbH-Konzernrecht, Kommentar, 10. Auflage 2022, München Zitiert als „Emmerich/Habersack/*Bearbeiter*, AktG, § … Rn. …"
Epping, Volker/ Hillgruber, Christian (Hrsg).	Beck'scher Online-Kommentar, Grundgesetz, 52. Edition 2022, München Zitiert als „BeckOK GG/*Bearbeiter*, GG, Art. … Rn. …"
Erb, Volker/Schäfer, Jürgen (Hrsg.)	Münchener Kommentar zum StGB, Band 2 – 4. Auflage 2020, München Zitiert als „MüKoStGB/*Bearbeiter*, StGB, § … Rn. …"
Erbs, Georg/Kohlhaas, Max (Hrsg.)	Beck'sche Kurzkommentare, Band 17, Strafrechtliche Nebengesetze, 242. EL. Juni 2022, München Zitiert als „Erbs/Kohlhaas/*Bearbeiter*, GwG § … Rn. …"

Feiler, Harald/Kröger, Jan-Wolfgang	Neue geldwäscherechtliche Pflichten: Einsichtnahme ins Transparenzregister und Unstimmigkeitsmeldung – Umsetzung der Änderungsrichtlinie zur Vierten EU-Geldwäscherichtlinie, CCZ 2019, 262
Fell, Nadine	Die GmbH-Gesellschafterliste im Spannungsfeld von Geheimhaltungs- und Veröffentlichungsinteressen – Ein Beitrag zur neuen Dogmatik der §§ 16, 40 GmbHG, 2017, Berlin
Fell, Nadine	Die GmbH-Gesellschafterliste erneut im Fokus – kommt mit der Gesellschafterlistenverordnung nun die lang ersehnte Transparenzsteigerung? jM 2019, 46
Fisch, Markus	Das neue Transparenzregister und seine Auswirkungen auf die Praxis, NZG 2017, 408
Fleischer, Holger	Ein Rundgang durch den Regierungsentwurf eines Gesetzes zur Modernisierung des Personengesellschaftsrechts, DStR 2021, 430
Fleischer, Holger/ Goette, Wulf (Hrsg.)	Münchner Kommentar zum Gesetz betreffend die Gesellschaften mit beschränkter Haftung, Band 1 – 4. Auflage 2022, Band 2 – 3. Auflage 2019, München Zitiert als „MüKoGmbHG/*Bearbeiter*, GmbHG, § … Rn. …“
Frank, Katharina/ Schaub, Peter	Standardisierung der GmbH-Gesellschafterliste – Die Vorgaben der Gesellschafterlistenverordnung, DStR 2018, 1822
Frese, Yorck	Mitteilungspflichten gegenüber dem Transparenzregister im Rahmen der Unternehmensnachfolge, ZEV 2017, 695
Frey, Tobias	Fünfte Geldwäsche-Richtlinie – Auswirkungen in Deutschland, CCZ 2018, 170
Frey, Tobias/Pelz, Christian (Hrsg.)	Beck'scher Online-Kommentar GwG, 11. Edition 2022, München, Zitiert als „BeckOK GwG/Bearbeiter, GwG, § … Rn. ….“
Friese, Arne/Brehm, Christian	Das neue Transparenzregister: Effektiver Kampf gegen Geldwäsche oder Bürokratie-Monstrum?, GWR 2017, 271

Fuchs, Ingo/Lakenberg, Thomas	Das Transparenzregister nach dem neuen Geldwäschegesetz, NJW-Spezial 2017, 463
Goette, Maximilian	Praxisrelevante Entwicklungen beim Transparenzregister durch die neuen FAQs des Bundesverwaltungsamts vom 19.08.2020, NZG 2020, 1206
Goette, Maximilian/ Habersack, Mathias/ Kalss, Susanne (Hrsg.)	Münchener Kommentar zum Aktiengesetz, Band 1, 5. Auflage 2019, München Zitiert als „MüKoAktG/*Bearbeiter*, AktG, § … Rn. …“
Götze, Cornelius/ Bressler, Stefan	Praxisfragen der Gesellschafterliste und des gutgläubigen Erwerbs von Geschäftsanteilen nach dem MoMiG, NZG 2007, 894
Graf, Jürgen (Hrsg.)	Beck' scher Online-Kommentar, OWiG, 36. Edition 2022, München Zitiert als „BeckOK OWiG/*Bearbeiter*, OWiG, § … Rn. …“
Grau, Timon/Dust, Julian	Verbandsgeldbuße und Regresshaftung von Geschäftsleitern, ZRP 2020, 134
Grever, Sebastian	Disquotale Ausgestaltung von Gesellschafterrechten – Zivilrechtliche Gestaltungsmöglichkeiten und steuerrechtliche Folgen, RNotZ 2019, 1
Grottel, Bernd/ Justenhoven, Petra/ Schubert, Wolfgang J./ Störck, Ulrich(Hrsg.)	Beck'scher Bilanz-Kommentar, Handels- und Steuerbilanz, §§ 238 bis 339, 342 bis 342a HGB, 13. Auflage 2022, München Zitiert als „Beck Bilanz-Komm./*Bearbeiter*, HGB, § … Rn. …“
Grunewald, Babara	Die Abwälzung von Bußgeldern, Verbands- und Vertragsstrafen im Wege des Regresses, NZG 2016, 1121
Gummert, Hans (Hrsg.)	Münchner Anwalts Handbuch, Personengesellschaftsrecht, 3. Auflage 2019, München Zitiert als „MAH PersGesR/*Bearbeiter*, § … Rn. …“

Hau, Wolfgang/Poseck, Roman (Hrsg.)	Beck'scher Online-Kommentar, BGB, 63. Edition 2022, München Zitiert als „BeckOK BGB/*Bearbeiter*, BGB, § … Rn. …"
Häublein, Martin/ Hoffmann-Theinert, Roland (Hrsg.)	Beck'scher Online-Kommentar, HGB, 38. Edition 15.10.2022, München Zitiert als „BeckOK HGB/Bearbeiter, HGB, § … Rn. …"
Heckschen, Heribert/ Heidinger, Andreas (Hrsg.)	Die GmbH in der Gestaltungs- und Beratungspraxis, 4. Auflage 2018, Köln Zitiert als „Heckschen/Heidinger/*Bearbeiter*, Kapitel … Rn. …"
Heidinger, Andreas/ Leible, Stefan/Schmidt, Jessica (Hrsg.)	Kommentar zum Gesetz betreffend die Gesellschaften mit beschränkter Haftung (GmbH-Gesetz), 3. Auflage 2017, München Zitiert als „MHLS/*Bearbeiter*, GmbHG, § … Rn. …"
Herzog, Felix/Achtelik, Olaf (Hrsg.)	Geldwäschegesetz (GwG), 4. Auflage 2020, München Zitiert als „Herzog/*Bearbeiter*, GwG, § … Rn …"
Herzog, Felix/ Mülhausen, Dieter (Hrsg.)	Geldwäschebekämpfung und Gewinnabschöpfung: Handbuch der straf- und wirtschaftsrechtlichen Regelungen, 9. Oktober 2006, München Zitiert als „Herzog/*Bearbeiter*, Geldwäschebekämpfung, § … Rn. …"
Heß, Christian/ Laschewski, Christian	Transparenzregister und Kommanditgesellschaften, Umfang der Meldepflichten im Bereich KG und Co. KG mit Blick auf die neueren Hinweise des BVA und die Fiktion des § 20 Abs. 2 S. 1 GwG, DStR 2019, 2151
Hopt, Klaus J. (Hrsg.)	Beck'sche Kurzkommentare, Band 9, Handelsgesetzbuch mit GmbH & Co., Handelsklauseln, Bank- und Kapitalmarktrecht, Transportrecht (ohne Seerecht), 41. Auflage 2022, München Zitiert als „Hopt/*Bearbeiter*, HGB, § … Rn. …"

Hütten, Hilmar/ Assmann, Heinz-Dieter	Neues zum Transparenzregister – Unmittelbar oder mittelbar wirtschaftlich Berechtigter schon kraft Vetorechts oder Sperrminorität? AG 2020, 849
Hütten, Hilmar/ Brauneisen, Kai/Diller, Martin	CTAs und das neue Geldwäschegesetz – Wie weit gehen Transparenz- und sonstige Pflichten?, NZA 2017, 1512
Jarass, Hans D./Kment, Martin (Hrsg.)	Grundgesetz für die Bundesrepublik Deutschland, Kommentar, 17. Auflage 2022, München Zitiert als „Jarass/Pieroth/*Bearbeiter*, GG, Art. … Rn. …“
Jeep, Jens	Die ungenutzte Chance des BGH zur Aufwertung der GmbH-Gesellschafterliste, Oder: Heute wissen müssen, was morgen entschieden wird, NJW 2012, 658
John, David	„Naming and Shaming“ im Zeitalter der digitalen Plattformökonomie, Zur (besorgniserregenden) Entwicklung präventiver BaFin-Verdachtsmitteilungen nach § 18 Abs. 3 S. 1 WpPG, BKR 2020, 335
John, David	Der wirtschaftlich Berechtigte, Begriffskonturierung im systematischen Kontext des Geldwäschegesetzes, NZG 2021, 323
John, David	(Erneute) Novellierung des Geldwäschegesetzes zum 01.08.2021 durch das „Transparenzregister- und Finanzinformationsgesetz“, Wesentliche Auswirkungen der verabschiedeten Gesetzesfassung und ungeklärte Fragen, NZG 2021, 957
Joost, Detlev/Strohn, Lutz (Hrsg.)	Handelsgesetzbuch, Band 1 – 4. Auflage 2020, München Zitiert als „EBJS/*Bearbeiter,* HGB, § … Rn. …“
Klein-Wiele, Christian	Der Poolvertrag im Familienunternehmen, NZG 2018, 1401
Klöhn, Lars/Schmolke, Klaus Ulrich	Unternehmensreputation (Corporate Reputation), Ökonomische Erkenntnisse und ihre Bedeutung im Gesellschafts- und Kapitalmarktrecht, NZG 2015, 689

Koch, Jens (Hrsg.)	Beck'sche Kurzkommentare, Band 53, Aktiengesetz, 16. Auflage 2022, München Zitiert als „Koch/*Bearbeiter,* AktG, § … Rn. …“
Kocher, Dirk/Mattig, Daniel	Zurechnung beim Acting in Concert nur auf kontrollierende Poolmitglieder? – Ein Problem im Kapitalmarktrecht und beim Transparenzregister, BB 2018, 1667
Koehler, Christian	Der wirtschaftlich Berechtigte im Sinne des Transparenzregisters, Eine Untersuchung am Beispiel der GmbH, ZIP 2020, 1399
Koller, Ingo/Kindler, Peter/Roth, Wulf-Henning/Drüen, Klaus-Dieter (Hrsg.)	Handelsgesetzbuch, Kommentar, 9. Auflage 2019, München Zitiert als „Koller/Kindler/Roth/Drüen/*Bearbeiter,* HGB, § … Rn. …“
König, Stephan/Steffes-Holländer, Timo	Angabe der prozentualen Beteiligung am Stammkapital in GmbH-Gesellschafterliste, DB 2018, 818
Kotzenberg, Jochen/Lorenz, Karsten	Das Transparenzregister kommt, Ein dringliches Thema vor allem für Familienunternehmen, NJW 2017, 2433
Krafka, Alexander (Hrsg.)	Handbuch der Rechtspraxis, Band 7, Registerrecht, 11. Auflage 2019, München Zitiert als „Krafka/*Bearbeiter,* Registerrecht, Teil … … Abschnitt … Rn. …“
Krais, Jürgen	Die Pläne zur Errichtung eines zentralen Transparenzregisters, CCZ 2017, 98
Krais, Jürgen	Praxisprobleme im Zusammenhang mit dem Transparenzregister CCZ 2017, 266
Kühling, Jürgen	Das „Recht auf Vergessenwerden“ vor dem BVerfG – November(r)evolution für die Grundrechtsarchitektur im Mehrebenensystem, NJW 2020, 275
Langenfeld, Gerrit	Der Pool – ein Vertragstyp der Vergemeinschaftung, ZEV 2010, 17
Lehner, Roman	Deutscher und europäischer Grundrechtsschutz nach den Entscheidungen zum „Recht auf Vergessen“ – Von der Alternativität zur Komplementarität?, JA 2022, 177

Lieder, Jan	Rechtsschutz gegen die Gesellschafterliste im Hauptsacheverfahren, GmbHR 2016, 189
Lieder, Jan	Die Bedeutung des Vertrauensschutzes für die Digitalisierung des Gesellschaftsrechts, NZG 2020, 81
Lieder, Jan/Becker, Marcus	Die Gesellschafterlistenverordnung, NotBZ 2018, 321
Lieder, Jan/Cziupka, Johannes	Berichtigung einer offenbar unrichtigen Gesellschafterliste im Anwendungsbereich des reformierten § 40 Abs. 1 GmbHG, Zugleich eine Besprechung der Entscheidung des OLG Nürnberg von 28.12.2017 – 12 W 2005/17, GmbHR 2018, 231
Lieder, Jan/Villegas, Diego	Treuhandverträge über GmbH-Geschäftsanteile – eine Frage der Form?, GmbHR 2018, 169
Longrée, Sebastian J. M./Pesch, Katja	Das neue Transparenzregister in der Praxis, NZG 2017, 1081
Lutter, Marcus/ Hommelhoff, Peter (Hrsg.)	GmbH-Gesetz, Kommentar, 20. Auflage 2020, Köln Zitiert als „Lutter/Hommelhoff/*Bearbeiter*, GmbHG, § … Rn. …“
Melchior, Robin/ Böhringer, Walter	Sportwettenbetrug, Gesellschafterliste und Eintragungsbescheinigung: Drei (Groß-)Baustellen im Handelsregister – Zugleich Ergänzung und Aktualisierung des *Gustavus*, Handelsregister-Anmeldungen, 9. Auflage 20017, GmbHR 2017, 1074
Merkt, Hanno	Unternehmenspublizität: Offenlegung von Unternehmensdaten als Korrelat der Marktteilnahme, 2001, Tübingen
Miller, Matthias	Gesellschafterlistenverordnung – Sinn und Unsinn gegenwärtiger Rechtsetzung, NJW 2018, 2518
Mitsch, Wolfgang (Hrsg.)	Karlsruher Kommentar zum Gesetz über Ordnungswidrigkeiten, 5. Auflage 2018, München Zitiert als „KK OWiG/*Bearbeiter*, OWiG, § … Rn. …“
Mock, Sebastian	Die Gesellschafterklage (actio pro socio), JuS 2015, 590
Mohamed, Jean	Aktien und Aktienrepräsentanz im Zuge des Transparenzregisters (?), ZIP 2017, 2133

Möllers, Thomas M.J./ Beutel, David — Haftung für Äußerungen zur Bonität des Bankkunden: Der BGH zum Rechtsstreit Leo Kirch gegen Deutsche Bank und Breuer, NZG 2006, 338

Murswiek, Dietrich — Das Bundesverfassungsgericht und die Dogmatik mittelbarer Grundrechtseingriffe, Zu der Glykol- und der Osho- Entscheidung vom 26.06.2002, NVwZ 2003, 1

Musielak, Hans-Joachim/Voit, Wolfgang (Hrsg.) — Zivilprozessordnung mit Gerichtsverfassungsgesetz, Kommentar, 19. Auflage 2022, München
Zitiert als „Musielak/Voit/*Bearbeiter*, ZPO, § … Rn. …"

Nedden-Boeger, Claudio — Das neue Registerrecht, FGPrax 2007, 1

Neumann, Eva/ Eichberger, Fabian Simon — Die Unionsgrundrechte vor dem Bundesverfassungsgericht, Jus 2020, 502

Noack, Ulrich/ Servatius, Wolfgang/ Haas, Ulrich (Hrsg.) — Beck'sche Kurzkommentare, Band 20, Gesetz betreffend die Gesellschaften mit beschränkter Haftung: GmbHG, 23. Auflage 2022, München
Zitiert als „Noack/Servatius/Haas/*Bearbeiter*, GmbHG, § … Rn. …"

Omlor, Sebastian/Spies, Melanie — Grundfragen der Gesellschafterliste, MittBayNot 2011, 353

Pelka, Jürgen/Hettler, Stephan/Weinhausen, Susanne — Mitteilungspflichten zum Transparenzregister in Treuhandfällen, DStR 2018, 1303

Preßlein, David — Grundgesetz vs. Grundrechtecharta? Zur „europäisierten Grundrechtsprüfung" des BVerfG nach den Beschlüssen zum „Recht auf Vergessen" und „Europäischer Haftbefehl III", EuR 2021, 247.

Punte, Jan-Henric M./ Stefanik, Richard — Neue Anforderungen an Inhalt und Gestaltung von GmbH-Gesellschafterlisten, GWR 2018, 131

Punte, Jan-Henric M./ Stefanik, Richard — Risiken veralteter GmbH-Gesellschafterlisten, DB 2018, 364

Rauscher, Thomas/ Krüger, Wolfgang (Hrsg.) — Münchener Kommentar zur Zivilprozessordnung mit Gerichtsverfassungsgesetz und Nebengesetzen, Band 1 – 6. Auflage 2020, München
Zitiert als „MüKoZPO/*Bearbeiter*, ZPO, § … Rn. …"

Reger, Gerald/Lang, Jochen	Unterschiedliche wirtschaftlich Berechtigte in mehrstufigen Beteiligungsstrukturen aufgrund neuer BaFin-Auslegungshinweise? BB 2019, 1282
Reuter, Stefan	Neues vom Transparenzregister Umsetzung der EU-Änderungsrichtlinie (Richtlinie (EU) 2018/843) zum 01.01.2020 und aktuelle FAQ des Bundesverwaltungsamts vom 03.01.2020, NZG 2020, 178
Rieg, Jürgen	Prüfungs- und Handlungsbedarf aufgrund der Einführung des Transparenzregisters, BB 2017, 2310
Rodatz, Arndt/ Judis, Christian/ Bergschneider, Michael	Der Konflikt bei der Bestimmung des wirtschaftlich Berechtigten, CCZ 2021, 30
Rodatz, Arndt/ Judis, Christian/ Bergschneider, Michael	Transparenzregister als Vollregister – Der (geplante) Federstrich des Gesetzgebers und weitere Änderungen im Überblick, BB 2021, 1115
Rubner, Daniel/ Leuering, Dieter	Die Gesellschafterlistenverordnung, NJW-Spezial 2018, 463
Rubner, Daniel/ Pospiech, Lutz	Das Transparenzregister- und Finanzinformationsgesetz (TraFinG), NJW-Spezial 2021, 463
Säcker, Jürgen/ Rixecker, Roland/ Oetcker, Hartmut/ Limpberg, Bettina (Hrsg.)	Münchener Kommentar zum Bürgerlichen Gesetzbuch, Band 1 – 9. Auflage 2021, Band 2 – 9. Auflage 2022, Band 7 – 8. Auflage 2020, München Zitiert als „MüKoBGB/*Bearbeiter*, BGB, § … Rn. …"
Schäfer, Carsten	Grundzüge des neuen Personengesellschaftsrechts nach dem Mauracher Entwurf, ZIP 2020, 1149
Schäfer, Carsten	Vom Einstimmigkeitsprinzip zum treupflichtgetragenen Mehrheitsentscheid im Personengesellschaftsrecht, ZGR 2013, 237
Schanbacher, Dietmar	Actio pro socio – zur Dogmatik der Gesellschafterklage, AG 1999, 21
Schaub, Bernhard	Treuhand an GmbH-Anteilen, DStR 1995, 1634
Schaub, Peter	Überblick über die neue GmbH-Gesellschafterliste, GmbHR 2017, 727

Schaub, Peter	Das neue Transparenzregister naht – Überblick über die Regelungen und praktische Auswirkungen für Personenvereinigungen, DStR 2017, 1438
Schaub, Peter	Stimmbindungsvereinbarungen im neuen Transparenzregister, DStR 2018, 871
Schiffer, K. Jan /Schürmann, Christoph J.	Transparenzregister und Stiftungen – Normadressaten der Melde- und Eintragungspflichten, BB 2017, 2626
Schmidt, Holger	Gesellschafterliste im Sinne von § 40 GmbHG, Problemdarstellungen in der aktuellen Rechtsprechung und im Schrifttum, NZG 2021, 181
Scholz, Franz (Hrsg.)	Kommentar zum GmbH-Gesetz, Band I, Band II, Band III, 13. Auflage 2022, Otto Schmidt Verlag, Köln Zitiert als „Scholz/*Bearbeiter*, GmbHG, § … Rn. …“
Seibert, Ulrich/ Bochmann, Christian/ Cziupka, Johannes	Prozentangaben in der Gesellschafterliste: Praktische Handreichung und Plädoyer für (register-) gerichtliche Zurückhaltung, GmbHR 2017, R241
Seibert, Ulrich/ Bochmann, Christian/ Cziupka, Johannes	Musterprotokoll als Transparenzhindernis?, GmbHR 2017, R289
Seibert, Ulrich/ Bochmann, Christian/ Cziupka, Johannes	„Scharfschaltung“ des Transparenzregister: Kein Grund zur Beunruhigung!, GmbHR 2017, 1128
Seibt, Christoph/ Wollenschläger, Bernward	Europäisierung des Transparenzregimes: Der Vorschlag der Europäischen Kommission zur Revision der Transparenzrichtlinie, AG 2012, 305
Sonnenberg, Thomas/ Komma, Till/Rempp, Peter	#Verhinderungsbeherrschung: Paradigmenwechsel des Bundesverwaltungsamtes in seinen FAQ zum Transparenzregister, CCZ 2021, 18
Szalai, Stephan	Neuigkeiten zur GmbH. Die Gesellschafterlistenverordnung (GesLV) kommt! – Update Gesellschafterliste und Transparenzregister –, GWR 2018, 250
Thomas, Stefan	Bußgeldregress, Übelszufügung und D&O-Versicherung, NZG 2015, 1409

Vedder, Christoph/ Heintschel von Heinegg (Hrsg.)	Europäisches Unionsrecht, EUV/AEUV/GRCh/ EAFV, Handkommentar, 2. Auflage 2018, Baden-Baden Zitiert als „Vedder/Heintschel von Heinegg/*Bearbeiter*, AEUV, Art. … Rn. …“
Vorwerk, Volkert/Wolf, Christian (Hrsg.)	Beck'scher Online-Kommentar, ZPO, 46. Edition 2022, München Zitiert als „BeckOK ZPO/*Bearbeiter*, ZPO, § … Rn. …“
Voßkuhle, Andreas/ Kaiser, Anna-Bettina	Grundwissen – Öffentliches Recht: Informationshandeln des Staates, Jus 2018, 343
Wachter, Thomas	Neuregelungen bei der GmbH-Gesellschafterliste, GmbHR 2017, 1177
Wanner-Laufer, Ulrich	Einreichungsrecht für Gesellschafterlisten nach § 40 GmbHG, NZG 2021, 960
Weiske, Anne Maria/ Mocker, Felix	Praxisfragen zum Transparenzregister – Antworten des Bundesverwaltungsamts, GWR 2017, 445
Wicke, Hartmut	GmbH-Gesellschafterliste und Transparenzregister, DB 2017, 2528
Wicke, Hartmut (Hrsg.)	Beck'sche Kompakt-Kommentare, Gesetz betreffend die Gesellschaft mit beschränkter Haftung (GmbHG), Kommentar, 4. Auflage 2020, München Zitiert als „*Wicke,* GmbHG, § … Rn. …“
Wilhelmi, Rüdiger	Beschränkung der Organhaftung und innerbetrieblicher Schadensausgleich, NZG 2017, 681
Windeknecht, Philipp/ Junginger, Tim,	Praxisfragen zum Transparenzregister sowie zur Neufassung des § 40 GmbHG – der Teufel steckt im Detail, DZWIR 2017, 551
Wionzeck, Lukas/ Scheerer, Marie-Luise	Mitteilungspflicht über stille Gesellschafter durch das Transparenzregister?, NZG 2018, 217
Witt, Carl-Heinz	Übernahmen von Aktiengesellschaften und Transparenz der Beteiligungsverhältnisse, 1998, Köln

Zentes, Uta/Glaab, Sebastian	Änderungen durch die GwG-Novelle zur Umsetzung der Fünften EU-Geldwäscherichtlinie und ihre Auswirkungen auf die Verpflichteten, BB 2019, 1667
Zentes, Uta/Glaab, Sebastian (Hrsg.)	Frankfurter Kommentar, GwG, Geldwäschegesetz, Geldtransfer Verordnung, relevante Vorgaben aus AO, KWG, StGB, VAG, ZAG, 2. Auflage 2020, Frankfurt am Main Zitiert als „Zentes/Glaab/*Bearbeiter*, GwG, § … Rn. …“
Ziemens, Hildegard/ Jaeger, Carsten/ Pöschke, Moritz (Hrsg.)	Beck’scher Online-Kommentar GmbHG, 54. Edition, München Zitiert als „BeckOK GmbHG/Bearbeiter, GmbHG, § … Rn. …“
Zillmer, Inga	Transparenzregister: Das Steuergeheimnis bröckelt, DB 2017, 1931

www.ingramcontent.com/pod-product-compliance
Ingram Content Group UK Ltd.
Pitfield, Milton Keynes, MK11 3LW, UK
UKHW021852290926
8980IPUK00005B/796

9 783631 910825